NATIONAL GEOGRAPHIC

athènes et les îles grecques

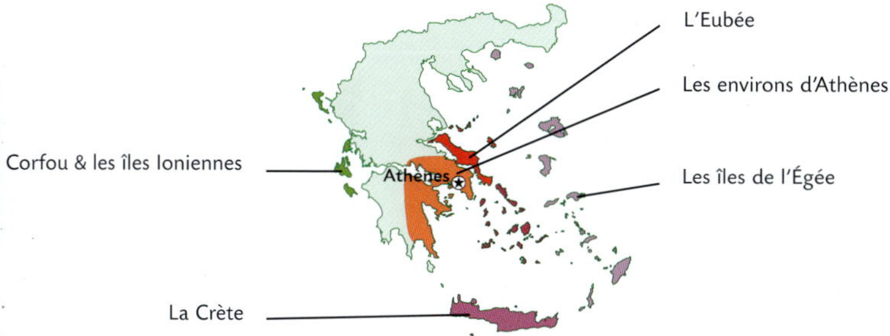

NATIONAL GEOGRAPHIC

athènes et les îles grecques

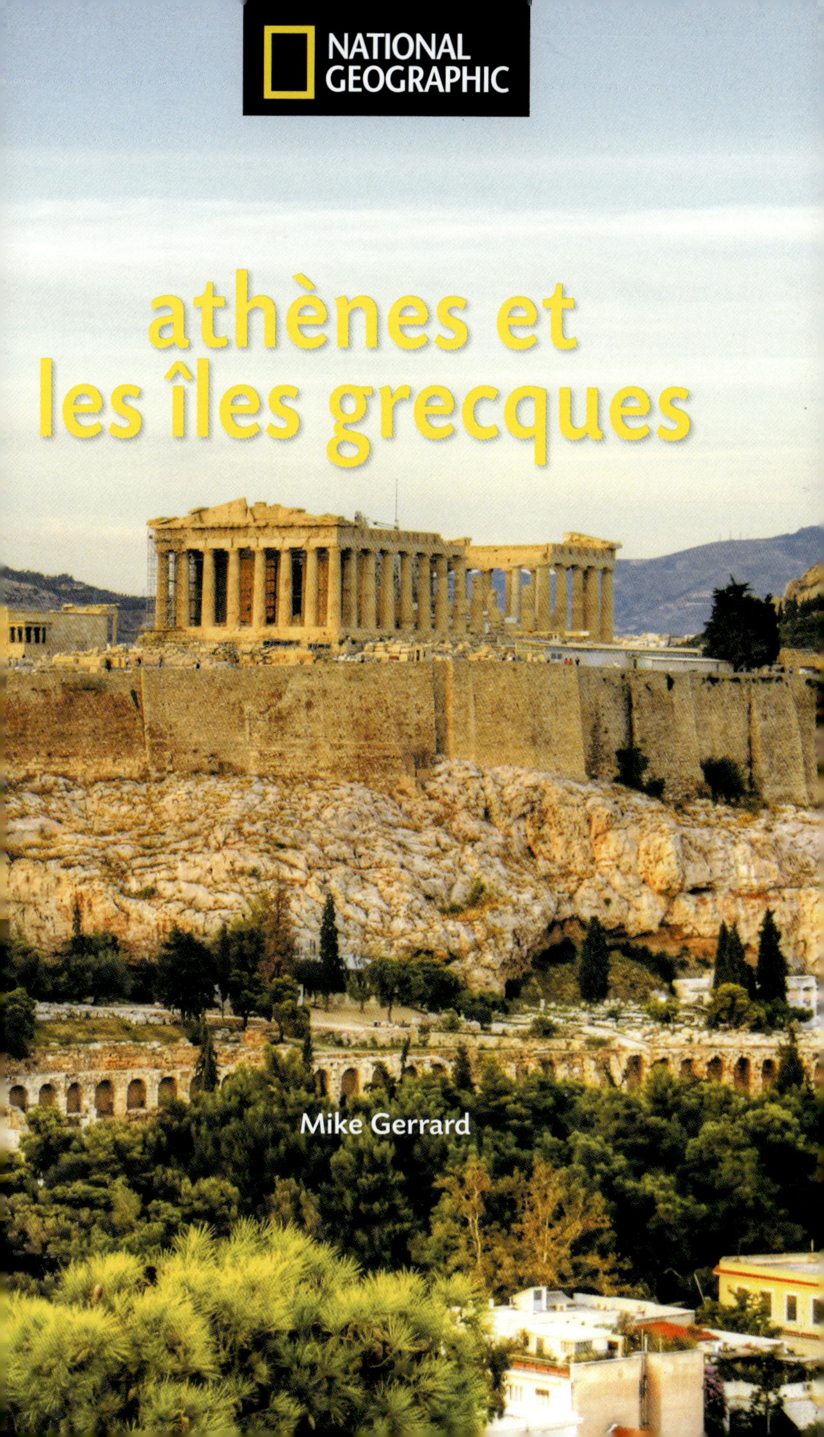

Mike Gerrard

Coucher de soleil sur l'Acropole, plateau rocheux calcaire s'élevant au centre de la capitale grecque, comprenant plusieurs monuments et temples dont le Parthénon dédié à la déesse Athéna.

Les maisons blanchies à la chaux d'Anafiotika, proche du quartier de Plaka, au pied de l'Acropole.

22

La place Monastiráki est un ancien quartier turc, aujourd'hui très commerçant, populaire et vivant grâce aux nombreuses échoppes et au célèbre marché aux puces.

Athènes est l'une des plus anciennes villes au monde,
elle s'étend sur la plaine d'Attique, sur les rives de la mer Égée.

SOMMAIRE

p. 2-3 : L'Acropole d'Athènes domine la ville.

VOYAGER RESPONSABLE

Protéger la nature, contribuer à préserver l'histoire et la culture des pays visités tout en faisant connaissance avec la population... autant d'occasions pour le touriste d'enrichir son séjour en devenant un voyageur responsable !

Petit mémo pour les voyageurs avertis :

- Votre présence a toujours une incidence sur les sites que vous visitez. Ne l'oubliez pas !
- Tout au long de votre voyage, respectez les us et coutumes locaux.
- Rencontrez les gens sur place chaque fois que vous le pouvez ; c'est l'idéal pour en apprendre davantage sur les caractéristiques du pays. Attention toutefois : évitez d'être trop intrusif !
- Côté argent, privilégiez les commerces, restaurants, auberges et voyagistes soucieux du développement du pays. N'hésitez pas non plus à encourager les initiatives qui tendent à mettre en valeur les spécificités culturelles du lieu visité.

Aujourd'hui, voyager de manière responsable, c'est donner tout son sens au « géotourisme », un tourisme qui soutient et met en valeur le caractère géographique d'un site – son environnement, sa culture, sa beauté, son héritage et le bien-être de ses habitants.

Pour en savoir plus, consultez le site en anglais de National Geographic : *nationalgeographic.com/maps/geotourism.*

L'AUTEUR

Mike Gerrard est auteur de guide de voyages. Son premier voyage en Grèce remonte aux années 1960 : ce fut le coup de foudre. Depuis, il y retourne chaque année. Il a déjà écrit des guides sur Athènes, les îles grecques, mais aussi la Crète. Ses reportages sont publiés dans de nombreux journaux comme le *Times* et le *Washington Post*.

Page ci-contre : Vue sur la baie de Santorin

AVANT DE PARTIR

Athènes et les îles grecques regorgent de beauté : magnifiques ruines antiques comme l'Acropole ou le palais royal de Cnossos, musées d'Art moderne, plages paradisiaques, paysages naturels extraordinaires... Aussi est-il important de bien planifier son périple pour ne rien manquer !

Se déplacer

Athènes possède un bon réseau de transports en commun, et la ville ne manque pas de taxi, bien que le trafic soit dense. Pour se déplacer en dehors de la capitale, la location d'une voiture reste le plus commode. Le système ferroviaire grec est assez efficace *(www.ose.gr)*, mais les sites d'intérêt sont plutôt éloignés des gares des grandes villes. Les nombreuses lignes de bus vous amèneront directement à destination des sites les plus connus.

Avec le nombre important de vols proposés ou de ferrys rapides au départ du Pirée, il semble aisé de sauter d'une île à l'autre. Il ne faut cependant pas négliger de bien étudier l'itinéraire des ferrys, dont les trajets varient selon les jours. Les temps de parcours varient : pour les îles du golfe Saronique, proche d'Athènes, comptez 30 minutes environ. Pour la Crète ou Rhodes, comptez 8 heures. La réservation est essentielle pour la plupart des itinéraires, sauf les plus courts.

La Crète et Santorin sont parmi les îles les plus appréciées, aussi sont-elles desservies par de fréquents vols au départ d'Athènes. Une fois sur place dans les îles, déplacez-vous à pied. Il est possible de prendre un taxi ou de louer une voiture pour rejoindre les destinations les plus éloignées.

Si vous avez une semaine

Chaque voyage en Grèce se doit de commencer à Athènes. Non seulement parce que le principal aéroport international s'y trouve, mais parce que la capitale du pays a de nombreuses choses à offrir. Après les grands travaux qui ont précédé les jeux Olympiques de 2004, la ville est devenue une destination de choix.
Consacrez deux ou trois jours dans cette ville unique pour visiter l'imposante Acropole et le Musée archéologique national. Si vous avez le temps, d'autres

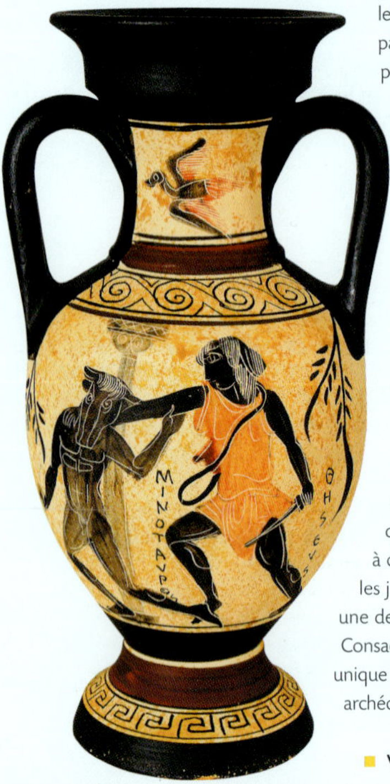

Vase traditionnel grec

musées valent également le coup, comme le musée Benaki, le musée d'Art cycladique et le musée d'Art byzantin. Sachez que les zones centrales (Plaka et l'Acropole) se visitent facilement à pied. Sinon, le métro vous transportera rapidement d'un lieu à l'autre.

Aucun voyage en Grèce ne serait complet s'il n'incluait pas au moins l'une de ses îles. Il est relativement aisé de s'y rendre au départ du Pirée, port situé à côté d'Athènes. Les quatre principales îles du Saronique sont situées à une courte distance de la capitale. Il est tout à fait possible d'en visiter une ou deux en une journée, mais la meilleure solution reste de prévoir une nuit sur place.

Accessible grâce aux liaisons en ferry depuis Le Pirée, commencez par Égine, charmante île où se trouve le temple d'Athéna Aphaïa, encore plus ancien que le Parthénon. Prenez ensuite un ferry pour joindre Poros, une belle île verdoyante et montagneuse. Hydra propose également des paysages montagneux. Où que vous vous arrêtiez, prenez le temps de vous détendre, que ce soit lors d'un dîner les pieds dans l'eau ou sur une terrasse envahie par des bougainvilliers, en sirotant un verre d'ouzo.

À NE PAS MANQUER

Le somptueux Parthénon d'Athènes 52-53

L'impressionnant Musée archéologique national, à Athènes 78-81

Assister à un spectacle au théâtre d'Épidaure 134

Une visite des Cyclades, carte postale des îles grecques 140-150

Un inoubliable coucher de soleil à Santorin 153-155

La vieille ville médiévale de Rhodes 158-160

Les superbes ruines de Cnossos, en Crète 180-183

Si vous avez plus de temps

Chaque année, de nombreux visiteurs européens passent deux ou trois semaines de vacances dans les îles grecques. Sachez qu'en été, les plus populaires d'entre elles accueillent énormément de touristes. Si vous avez du temps, prenez une semaine pour explorer d'autres îles que celles du Saronique.

Les îles proches d'Athènes Ces îles dispersées dans la mer Égée et le golfe Saronique sont situées à une courte distance des côtes continentales est et ouest. **Eubée** et **Égine** ne sont qu'à 30 minutes en ferry du Pirée et, par temps clair,

Informations touristiques

L'organisation nationale grecque du tourisme (**Greek National Tourism Organization** - GNTO) possède un site Internet qui regorge d'informations utiles pour les touristes : cartes téléchargeables, numéros de téléphone pour les urgences, pour les guides des îles. (*visitgreece.gr*, en anglais et grec).

Le ministère de la Culture propose également sur son site Internet de nombreuses informations sur les musées, monuments et sites archéologiques. (*odysseus.culture.gr* en anglais et grec). Dans certaines cités, la police touristique sert également de bureau d'informations touristiques *(encadré p. 165)*.

Vocabulaire

Le grec est rarement une langue connue des visiteurs : la tentative de le parler est accueillie avec enthousiasme et bienveillance. Voici quelques expressions simples :

Parakaló	**S'il vous plaît**
Efharistó	**Merci**
Signomi	**Excusez-moi**
Kaliméra	**Bonjour**
Kalispéra	**Bonsoir**
Kaliníchta	**Bonne nuit**
Kala	**Bien**
Ne	**Oui**
Ohi	**Non**
Endaxi	**D'accord**

beaucoup sont visibles depuis le continent. En été (et surtout pendant les week-ends ensoleillés), elles sont généralement bondées ; hors saison, elles redeviennent agréables et présentent une excellente occasion pour s'échapper hors chaos d'Athènes. Un exemple parfait est **Hydra**, où les ânes sont toujours préférés aux voitures.

Les Cyclades Elles constituent un archipel au charme unique : maisons blanches, eaux cristallines, paysages arides... Chacune des îles a son propre caractère mais partage un même climat agréable et une atmosphère détendue. Parmi les 24 îles, la plus célèbre est **Santorin**, véritable joyau : ses plages de sable noir (due à la roche volcanique) et le lever de soleil vu depuis la mer ont fait sa renommée. L'île reste très attractive et possède peu d'endroits préservés de la foule. **Mykonos** a construit sa réputation sur son esprit festif et accueillant : l'été, elle est envahie de fêtards. Ses plages de sable doré et sa charmante capitale, Mykonos, sont ses principaux atouts. Les îles de **Naxos** et **Paros** restent plus préservées. Enfin, **Délos**, aride et inhabitée, abrite un site archéologique de toute beauté. Les Cyclades sont accessibles par le ferry du matin depuis Le Pirée et méritent une visite sans hâte d'un jour ou deux.

Îles Ioniennes Le caractère de ces îles enchanteresses, qui comprennent notamment **Paxi**, **Céphalonie** et **Ithaque**, est forgé par le patrimoine architectural et culturel de quatre siècles de domination vénitienne. Les villages côtiers soignés, aux bâtiments néoclassiques de couleur pastel, côtoient de puissantes forteresses vénitiennes et, bien sûr, de belles plages. **Corfou**, qui s'étend en longueur, reste le joyau de cet archipel. Les îles Ioniennes restent difficiles d'accès.

Le Dodécanèse Il offre une grande variété d'îles, dont certaines sont inhabitées. Le printemps est la meilleure saison pour les visiter : les paysages y sont encore verts et moins arides qu'en été ou en automne. L'île de **Rhodes** possède des plages superbes et des bars animés ; sa ville principale, inscrite au patrimoine mondial de l'Unesco, possède un charmant centre médiéval. Si vous souhaitez visiter une île préservée et pittoresque, la destination idéale reste **Tilos**, qui est cependant assez éloignée.

Le drapeau national grec

La Crète C'est la plus grande île de Grèce. Elle concentre de nombreuses activités : plages branchées ou criques tranquilles, montagnes propices à la randonnée, villes portuaires dynamiques comme La Canée et Réthymnon, sans oublier une population accueillante, une culture attrayante et une gastronomie alléchante. L'île possède également plusieurs sites archéologiques, dont le plus célèbre est Cnossos.

Quand partir

La Grèce est une destination idéale toute l'année. Cependant, évitez le mois d'août : certains endroits risquent de perdre leur charme à cause de la foule, et les températures dépassent parfois 38 °C.

En hiver, il peut y avoir un ciel bleu très dégagé avec des températures basses (-6 °C) ou une pluie avec des températures autour de 10 °C.

Le meilleur moment pour partir reste le printemps et l'automne, lorsqu'il pleut peu et que le temps est agréable. La saison touristique n'a pas encore commencé : vous goûterez à une certaine tranquillité, même si certains endroits risquent d'être fermés. Pour visiter les zones montagneuses, sachez qu'il vaut mieux venir à partir de mai, quand la neige commence à fondre et que les sentiers sont praticables.

Si vous êtes en Grèce pendant la Pâques orthodoxe, la plus importante fête religieuse du pays, vous assisterez aux festivités locales. Attention, la Pâques orthodoxe ne tombe pas sur les mêmes jours que la Pâques catholique.

ΡΕΤΑΙΕΣΤΡ
ΤΩΝΑΦΑΝΩΝ

HISTOIRE ET CULTURE

Les *evzones*, soldats d'élite de garde devant la tombe du Soldat inconnu

ATHÈNES ET LES ÎLES AUJOURD'HUI

Athènes est formée de deux villes, l'une glorieuse et idéalisée, l'autre populaire et harassante. Parmi les ruines de son cœur antique gisent les fragments d'une civilisation unique. Cette coexistence entre l'ancien et le moderne définit la capitale, âgée de quelques millénaires.

Si l'Athènes moderne peine à éblouir autant que la Cité antique, son identité est étroitement liée à sa grandeur passée. L'Acropole et son joyau architectural, le Parthénon, donnent sur des rues embouteillées et des rangées confuses d'immeubles imbriqués les uns sur les autres. Mais s'il arrive aux Athéniens de critiquer leur ville, ils sont également prompts à la défendre. Au jugement sévère d'un visiteur, ils désigneront d'un simple geste ce temple majestueux qui surplombe la ville, comme pour rappeler qu'Athènes sera toujours plus grandiose qu'il n'y paraît.

Si Athènes puise une grande partie de son identité culturelle dans ce qu'elle fut il y a 2500 ans, une partie de son histoire plus récente se manifeste néanmoins à travers les églises byzantines, les ruines romaines, les bains publics et les mosquées de l'époque ottomane. Nul besoin de marcher longtemps pour croiser la statue d'un grand homme d'État grec ou d'un héros de la guerre d'Indépendance dominant l'une des places de la ville. Pourtant, les Athéniens ne se complaisent pas dans leur passé, aussi glorieux soit-il. Comme les habitants de chaque grande ville, ils restent fiers du côté chaotique et déconcertant de leur métropole moderne, se joignant avec ferveur aux processions, aux événements culturels et bien sûr aux manifestations qui caractérisent la vie publique de la capitale grecque.

> **« Les Athéniens sont plutôt fiers du côté chaotique et déconcertant de leur métropole moderne. »**

Athènes a connu une véritable métamorphose lors des jeux Olympiques de 2004, avec la construction d'un stade olympique de pointe et d'autres installations sportives, d'une rue piétonne pavée autour de l'Acropole, d'un réseau de métro et d'un nouvel aéroport. Ce programme a également permis de restaurer des bâtiments historiques et de rénover de nombreuses places en mauvais état, comme la place Syntagma, dominée par l'imposant palais du Parlement. Une grande partie du centre d'Athènes peut être parcourue à pied, ce qui permet aux visiteurs de pratiquer le passe-temps typiquement local du « péripate », c'est-à-dire discuter en marchant. Une pratique inspirée de l'école péripatéticienne d'Aristote, lequel avait coutume de disserter sur des sujets philosophiques en se promenant avec ses étudiants.

La ville moderne

En vérité, Athènes n'est pas représentative de la Grèce exubérante et idyllique vantée par les poèmes et les brochures touristiques. Bien qu'elle soit baignée de soleil 300 jours par an et dispose de 120 km de côtes, c'est une métropole en expansion qui

La voie piétonne entourant le stade olympique

paraît s'épanouir dans le chaos. Si le nouveau réseau métropolitain a amélioré les choses, la circulation donne souvent lieu à un concert de klaxons et de vociférations, tandis que le bruyant marché dominical peut décourager les touristes en recherche de calme.

Athènes et ses environs concentrent plus d'un tiers de la population nationale, souvent des jeunes en quête de travail venus du reste du pays. Ce n'est pas seulement la plus grande ville de Grèce, mais également le centre administratif, politique et économique du pays. Elle continue donc de dominer la vie culturelle, sociale et politique, comme au temps de Périclès (*voir encadré p. 29*).

Bien que renommée pour ses chefs-d'œuvre architecturaux, Athènes a pâti d'un plan d'urbanisme déplorable. La plupart de ses bâtiments néoclassiques ont été démolis dans les années 1950 pour laisser place à des milliers d'immeubles sans âme qui ont accueilli le flot de réfugiés grecs chassés de Turquie et d'Égypte. Les cafés d'autrefois, fréquentées par des anciens et des prêtres orthodoxes sirotant un café épais ou frappé, ont été supplantés par des bars chic tournés vers une clientèle aisée. Les Grecs d'Athènes sont souvent affairés et pressés, à la différence de ceux des campagnes qui accueillent encore les visiteurs avec un petit verre d'eau-de-vie, le *tsipouro,* et une tranche de gâteau aux noix.

Mais certains quartiers de la capitale demeurent fidèles au passé. Bien que touristique, Plaka évoque une île grecque avec ses demeures néoclassiques aux tons pastel, à l'image de son voisin Anafiotika au pied de l'Acropole, avec ses petites maisons en pierre de style cycladique. À Metaxourgeio, quartier des théâtres organisé autour de l'ancienne filature de soie, et à Exarcheia, zone animée et éternel bastion des activistes grecs, des palais néoclassiques décrépits côtoient d'imposants bâtiments Bauhaus du XXe siècle. Les autres quartiers, notamment en banlieue, sont résolument modernes. Avec ses larges avenues, ses imposantes demeures et ses pelouses impeccables, Kifissia évoque les riches banlieues américaines. À Glyfada, villas et lofts donnent sur une plage bordée de discothèques et de steakhouses. À Maroussi, résidences et pavillons alternent avec une enfilade de bars et de boutiques, non loin du plus vaste centre commercial d'Athènes.

La contestation

À Athènes, la contestation sociale est un aspect de la vie urbaine souvent mis en avant dans les bulletins d'actualité à l'étranger. La violence et le vandalisme sont pourtant rares et se limitent généralement aux affrontements entre la police et les anarchistes du quartier d'Exarcheia. Durant votre séjour, il est possible que vous soyez témoin d'une manifestation, mais n'ayez crainte : l'expression sonore des revendications fait partie de la culture grecque. Vous y verrez probablement davantage de professeurs que d'anarchistes.

La capitale est un véritable festival pour les sens : les relents de gaz d'échappement et de poudre de ciment se mêlent au doux parfum des fleurs de jasmin et de bigaradier, tandis que les coups de klaxon des taxis, le vacarme des conversations et la plainte occasionnelle d'un vieil homme fredonnant un air satyrique avec son *organetto* (petit accordéon) composent la bande originale de la ville. C'est le soir qu'Athènes dévoile toute sa splendeur. Les ténèbres dissimulent ses imperfections tandis que la fraîcheur détend les habitants qui aiment sortir et s'amuser. Bars, tavernes et clubs débordent de personnes qui bavardent, fument, boivent ou dansent. Dans les *bouzoukia*, ces clubs portant le nom de l'instrument à cordes typique du *laïka* (musique populaire grecque), les musiciens se livrent à des danses à la fois sublimes et grotesques tandis que le public les couvre de roses. Intellectuels, artistes et anarchistes remplissent les bars d'Exarcheia, s'étalant parfois sur la place pour regarder un film sur un écran improvisé ou jouer au baby-foot et au ping-pong jusqu'au petit matin. Enfin, Gazi, qui abritait l'ancien site de production gazière de la ville, est désormais le quartier le plus couru pour ce qui est de la musique live et des boîtes d'électro-punk.

Une ville en mutation

En 1967, la famille royale fuit le pays suite au coup d'État de la junte militaire. La dictature des colonels abdique en 1974 dans le sillage du mouvement de contestation des étudiants du Polytechnio, l'université technique nationale d'Athènes. Depuis, la Grèce est administrée par un gouvernement parlementaire élu démocratiquement. Les Athéniens aiment discuter politique, en particulier lorsqu'il s'agit des grands partis grecs. Ils idolâtrent ou se moquent des dynasties politiques comme celle des Papandréou, qui a donné trois Premiers ministres et qui est souvent comparée aux Kennedy.

Le multiculturalisme est devenu un sujet politique brûlant. Jusqu'au début du XXIe siècle, la majorité des habitants d'Athènes étaient des chrétiens gréco-orthodoxes. Depuis, de nouvelles religions et traditions ont accompagné les vagues d'immigration venues d'Europe de l'Est, d'Asie du Sud et d'Afrique,

■ **Gazi est le nouveau quartier en vogue pour passer une soirée à Athènes.**

Mères et filles en costume traditionnel lors d'un rite pendant la Semaine sainte

auxquelles se sont ajoutés les nombreux réfugiés fuyant la guerre et la pauvreté qui frappent leur pays d'origine.

Les îles

La question *«poia einai i katagogi sou?»* («d'où viens-tu»?) est d'usage dans les conversations à Athènes. Malgré la taille de la ville, il est rare de s'entendre répondre «Athènes», même chez ceux qui y sont nés. Beaucoup citeront en revanche un minuscule village au bord de la mer Égée, réputé pour ses magnifiques couchers de soleil, la solidarité de ses habitants et ses immenses plages de sable blanc.

Souvent, ces Athéniens de la deuxième ou troisième génération idéalisent les îles. En réalité, ils n'en gardent que des souvenirs d'enfance ou de vacances, les associant pour toujours au soleil de l'été. Pourtant, même les îles les plus populaires et vivantes comme Santorin peuvent se transformer, l'hiver venu, en lieux solitaires balayés par les tempêtes et vidés de leurs foules estivales.

Lors des vacances scolaires, la population de nombreuses îles augmente avec l'arrivée des petits-enfants des résidents, mais pendant la majeure partie de l'année, l'absence de jeunes est flagrante.

Les habitants des îles entretiennent un rapport compliqué avec Athènes. La capitale a toujours exercé une forte influence sur l'économie, la culture et la politique des îles même si, comme au temps de Périclès, elle dépend également de ces dernières. Ce sont avant tout les images des plages ensoleillées, des eaux azur et des petits villages pittoresques qui attirent les touristes en Grèce. Sans les îles, c'est tout un pan d'un secteur d'activité essentiel au pays qui disparaîtrait.

« Les îles souhaitent privilégier un tourisme à échelle humaine, davantage soucieux de préserver la tranquillité et la beauté naturelle des lieux. »

Beaucoup d'insulaires ont des sentiments contrastés sur l'expansion de l'industrie touristique. Naturellement, ils se félicitent des recettes et des emplois qui contribuent à retenir au moins une partie des jeunes, mais ils craignent les retombées du tourisme sur leur culture et leur société. De nombreuses îles s'attellent aujourd'hui à un nouveau défi, celui de promouvoir un développement durable et responsable, et de renoncer à l'industrie monolithique des resorts des années 1980 et 1990. Elles souhaitent privilégier un tourisme à échelle humaine, davantage soucieux de préserver la tranquillité et la beauté naturelle des lieux.

La relation entre Athènes et les îles n'est toutefois pas seulement économique. Pour de nombreux Athéniens, les îles symbolisent les idéaux qui façonnèrent au début du xxe siècle la *Megali Idea*, ou « Grande Idée » d'une expansion territoriale de la Grèce *(voir p. 34)*. Ces dernières années, plusieurs îles ont été mises en vente pour réduire la dette publique, suscitant une vague d'indignation au sein de la population. Si elles peuvent apparaître minuscules et insignifiantes sur les cartes géographiques, les îles occupent encore une place importante dans la conscience nationale hellénique. ■

À DÉCOUVRIR Une visite de l'Athènes antique

Les jeux Olympiques ont apporté à la capitale beaucoup d'améliorations et de restructurations. L'une des nouveautés les plus spectaculaires reste la **Grande Promenade**. Cet axe piétonnier relie la porte d'Hadrien, le temple de Zeus olympien, l'Acropole, l'Agora antique et le cimetière du Céramique. Ainsi, la Grande Promenade a transformé ce qui n'était qu'une accumulation disparate de sites archéologiques séparés par des rues bruyantes et embouteillées en un seul grand site d'intérêt national.

Ce projet s'est accompagné d'un regain d'intérêt pour les visites guidées dans le centre historique d'Athènes grâce aux nouvelles voies piétonnes. Participez à l'une de ces visites en vous adressant à des opérateurs comme **Athens Walking Tours** *(tél. : 210/884-7269 ou 6945 859 662, www.athenswalkingtours.gr)* ou à l'un des très nombreux (et compétents) guides privés agréés de l'**Association des guides nationaux helléniques** *(via Apollonos 9a, Plaka, tél. : 210/322-9705 ou 210/322-0090, www.tourist-guides.gr)*.

LA GASTRONOMIE

Des Grecs venus de tous les horizons vivent à Athènes, et les restaurants, snacks et bars de la ville reflètent cette diversité. On trouve des tavernes spécialisées dans la cuisine de la Crète, de Santorin et de la Céphalonie, ou encore dans celle des provinces continentales de l'Épire, de la Macédoine et de la Thrace, voire d'Istanbul, où de nombreux Grecs ont vécu jusque dans les années 1950.

Dans l'Antiquité, les Athéniens ne passaient pas pour de fins gourmets, mais ils avaient autant d'appétit que leurs descendants modernes. Leur aliment de base était le pain d'orge, trempé dans du vin ou tartiné de miel de thym du massif de l'Hymette. Sardines, anchois, fèves, soupe de lentilles et olives s'invitaient aux repas plus copieux, avec beaucoup de vin, cela va de soi.

Comme dans le reste de la Grèce antique, était consommé à Athènes le cycéon, boisson nourrissante à base de gruau d'orge, d'eau, d'herbes et de fromage de chèvre râpé. Pour le dessert, on mangeait des figues séchées ou des grenades.

À l'exception du cycéon, la plupart de ces aliments (poisson, figues, légumineuses, fromage et olives) figurent toujours aujourd'hui en bonne place sur les tables athéniennes. Les sardines au four et les anchois marinés, par exemple, sont à la base des mezze. Mais le palais athénien a appris à se délecter d'autres saveurs, notamment celles venues de l'Empire ottoman. Certains des mets grecs les plus célèbres, comme le *baklava* (petit gâteau à base de pâte phyllo fourré au miel et aux noix concassées), ont vu le jour dans les cuisines impériales de Constantinople. Parmi les autres plats populaires d'inspiration orientale, citons la moussaka, l'*imam bayildi* (aubergines farcies) et la *soutzoukakia*, des boulettes de viande au cumin servies dans une sauce tomate. Avec l'arrivée de nouveaux immigrants lors des trente dernières années, les Athéniens ont adopté des saveurs venues d'Éthiopie, d'Inde, de Chine ou du Mexique.

Au petit-déjeuner, les Grecs se contentent généralement d'un café et d'une *tyropita*, un petit friand à la feta. Pendant très longtemps, à l'époque où la journée de travail prévoyait une sieste l'après-midi, le plat principal était le déjeuner de 14 h, composé à base de pain, de condiments et de salade, suivis de *mageirefta* (plats au four) comme la moussaka, les *gemista* (légumes farcis au riz) et le *kotopoulo lemonato me patates* (poulet rôti au citron et aux pommes de terre).

Avec l'allongement des journées de travail, les Athéniens préfèrent désormais les *gyros* ou les sandwichs qu'ils mangent sur le pouce. En général, le dîner se compose de mezze ou de plats légers à base de salade, de yaourt et d'omelette.

Mezze à la grecque

Les mezze désignent une sélection de hors-d'œuvre et d'amuse-bouche servis sur des plateaux, généralement accompagnés d'un verre de vin, d'ouzo ou encore de *tsipouro* (eau-de-vie obtenue par distillation du marc de raisin, également appelée *raki* ou *tsikoudia* en Crète). Si les mezze modernes viennent de l'Empire ottoman – le terme dériverait du persan *maze*, qui signifie « en-cas » –, les Grecs de l'Antiquité mangeaient des plats similaires à base de figues séchées, de pois chiches et de marrons rôtis servis

Plateaux de mezze comprenant des *dolmadhes* et des aubergines rôties, dans une taverne de Plaka

avec une amphore de vin. Aujourd'hui, les Grecs prennent leur repas principal le midi, optant le soir pour le même repas léger que leurs ancêtres, à base de mezze. Partager ces petits plats entre amis est un rituel qui renforce les liens affectifs, en Grèce et notamment à Athènes, où la vie est toujours plus frénétique. On s'invite à tour de rôle pour déguster des mezze faits maison, idéalement sur un beau balcon autour d'un pichet de vin, ou l'on se retrouve au restaurant pour bavarder autour d'un repas bien arrosé.

« Les Athéniens apprécient également le café, ou mieux, de le siroter durant une longue conversation oisive. »

La plupart des tavernes servent la *poikilia*, un plateau contenant plusieurs types de mezze. On peut choisir entre des portions de poisson, de viande ou encore végétariennes. Mais il existe également des restaurants spécialisés en mezze, les *mezedopoleia*. On y sert généralement des plats chauds et froids, des mezze classiques tels que le caviar d'aubergine, le tarama, le *saganaki*, mais aussi de la charcuterie, des olives, du fromage et du *bekri meze*, ou « mezze saoul », un plat de porc mariné dans du vin. Certains de ces établissements vont jusqu'à accorder leurs menus avec un seul alcool particulier. Ainsi les *tsipouradika* servent les mezze avec le *tsipouro*, les *ouzadika* avec l'ouzo et les *rakadika* avec le raki. Enfin, plusieurs *mezedopoleia* et tavernes servent des *krasomezedhes*, littéralement « mezze pour le vin ».

Mais les Grecs ne dînent pas que de plats légers composés de saveurs délicates. Beaucoup de travailleurs leur préfèrent encore une soupe consistante appelée *patsas*, servie dans les tavernes et les snacks de toute la ville. S'il s'agit plutôt d'un plat d'ouvrier, il reste populaire auprès de nombreux Athéniens pour la simple raison que

Lire le menu

Avgolemono : sauce à base d'œuf *(avgo)* et de citron *(lemono)* qui peut aromatiser n'importe quel plat (soupes, boulettes...).
Barbouni : rouget de roche, servi frit avec du jus de citron frais.
Bifteki : bifteck grillé généralement aromatisé à l'origan grec.
Dakos : salade traditionnelle crétoise incontournable des tavernes athéniennes, préparée avec des tranches de pain d'orge toastées, des tomates, des oignons, de la feta, de l'huile d'olive et de l'origan grec.
Dolmadhes : feuilles de vigne farcies de riz légèrement épicé.
Gavro marinato : anchois marinés.
Gemista : tomates et poivrons farcis au riz et aux herbes, arrosés d'huile d'olive et longuement cuits au four.
Gigantes : fèves géantes cuites à feu lent dans une sauce tomate savoureuse.
Gyros : morceaux de porc ou de poulet rôti fourrés dans une pita avec oignons, tomates, frites et une cuillérée de yaourt ou de tzatziki.
Horiatiki : salade grecque traditionnelle aux tomates, concombres, oignons, feta et poivrons verts, arrosée d'huile d'olive.
Melitzanosalata : caviar d'aubergine à base de légumes rôtis et mixés.
Moussaka : plat à base d'aubergines et de viande hachée épicée recouvert de sauce béchamel et cuit au four.
Pastitsio : timbale de pâtes à base de bœuf, de béchamel et de copeaux de *kefalotyri*, un fromage blanc affiné.
Saganaki : feta frite.
Souvlaki Kalamaki : brochette de porc aromatisé à l'origan grec et au jus de citron, servi avec une pita chauffée au gril ou des tranches de pain blanc croustillant.

les restaurants les servant sont ouverts toute la nuit. Allez-y après la fermeture des boîtes et vous verrez un fascinant condensé de la société athénienne, de la jeunesse dorée de Kolonaki aux ouvriers du bâtiment couverts de poussière.

Pour les Athéniens plus âgés, la *patsas* a des propriétés quasi miraculeuses : elle adoucit les lendemains de fête, éloigne les maladies et donne de la vigueur. Peu de visiteurs ont pu en vérifier l'efficacité car une brève description de ce plat les dissuade généralement de le goûter. Les tripes bouillies en sont l'ingrédient principal (estomac et intestin de porc, en principe), mais d'autres parties de l'animal peuvent être ajoutées pour donner du goût. Cela donne une soupe dense et incroyablement consistante, avec une saveur et un parfum intenses. Comme elle est très grasse, il faut la manger aussitôt servie, avant qu'elle ne se solidifie.

La traditionnelle tarte au fromage de chèvre de Skopelos

Comme la plupart des Grecs, les Athéniens aiment le vin et l'eau-de-vie. Dans les tavernes, le meilleur vin est souvent l'*hima*, ou vin de la maison. Quant aux vins en bouteille, les meilleurs blancs viennent généralement de Santorin et les meilleurs rouges de la région de Drama, au nord-est. L'ouzo, le célèbre alcool anisé, et le raki, puissante eau-de-vie distillée en Crète, sont les apéritifs les plus populaires. Comme évoqué plus haut, le vin, l'ouzo, le raki et le *tsipouro* accompagnent fréquemment les mezze. Les Athéniens apprécient également le café, ou mieux, de le siroter durant une longue conversation oisive. Il subsiste à Athènes quelques cafétérias à l'ancienne, les *kafeneio*, où se retrouvent souvent des anciens qui jouent au backgammon en discutant politique. La boisson fétiche est ici l'*elliniko*, le café traditionnel très corsé préparé avec des grains finement moulus. Sinon, on peut commander un *nes* (café soluble bouillant servi avec du lait concentré) ou un frappé, boisson mousseuse mêlant café soluble, sucre, glaçons et lait concentré. Mais les bars modernes leur préfèrent les expressos et les cappuccinos, servis avec des glaçons. On trouve également dans la capitale des salons de thé qui proposent de tout, du matcha japonais à la traditionnelle infusion crétoise à la sauge, même si les Athéniens gardent un penchant pour le café. ■

HISTOIRE

Glorieuse cité impériale du temps de Périclès, Athènes a été délaissée par ses successeurs. Ce n'est qu'au XXe siècle qu'elle a retrouvé son statut de centre économique, politique et culturel de la Grèce moderne et de toute la région.

Origines mythiques

Athènes est habitée depuis plus de 4000 ans, et il est probable que des tribus de chasseurs-cueilleurs occupaient déjà la région 10000 ans plus tôt car des tombes et des puits datant du Néolithique ont été découverts au pied de l'Acropole. Bien que l'on sache peu de choses sur ces colons fondateurs, les Athéniens ont adopté nombre de légendes sur les origines mythiques de la ville. La plus pittoresque raconte que le fondateur d'Athènes, Cécrops, était un demi-dieu mi-homme, mi-serpent.

D'après l'historien grec Strabon (64/63 av. J.-C.-24 ap. J.-C.), deux dieux se disputaient le patronage de la ville de Cécrops : le dieu de la mer Poséidon et la déesse de la sagesse Athéna. Pour les départager, il y eut un concours soumis à l'arbitrage des habitants : la ville reviendrait au dieu qui ferait le cadeau le plus utile. À l'aide de son trident, Poséidon frappa la roche et fit jaillir une source. Athéna toucha le sol avec sa lance et fit pousser un olivier. Les habitants jugèrent l'olivier plus utile, car il leur fournirait du bois, de l'huile et de la nourriture. Athéna fut donc choisie, et un temple érigé en son honneur. Les habitants, appelés Cécropides en référence à Cécrops, devinrent les Athéniens, du nom de la protectrice d'Athènes.

« Bien que l'on sache peu de choses sur ces colons fondateurs, les Athéniens ont adopté nombre de légendes sur les origines mythiques de la ville. »

Mycéniens et Minoens

Entre 1600 et 1100 av. J.-C., Athènes devint une ville stratégique de la Grèce de l'âge du bronze, dite également mycénienne. Baptisée ainsi en référence au site archéologique de Mycènes au nord-est du Péloponnèse, à quelque 90 km d'Athènes, la Grèce mycénienne a vu naître la plupart des poèmes et des mythes grecs, notamment les poèmes épiques d'Homère. Les historiens ignorent les raisons du déclin de la culture mycénienne. Invasion des Doriens, luttes intestines, catastrophes naturelles ou changement climatique ? Quelle qu'en fût la cause, Athènes, comme le reste de la Grèce, tomba dans les siècles obscurs grecs, qui durèrent de 1050 à 750 av. J.-C.

Tandis que les Mycéniens s'affirmaient en Grèce continentale, une autre culture encore plus ancienne, la civilisation minoenne, prospérait déjà dans les îles. Depuis leurs cités établies en Crète, à Santorin et à Cythère, les Minoens ont bâti un puissant empire commercial qui s'étendait de la mer Noire à l'Égypte. Techniquement en avance sur leur époque, ils ont vu s'épanouir une culture artistique raffinée.

Malgré leur puissance et leur richesse manifestes, un voile de mystère continue d'envelopper les Minoens : leur civilisation a connu un déclin soudain autour de 1400 av. J.-C., sans raison apparente. Si ce n'est une vague allusion dans les mythes grecs, rien ne prouve que les Athéniens aient connu l'existence de la civilisation minoenne. Tombée dans l'oubli, celle-ci n'a refait surface qu'en 1900 avec les fouilles du palais de Cnossos en Crète *(voir p. 180-183)*.

Le théâtre d'Épidaure, symbole des avancées techniques et culturelles de la Grèce antique

Des siècles obscurs à la cité-État

Bas-relief en bronze représentant Périclès qui prononce un discours devant l'Acropole

Athènes recommença à prospérer autour de 900 av. J.-C., à en juger par l'opulence des sépultures de l'ancien cimetière du Céramique datant de l'âge du fer. En 800 av. J.-C., elle entreprend déjà d'annexer les cités voisines de l'Attique selon le mouvement dit du synœcisme – le regroupement en une seule agglomération de plusieurs entités autonomes. C'est la naissance de la cité-État. En théorie, son organisation prévoit le partage du pouvoir, mais en pratique, du fait de traditions ancrées favorisant l'élite, seuls les nantis et les privilégiés y ont accès. Athènes remplace la monarchie par l'oligarchie : ses chefs appartiennent à l'aristocratie terrienne des eupatrides (les « bien-nés »), qui se réunissent sur la colline rocheuse de l'Aréopage pour nommer les archontes (les plus hauts magistrats de la ville) et leur chef militaire, le polémarque. Cela reste malgré tout une période de renaissance intellectuelle et artistique pour toute la Grèce antique. Les Grecs élaborent un alphabet écrit, de nouvelles stratégies militaires et un système bancaire et monétaire centralisé, tandis que des colonies sont établies dans l'ouest de l'Europe, en Afrique du Nord et autour de la mer Noire.

La démocratie athénienne

L'oligarchie de la cité-État réduit la plupart des Athéniens à une condition de nette infériorité, notamment les pauvres et les esclaves, privés de tout droit. C'est à Dracon que l'on doit la première tentative de réforme du système. Cet archonte, qui officie vers la moitié du VIIe siècle av. J.-C., compile une série de lois écrites que chaque Athénien sachant lire était en mesure de comprendre. Malgré de nombreuses améliorations au regard du régime précédent, les lois draconiennes sont notoirement dures. Pour Dracon, même les délits les plus insignifiants, comme les larcins, voire l'oisiveté, sont passibles de mort, et il regrettait qu'il n'y eût de peine encore plus sévère pour les crimes plus graves.

En 594 av. J.-C., Solon (638-558 av. J.-C.) abroge les lois draconiennes et élabore un nouveau code qui accorde le droit de vote aux citoyens ordinaires et tient les magistrats élus responsables de leurs actes. D'après Aristote, Solon se bat pour que tous les citoyens soient admis à voter à l'*ekklesia*, l'assemblée du peuple. Il divise la société athénienne en quatre classes selon la richesse foncière, et tout citoyen peut aspirer à exercer une fonction publique, hormis les membres de la classe inférieure, celle des thètes.

Toutefois, les lois de Solon ont quelques difficultés à s'ancrer dans la société jusqu'à l'arrivée au pouvoir de Pisistrate, une vingtaine d'années plus tard. Réputé tyrannique, ce dernier était en réalité un dirigeant très populaire. En grec ancien, le terme *tyrannos* désigne « celui qui conquiert le pouvoir par la force » et non un despote féroce. De cité instable, Athènes devient sous Pisistrate une puissance militaire et économique pourvue d'une flotte redoutable, avec des relations commerciales dans tout le monde connu. Mais cette prospérité est mise à mal par la cruauté de ses deux fils, Hipparque et Hippias, qui prennent le pouvoir à sa mort en 527 av. J.-C. Hipparque est assassiné en 514 av. J.-C. et son frère renversé quatre ans plus tard avec la complicité de Sparte. De ce chaos émerge Clisthène, connu comme le père de la démocratie athénienne, qui réforme la constitution en 508-507 av. J.-C. et rétablit les lois de Solon. Avec le soutien du peuple, il lance une série de réformes de grande ampleur. Clisthène institue également une assemblée dans laquelle tous les Athéniens peuvent voter sur la politique de la ville. Souvent idéalisé comme étant la première démocratie au monde, le système politique d'Athènes n'est toutefois pas comparable à celui des États actuels. Les femmes, les esclaves (y compris affranchis), les débiteurs non solvables, les résidents étrangers et les enfants issus de parents non athéniens restaient privés du droit de vote, ce qui signifie que seulement 10 % de la population pouvait participer à la vie politique.

Les guerres médiques

Le roi perse Darius Ier, alors à la tête d'un empire couvrant une grande partie du Moyen-Orient et de l'Asie Mineure, envahit la Grèce en 492 av. J.-C. Après avoir conquis le nord du pays, Darius et ses troupes de quelque 30 000 hommes font une halte sur la plaine

Hérodote et Thucydide

Tout ce que nous savons ou presque sur la Grèce antique, nous le devons aux deux grands historiens de l'âge d'or d'Athènes : Hérodote (484-425 av. J.-C.), connu comme le « père de l'Histoire », et Thucydide (460-395 av. J.-C.).

L'œuvre d'Hérodote, concentrée dans l'ouvrage *Histoires*, s'intéresse au contexte et aux causes des guerres médiques. L'historien s'appuie sur des légendes locales et les souvenirs des anciens, comblant chaque vide par ses propres conjectures. Ses voyages lui permettent de décrire avec précision les peuples de Perse et de Grèce, et de retranscrire tout ce qu'on lui rapporte, sans en questionner la crédibilité ni l'importance. Ainsi, outre les fascinantes descriptions de la vie quotidienne antique, on trouve quelques bizarreries, comme l'histoire de ces fourmis géantes « plus grandes que des renards mais plus petites que des chiens » qui déterrent l'or en Inde.

Thucydide, quant à lui, ne mentionne que des événements auxquels il a assisté en personne, recoupant plusieurs sources lorsqu'il n'a pu être le témoin direct des faits relatés. Son style sec et austère est exempt des anecdotes et digressions qui égaient l'œuvre d'Hérodote. Pour Thucydide, l'histoire doit se cantonner aux batailles, aux débats et à l'exercice du pouvoir politique des hommes.

Si l'œuvre de Thucydide est plus rigoureuse, elle est sans nul doute moins divertissante, et restreint considérablement le champ d'étude de l'histoire. Les historiens modernes ont fini par réhabiliter le style d'Hérodote et son regard sur la vie quotidienne des petites gens, bien que ses récits soient parfois moins crédibles.

Illustration moderne de la bataille de Salamine (480 av. J.-C.)

de Marathon pour récupérer avant l'assaut sur Athènes. Face à la menace, Athènes et une poignée de cités-États mobilisent une armée de 10 000 hoplites (soldats d'infanterie lourde) et quelques milliers d'auxiliaires.

Lors de la bataille, les hoplites, parfaitement entraînés et regroupés en rang serré selon la formation dite de la phalange, écrasent l'armée perse en essuyant peu de pertes. Cette victoire fut considérée comme la preuve éclatante que même une armée gigantesque levée par un tyran ne pouvait lutter contre des citoyens libres.

À la mort de Darius en 486 av. J.-C., son fils Xerxès prend le pouvoir. Trois ans plus tard, il envahit à son tour la Grèce. Son immense armée avance péniblement dans le nord de la Grèce, mettant en échec le roi de Sparte, Léonidas, lors de la bataille des Thermopyles. Malgré la défaite, les Spartiates parviennent à retenir les Perses suffisamment longtemps pour permettre l'évacuation d'Athènes. Selon plusieurs témoignages, Xerxès entra dans une telle rage en voyant Athènes déserte qu'il mit le feu à la ville. Toutefois, de nombreux historiens remettent en question cette légende : si incendie il y eut, celui-ci fut certainement provoqué par les Athéniens pendant leur fuite. Quelle qu'en soit la cause, la rumeur selon laquelle les Perses ont détruit l'un des joyaux de la civilisation hellénistique conduit les cités-États grecques à former une coalition contre Xerxès. Peu de temps après la chute d'Athènes, la flotte menée par le général athénien Thémistocle tend un piège aux forces navales perses dans l'exigu détroit de Salamine. Privé des navires censés les ravitailler, Xerxès fait retirer le gros de ses troupes au nord, ne laissant en Grèce qu'une modeste force d'occupation. En 479 av. J.-C., Athènes et Sparte conduisent l'armée qui défait les Perses à la bataille de Platées.

L'âge d'or

À l'issue de l'invasion perse, Athènes devient un pôle commercial, artistique et philosophique florissant : c'est l'âge d'or. Cet apogée coïncide avec le gouvernement de Périclès (461-429 av. J.-C., *voir encadré ci-dessous*) à qui l'on doit la construction de célèbres monuments de la Grèce antique tels que le Parthénon, l'Érechthéion et les Propylées sur l'Acropole, mais aussi le temple d'Héphaïstos et celui de Poséidon au cap Sounion.

Périclès et l'âge d'or d'Athènes

Né de parents athéniens influents, Périclès (495-429 av. J.-C.) demeure le plus célèbre dirigeant de la cité-État. Habile stratège militaire et homme d'État populiste, il consolide le système démocratique d'Athènes. Sous son gouvernement, les citoyens pauvres, qui constituent le gros de l'armée, obtiennent le droit de vote. L'historien Thucydide le décrit comme un brillant orateur qui, lors de ses discours, « portait dans son langage la foudre de Zeus ».

Périclès gouverna la ville entre 461 et 429 av. J.-C., période connue comme l'« âge d'or d'Athènes » ou « siècle de Périclès ». Promoteur des arts et de la littérature, il entreprend un grand projet de travaux publics sur l'Acropole, fait construire le Parthénon et embellit la ville. Il place Athènes à la tête de la ligue de Délos, une confédération de 183 cités-États formée pour contrer les Perses. Mais l'ingérence d'Athènes dans les affaires publiques des cités alliées (en vue de freiner la domination de Sparte) déclenche la guerre du Péloponnèse entre Athènes et Sparte (431-404 av. J.-C.).

Parmi ses amis les plus proches, on compte le sophiste Protagoras, le philosophe Anaxagore et sa compagne Aspasie, figure controversée par certains auteurs. Cette femme, cultivée et intelligente, fut souvent associée de manière réductrice aux hétaïres, ces courtisanes raffinées et indépendantes qui menaient une existence quasi libre à Athènes. Périclès eut un fils d'Aspasie, Périclès le Jeune, qui devint son héritier après la mort des enfants issus de son premier mariage durant la peste de 430 av. J.-C. Périclès le Jeune fut exécuté à l'issue de la bataille des Arginuses en 406 av. J.-C.

Périclès n'avait pas formé de digne successeur, si bien qu'après sa mort, Athènes plongea dans une instabilité politique propice aux démagogues, qui s'employaient à imiter son populisme. Après Périclès, Athènes ne connut plus jamais une telle gloire politique, militaire et culturelle.

Durant l'âge d'or, les pièces d'Eschyle, Aristophane, Euripide et Sophocle sont jouées dans les théâtres. Périclès institue le théoricon, un fonds public permettant aux citoyens athéniens démunis d'assister aux représentations. En ville, des leçons et débats publics se déroulent sous l'égide de philosophes tels que Socrate, Platon et le macédonien Aristote. Parmi les grandes figures de l'époque, citons les historiens Hérodote (484-425 av. J.-C.), Thucydide (460-395 av. J.-C.) et Xénofon (430-354 av J.-C.) ; le poète lyrique Pindare (autour de 522-438 av. J.-C.) et le sculpteur Phidias (480-430 av. J.-C.).

Mais cet âge d'or est moins florissant dans les îles. En 477 av. J.-C., peu de temps après la victoire sur les Perses, ces dernières s'associent à Athènes pour former une confédération, la ligue de Délos. Les îles-États les plus modestes unissent ainsi leurs richesses et leurs ressources à celles d'Athènes pour créer une force militaire capable de repousser une nouvelle attaque perse. Cependant, au fil des ans, cette coalition tombe sous le joug d'Athènes. Plusieurs dirigeants athéniens, dont Périclès *(voir encadré p. 29)*, détournent les fonds affectés aux îles pour embellir la ville et régler des querelles territoriales avec d'autres cités-États de la Grèce continentale. Ainsi, de nombreux temples de l'Acropole furent construits grâce à cet argent spolié.

Alliées face aux Perses, Athènes et Sparte voient ressurgir leur rivalité peu de temps après la victoire contre leur ennemi commun. Entre 440 et 404 av. J.-C., les deux cités-États s'enlisent dans une longue guerre froide ponctuée de combats féroces. Aucun des deux camps ne parvient à prendre un avantage décisif : la domination navale d'Athènes

Tableau antique représentant Alexandre le Grand et son père Philippe II chassant un cerf

se révèle stérile face à une cité dépourvue d'accès à la mer, tandis que la puissante armée spartiate ne peut rien contre les imposants murs d'Athènes. Périclès maintient une prudente stratégie défensive, évitant les affrontements à grande échelle avec Sparte sans pour autant réussir à sortir de l'impasse.

Périclès meurt en 429 av. J.-C. à la suite d'une épidémie – probablement de fièvre typhoïde – qui tua quasiment un tiers de la population d'Athènes. Son peuple affaibli et privée de son guide suprême, Athènes commence à vaciller. Les successeurs de Périclès, qui ne sont pas de fins stratèges, embarquent la cité-État dans une série d'expéditions militaires hasardeuses soldées par de cuisantes défaites, allant jusqu'à décliner les propositions de paix offertes par Sparte. En 404 av. J.-C., Sparte soumet Athènes, qui n'est plus que l'ombre de son glorieux passé.

L'Empire macédonien

Malgré sa victoire, Sparte paye un lourd tribut économique et militaire ; peu de temps après la chute d'Athènes, elle est envahie par l'une de ses rivales, la cité-État septentrionale de Thèbes. Athènes ne prend pas une part active à ce conflit, mais la crise économique déclenchée par cette nouvelle guerre ne l'aide pas à se relever. La cité tente de rétablir son hégémonie maritime en formant la seconde confédération athénienne qui regroupe plusieurs îles-États égéennes et ioniennes. Mais la cohésion de la ligue de Délos lui fait défaut et ce projet se solde par un échec.

Pendant que les cités-États grecques se font la guerre, le roi de Macédoine Philippe II (382-336 av. J.-C.) ambitionne d'étendre son empire. Athènes tente de négocier la paix avec les Macédoniens, malgré l'opposition de l'orateur et homme d'État Démosthène. Après le refus de paix de Philippe II, les Athéniens lui déclarent la guerre mais perdent la bataille de Chéronée dans la région de Béotie en 338 av. J.-C. Le fils de Philippe II, qui n'est pas encore surnommé Alexandre le Grand (356-323 av. J.-C.), se rend à Athènes pour restituer les cendres des Athéniens morts au combat et proposer une alliance avec la Macédoine. En 337 av. J.-C., Philippe II forme la ligue de Corinthe, une alliance regroupant toutes les cités-États grecques sauf Sparte, dont il prend la tête. Mais Philippe II est assassiné au mariage de sa propre fille. Âgé de vingt ans à peine, Alexandre lui succède : il va alors étendre l'empire de son père de la Grèce à l'Afghanistan. Bien qu'éduqué par Aristote et grand amateur de littérature hellène (on dit qu'il dormait avec un exemplaire de l'*Iliade* sous son oreiller), Alexandre le Grand n'est guère aimé du peuple grec. La légende dit que les Athéniens dansèrent dans les rues en apprenant la mort du jeune roi en 323 av. J.-C., des suites d'une mystérieuse maladie.

Après la mort d'Alexandre, Athènes bascule dans le chaos ; ses despotes abolissent la démocratie, rétablie par la suite en 307 av. J.-C. par Démétrios Ier de Macédoine. La mort d'Alexandre et le règne de Démétrios préfigurent l'époque hellénistique, durant laquelle Athènes n'agit plus comme une cité-État centrée sur elle-même, mais comme la capitale d'un grand empire. La philosophie et les arts reflètent cette responsabilité nouvelle de la cité au regard du monde. Le fils de Démétrios, Antigone, maintiendra l'empire sous contrôle macédonien jusqu'en 229 av. J.-C.

L'Athènes romaine et byzantine

Pendant que le vaste empire d'Alexandre le Grand se disloque et qu'Athènes décline, une nouvelle puissance émerge à l'ouest. Les Romains ne tardent pas à représenter une menace pour l'Empire macédonien affaibli et, en 86 av. J.-C., toute la Grèce est déjà sous leur emprise. Le général romain Sylla fait le siège d'Athènes, détruit ses murs et pille ses trésors. Après la reddition s'amorce toutefois la période dite de la Pax Romana, durant laquelle Athènes devient la capitale intellectuelle et culturelle du monde gréco-romain. Les empereurs romains modifient l'Acropole en y ajoutant une entrée monumentale donnant sur les Propylées, la porte Beulé. Fervent philhellène, l'empereur romain Hadrien (76-138) aime Athènes et se bat pour en faire la capitale culturelle de l'Empire romain. Il fait construire de nombreux édifices raffinés, notamment la bibliothèque qui porte son nom, à l'est de l'agora antique, et le temple de Zeus olympien, un projet longtemps laissé en suspens. Hadrien restaure le Parthénon après un incendie dévastateur et fait construire un réservoir sur le mont Lycabette, le point le plus élevé de la ville, pour stocker l'eau des canaux provenant du massif du Parnès.

En 161, le riche aristocrate grec et sénateur romain Hérode Atticus fait construire un théâtre à son nom au pied de l'Acropole, l'odéon d'Hérode Atticus qui accueille aujourd'hui des expositions d'artistes internationaux. En 267, les Romains finissent par céder face aux assauts constants des Hérules, une tribu barbare germanique qui envahit Athènes et dépouille les édifices historiques de leurs marbres pour les réutiliser comme matériau.

Cette période correspond à la montée en puissance du christianisme dans l'Empire romain. En 52, saint Paul se rend à Athènes et s'offusque de trouver la ville remplie d'idoles païennes. Il cite les Évangiles au conseil de l'Aréopage et tente vainement de convertir les philosophes et hommes d'État athéniens. En 313, l'empereur Constantin Ier (272-337) promulgue l'édit de Milan, qui institue la tolérance religieuse à l'égard des chrétiens. Le même Constantin se convertit au christianisme, transférant la capitale impériale sur les rives du Bosphore, dans la ville grecque de Byzance qu'il rebaptise Constantinople (aujourd'hui Istanbul).

Avec Constantinople comme nouvelle capitale de l'Empire romain, Athènes tombe dans l'oubli. Affaiblie par les expéditions barbares et par une suite d'épidémies et de séismes, la ville traverse une longue période sombre. En 529, l'empereur Justinien ordonne la fermeture de l'Académie de Platon. Le Parthénon, l'Érechthéion et le temple

Instituts archéologiques d'Athènes

Durant la seconde moitié du XIXe siècle, Athènes fut le théâtre d'une ruée vers l'or archéologique. Interpellés par les récits de cités englouties et de trésors perdus, des chercheurs de toute l'Europe et d'Amérique du Nord affluèrent dans la cité grecque et y fondèrent des instituts d'archéologie pour coordonner leurs efforts et entreposer le fruit de leurs recherches. Le premier d'entre eux fut l'École française d'Athènes (1846), bientôt suivi de l'American School of Classical Studies d'Athènes *(Souidias 54, Kolonaki, tél. : 213/000-2400, www.ascsa.edu.gr)* et la British School d'Athènes *(Souidias 52, Kolonaki, tél. : 211/102-2800, www.bsa.ac.uk)*.

Non seulement ils effectuent des fouilles archéologiques et coordonnent les projets de recherche, mais ces instituts font aussi figure d'ambassade intellectuelle pour leur pays, travaillant avec les universités locales et aidant les chercheurs de passage. L'été, ils proposent des programmes d'études aux élèves et enseignants intéressés par la Grèce antique, mais les places sont très demandées.

d'Héphaïstos sont transformés en églises, et les plus grandes œuvres d'art de la cité sont transférées à Constantinople. Justinien fait même démonter les colonnes des temples d'Athènes pour les réutiliser dans la construction de la cathédrale Sainte-Sophie.

Des églises remarquables sont édifiées durant cette période : Panagia Kapnikarea, du nom des percepteurs de la taxe byzantine sur les cheminées, ainsi que Sainte-Catherine, Saint-Théodore et l'église de la Trinité. De 797 à 802, une aristocrate athénienne, Irene Sarantapechaina (752-803), parvient à prendre le contrôle d'Athènes et devient impératrice. Renversée par un coup d'État, elle est exilée sur l'île égéenne de Lesbos, où elle meurt un an plus tard.

La tour des Vents dans le forum romain

Des Ottomans au roi Othon Ier

Au XIIIe siècle, une série d'envahisseurs, dont les Francs et les Vénitiens, prennent le contrôle d'Athènes. La cité est appauvrie, mal entretenue et de fait oubliée du reste du monde. Entre 1394 et 1402, Ottomans et Vénitiens se disputent la ville. En 1456, trois ans après avoir conquis Constantinople, les Ottomans plantent leur drapeau sur l'Acropole. Deux ans plus tard, Mehmet II, sultan philhellène parlant grec couramment, entre à cheval à Athènes pour en admirer l'architecture et les sculptures. Bien que l'islam interdise les représentations du corps humain, Mehmet II institue la peine de mort pour toute personne qui endommagerait ou déroberait des sculptures de la ville. Les Ottomans vont occuper la Grèce pendant quatre siècles synonymes de fortunes diverses pour Athènes. Malgré les projets d'expansion, l'ancienne glorieuse cité demeure une ville provinciale proche d'un village. N'étant pas musulmans, les Athéniens ne possèdent pas les mêmes droits que les citoyens ottomans, même si certains Grecs se voient attribuer des charges de prestige dans l'appareil bureaucratique de l'Empire ottoman. Et, si Mehmet II respecte les monuments de la ville, ce n'est pas le cas des autres chefs ottomans. L'Érechthéion, par exemple, est reconverti en harem, tandis que le Parthénon, déjà transformé en église à l'époque byzantine, abrite désormais une mosquée et un dépôt de poudre à canon. Bourré de munitions, le Parthénon subit de graves dommages en 1687 lors d'une bataille entre Vénitiens et Ottomans.

En 1801, l'ambassadeur britannique auprès de l'Empire ottoman, Lord Elgin, emporte une cinquantaine de sculptures de l'Acropole, dont la frise des Panathénées et l'une des six caryatides de l'Érechthéion. Il les rapporte en Angleterre, où elles se trouvent encore aujourd'hui, entraînant une tension croissante entre les deux pays *(voir encadré p. 53)*.

Tandis que les Ottomans bradent le patrimoine hellénique, les rebelles grecs commencent à planifier une guerre d'Indépendance. Les patriotes reçoivent le soutien, voire la participation active des intellectuels philhellènes de l'Europe occidentale, comme le poète anglais Lord Byron. La guerre dure de 1821 à 1833, année où les Ottomans se retirent d'Athènes. Les ambassadeurs du Royaume-Uni, de la France et de la Russie se réunissent sur l'île de Poros où ils rédigent un projet d'accord pour la création d'un État grec monarchique. En 1832, sans consulter les Grecs, ils nomment le prince de Bavière Otto de Wittelsbach, alors âgé de 17 ans, à la tête du pays. Athènes est alors une ville quasi déserte où ne vivent plus que 4000 personnes concentrées au pied du versant nord de l'Acropole. En 1834, elle succède à Nauplie en tant que capitale de l'État grec moderne.

Désireux de rénover la ville, le jeune roi Othon Ier commande des édifices néoclassiques et des avenues arborées. Des archéologues philhellènes comme l'allemand Heinrich Schliemann commencent à restaurer les bâtiments de l'Acropole, détruisant plusieurs siècles d'ajouts dus aux Francs et aux Ottomans. Mais les Grecs ne s'attachent pas à Othon, qui est expulsé du pays en 1862. Le prince du Danemark Georges Ier lui succède en 1863. En 1893, ce dernier inaugure le canal de Corinthe qui relie le golfe de Corinthe au golfe Saronique dans la mer Égée, simplifiant ainsi les routes maritimes. Il assiste également à la construction du port du Pirée et au renouveau des jeux Olympiques, dont la première édition de l'ère moderne a lieu à Athènes en 1896.

L'Athènes moderne

Si le jeune État grec est encore balbutiant, ses dirigeants et partisans nourrissent de grandes ambitions. La *Megali Idea*, ou « Grande Idée », prévoit de bâtir un empire de Grèce sur les ruines de l'Empire ottoman. En 1923, peu de temps

Les philhellènes

Au début du XIXe siècle, de nombreux intellectuels européens étaient traumatisés par l'échec patent des utopies révolutionnaires qui avaient inondé l'Europe à la fin du XVIIIe siècle. Déçus par la politique et la culture de leur époque, ils idéalisèrent la Grèce antique et appuyèrent activement les mouvements en faveur de l'indépendance grecque, voyant dans l'autodétermination hellène un premier pas vers la renaissance de la culture antique. Entre eux, ces intellectuels s'appelaient « philhellènes », terme formé de *philos* (ami) et *hellene* (grec). Certains philhellènes de premier plan, comme le poète anglais Lord Byron, se rendirent en Grèce pour combattre les Ottomans.

Panagia Kapnikarea est un exemple de l'héritage byzantin d'Athènes.

après la fin de la Première Guerre mondiale, les Grecs tentent d'envahir Smyrne en Asie Mineure. L'opération tourne au fiasco et les forces nationalistes turques, guidées par le charismatique Mustafa Kemal Atatürk, repoussent les Grecs. En 1924, le traité de Lausanne, rédigé par la Société des Nations, entérine l'échange des minorités, mesure quelque peu radicale visant à empêcher les violences et persécutions à caractère ethnique. Quelque 400 000 musulmans turcs quittent la Grèce, tandis qu'un million et demi de chrétiens, pour la plupart grecs, abandonnent l'Asie Mineure.

Les années 1930 sont marquées par la tension croissante des relations avec l'Italie. Mué par ses ambitions impérialistes, Benito Mussolini (1883-1945) guette le moindre prétexte pour déclarer la guerre à la Grèce. En 1940, faute de motif valable, il envahit l'Épire.

Athènes est éloignée de la ligne de front lors du conflit gréco-italien de 1940-1941. L'armée grecque repousse les forces italiennes et contre-attaque en Albanie. Malgré le succès de l'opération, le front établi au nord de la Grèce laisse Athènes et la partie orientale du pays quasiment sans défense. En 1941, lorsque les nazis envahissent la Grèce via la Bulgarie, l'armée grecque est hors-jeu et la capitale tombe en quelques semaines.

Un passant regarde à travers une couronne de fleurs déposée à la mémoire des victimes de la révolte étudiante de 1973.

Les troupes de Hitler bloquent le ravitaillement des Athéniens, dont beaucoup meurent de faim durant le terrible hiver 1941-1942, tandis que d'autres quittent la ville en nombre pour rejoindre la résistance. Les nazis installent leur quartier général à l'hôtel Grande Bretagne, une institution de la place Syntagma *(voir Conseils de voyage p. 241)*. Dès le retrait des Allemands, Athènes passe sous contrôle anglo-grec. Mais juste au moment où elle sort de la Seconde Guerre mondiale, la Grèce est déchirée par une lutte fratricide. En l'absence d'ennemi commun, les partisans du gouvernement conservateur et les groupes résistants, majoritairement communistes, se retournent les uns contre les autres. De 1946 à 1949, la guerre civile grecque opposera conservateurs et communistes mais aussi familles, voisins et amis, faisant davantage de victimes que la Seconde Guerre mondiale.

Les conservateurs l'emportent; le communisme est alors interdit en Grèce jusqu'en 1962. Encore aujourd'hui, la fracture gauche-droite demeure et les blessures de la guerre civile ne sont pas entièrement refermées. En 1967, une dictature militaire soutenue par les États-Unis – la junte des colonels – prend le pouvoir. Les colonels seront renversés en 1974 grâce à l'action notable d'un puissant groupe d'étudiants et d'activistes issus du Polytechnio, l'université technique nationale d'Athènes. Diffusant leurs messages contestataires sur des radios clandestines, ils organisent un sit-in en novembre 1973. La junte envoie des chars au campus de l'université, faisant au moins 24 morts et des centaines de blessés. La vague d'indignation nationale qui s'ensuit entraîne la chute du régime.

Près de quatre millions de personnes vivent aujourd'hui dans Athènes et sa périphérie. Dans les années 1950, les Grecs des régions rurales qui n'avaient pas émigré ont commencé à gagner la capitale en quête de travail. Ce flux de population, ajouté à celui des réfugiés de Turquie initié dans les années 1920, a entraîné une crise du logement. La fièvre immobilière incontrôlée qui a suivi a vu sortir de terre des milliers d'immeubles construits à la hâte. Souffrant d'un plan d'urbanisme totalement inapproprié, la ville s'étendait déjà dans les années 1960 bien au-delà des limites pour lesquelles ses infrastructures avaient été prévues. Dotée d'un système de transports publics insuffisant et d'un réseau routier inadapté, Athènes est devenue l'une des villes les plus encombrées au monde. De plus, sous l'effet du microclimat local, la circulation routière générait un nuage de smog jaune nocif qui pouvait flotter au-dessus de la ville pendant des semaines.

Grâce aux jeux Olympiques de 2004, Athènes a bénéficié d'un programme de modernisation de grande ampleur, avec la rénovation du réseau routier et des infrastructures, l'inauguration d'un superbe réseau métropolitain et la restauration des monuments. Mais les Jeux ont également laissé un cortège de dettes, qui, ajoutées au déficit croissant et aux conséquences de la crise financière mondiale de 2008, ont précipité le pays au bord de la faillite. Maintenant que les plans d'aide internationaux sont derrière elle, la Grèce commence à relever la tête, mais les effets de la crise n'ont pas fini de se faire sentir. ■

Les jeux Olympiques

Tous les quatre ans, les cités-États de la Grèce antique envoyaient leurs athlètes aux jeux Olympiques, une grande manifestation sportive qui se tenait dans la ville d'Olympie, dans l'ouest du Péloponnèse. Cette tradition fut ressuscitée à la fin du XIXe siècle lorsqu'un groupe d'intellectuels philhellènes décida d'organiser une nouvelle édition des Jeux, mais cette fois à Athènes.

Les Jeux de 1896 attirèrent 241 athlètes de 14 pays, qui disputèrent 43 épreuves dans 9 disciplines sportives. Certaines évoquaient les jeux Olympiques de l'Antiquité, comme le lancer de disque, le saut en longueur et la lutte, tandis que d'autres étaient des disciplines modernes comme le cyclisme, le tir et le tennis. Des disciplines antiques comme la course de chars, l'hoplitodrome (course de 400 m courue avec une armure de bronze et un bouclier) et le pancrace (lutte à mains nues où tout est permis) furent en revanche abandonnées car jugées anachroniques.

Les États-Unis raflèrent le plus grand nombre de médailles d'or (qui étaient alors en argent), tandis que les Grecs obtinrent le plus grand nombre de médailles au total. Le premier marathon moderne fut remporté par un porteur d'eau grec du nom de Spiridon Louis.

Bien qu'ayant présenté sa candidature à de nombreuses reprises, Athènes dut attendre 108 ans pour organiser les Jeux à nouveau. Entre-temps, les jeux Olympiques étaient devenus un événement planétaire attirant 10 000 athlètes de plus de 200 pays ainsi qu'une armée de journalistes et d'équipes de télévision. La construction des infrastructures pour les Jeux d'été de 2004 a coûté quasiment huit milliards d'euros à la Grèce. Malgré les inquiétudes portant sur la sécurité et la capacité de réaction de la ville, tout se déroula sans encombre lors des 301 épreuves organisées dans 28 sports différents. Athènes se consacra entièrement aux Jeux durant le mois d'août 2004, et cette édition demeure l'une des plus mémorables de l'histoire.

LES ARTS

La culture de l'Athènes antique a eu sur le monde moderne une influence immense que l'on a tendance à sous-estimer. Pourtant, de l'architecture néoclassique du Panthéon, à Paris, aux émotions intenses du théâtre, tout l'Occident est pétri de tradition artistique athénienne.

Littérature grecque antique

L'essor et le style de la littérature grecque ont été durablement influencés par l'œuvre de son premier grand auteur, Homère. Les deux œuvres qui lui ont survécu, l'*Iliade* et l'*Odyssée*, sont des poèmes-fleuves de plusieurs milliers de vers dans lesquels histoire, légende et mythe s'entremêlent. Le monde qu'ils dépeignent, avec ses rois arrogants, ses dieux querelleurs et ses guerriers intrépides a façonné la culture grecque et, par extension, toutes les cultures occidentales ultérieures. Pourtant, on ne connaît rien de l'auteur derrière ces œuvres. Si les Grecs de l'Antiquité le décrivaient comme une grande figure historique, son existence n'est pas avérée. Selon certaines sources, il s'agirait d'un groupe d'auteurs ayant écrit à plusieurs décennies d'intervalle; selon d'autres, un seul auteur aurait adapté par écrit des traditions orales préexistantes.

Les genres littéraires de l'épopée et de la poésie lyrique dominèrent Athènes pendant plusieurs siècles. Des poètes comme Hésiode, Sappho et Pindare ont comme sujet les dieux, l'amour et la nature. Ces compositions étaient souvent présentées lors de fêtes culturelles et religieuses pour être lues à voix haute devant des foules nombreuses.

Ces lectures poétiques sont à l'origine du théâtre grec. La plus ancienne forme de composition connue est le dithyrambe, un chant choral en l'honneur de Dionysos, dieu du vin et de la fertilité. Le théâtre grec s'est épanoui entre 550 et 220 av. J.-C. avec les dionysies, des festivités annuelles consacrées à Dionysos et qui donnaient lieu à des concours de tragédie, de comédie et de poésie.

Les plus grands dramaturges du monde antique, comme Eschyle, Sophocle et Euripide, rivalisaient en présentant des tragédies toujours plus complexes et émouvantes. *Les Perses* d'Eschyle, lequel s'adjugea le premier prix de tragédie en 472 av. J.-C., est la pièce la plus ancienne qui nous soit parvenue. Elle met en scène la défaite des Perses à Salamine et l'arrogance fatale de leur roi Xerxès. Une autre tragédie de renom

Le théâtre antique

Dans la Grèce antique, les représentations avaient lieu dans un espace semi-circulaire appelé *orchestra*, où le chœur prenait place. L'*orchestra* se trouvait au pied d'une colline dont les pentes étaient aménagées en gradins formant le *theatron* (étymologiquement, le lieu d'où l'on regarde).

Thespis d'Icare, qui vécut au VIe siècle av. J.-C., est décrit par Aristote comme le père de la tragédie grecque. Il chantait des dithyrambes en l'honneur de Dionysos et eut l'idée d'insérer entre deux chants choraux une tirade déclamée par un seul acteur, le protagoniste. Thespis remporta le concours des premières Dionysies connues à Athènes et introduisit une nouvelle forme dramatique mettant en scène les souffrances humaines, qui w le nom de tragédie, littéralement le « chant du bouc », qui accompagnait le sacrifice rituel de l'animal.

Céramique moderne provenant de l'île de Rhodes, figurant un couple détendu

est *Œdipe roi* de Sophocle, une sombre histoire d'homicide, d'inceste et de folie. À l'origine, les concours étaient réservés aux tragédies, mais d'autres réservés aux comédies furent créés. L'auteur comique le plus célèbre reste Aristophane, dont les œuvres sont truffées de plaisanteries graveleuses, d'humour scatologique et de satire politique acerbe. Nombre de ses comédies sont encore jouées, notamment *Lysistrata*, pièce féministe avant l'heure dans laquelle les Athéniennes entament une grève du sexe pour réclamer la fin de la guerre du Péloponnèse. Quant à Ménandre, un autre auteur comique marquant, son œuvre est qualifiée de « comédie nouvelle », émaillée d'obscénités et d'insultes à l'encontre des riches Athéniens, des hommes d'État et des autorités religieuses. La plupart de ses œuvres furent malheureusement perdues au Moyen Âge, mais il arrive que certains fragments soient retrouvés dans des manuscrits anciens.

Grâce notamment à l'aspect performatif de ces concours culturels, l'art oratoire et narratif imprègne toutes les œuvres grecques écrites. Par exemple, bien qu'elles appartiennent traditionnellement au genre historique, les œuvres d'Hérodote et de Thucydide *(voir encadré p. 27)* possèdent une valeur littéraire indiscutable. Hérodote ne cesse d'interrompre son récit historique pour rapporter des rumeurs entendues lors de ses voyages ou des légendes associées aux lieux. Même Thucydide, qui se voulait objectif et prosaïque, romance parfois ses textes lorsqu'il doit transcrire les discours mal documentés de Périclès, créant des petits bijoux d'art oratoire.

Littérature grecque moderne

Durant les siècles de domination byzantine et ottomane, la religion a accaparé l'essentiel de l'énergie créatrice : volumes érudits et ouvrages de philosophie représentent en effet la quasi-totalité de la production littéraire des deux empires respectifs. Le centre intellectuel du monde byzantin était Constantinople et non Athènes, mettant à mal la tradition littéraire de cette dernière.

Après la fondation de l'État grec moderne en 1830, Athènes retrouve son rôle de centre intellectuel et artistique et voit éclore plusieurs écrivains de renom. C'est également la ville d'adoption du premier prix Nobel de littérature grec (1963), Georges Séféris (1900-1971). Poète et diplomate, l'auteur raconte dans son œuvre la dichotomie de l'hellénisme moderne, mettant en parallèle les métaphores de la Grèce antique et le réalisme cru du pays. Né Yórgos Seferiádis à Smyrne, il s'installe à Athènes en 1914 et fréquente l'université de la Sorbonne à Paris de 1918 à 1924. Fils d'avocat et poète respecté, Séféris est devenu un habile diplomate, en Angleterre puis en Albanie. S'il a vécu de longues années à l'étranger, il a passé quasiment toute la fin de sa vie à Athènes.

Seize ans plus tard, le poète Odysséas Elýtis (1911-1996) reçoit à son tour le prix Nobel en déployant un lyrisme sensuel et surréaliste pour décrire le mal-être d'une Grèce tiraillée entre passé et présent. Né Odysséas Alepoudhéllis, Elýtis vient d'une grande famille d'industriels originaire de l'île égéenne de Lesbos. Il fréquente l'université d'Athènes, inspiré par Séféris qui l'incite à écrire de la poésie. Dans son œuvre majeure, *Axion Esti*, il s'attache à créer une mythologie

Melina Mercouri

Actrice, chanteuse et femme politique, Melina Mercouri est née à Athènes en 1920. Petite-fille de l'ancien maire Spyrídon Merkoúris, elle embrasse une carrière de comédienne puis se fait remarquer dans son premier film, *Stella* (1955). Cinq ans plus tard, elle incarne Ilya, une prostituée du port du Pirée, dans *Jamais le dimanche*, réalisé par son mari et mentor, le cinéaste américain Jules Dassin. Un rôle qui lui vaudra la Palme d'or de la meilleure actrice au festival de Cannes et la reconnaissance éternelle du public.

Melina Mercouri s'engage politiquement lors de la dictature militaire de 1967-1974. Elle méprise les colonels, qu'elle qualifie de fascistes et dénonce dans le monde entier. En 1977, trois ans après la chute du régime, elle est élue au parlement grec. En 1981, elle devient la première femme grecque ministre de la Culture et propose d'élire chaque année une capitale européenne de la culture pour accueillir un vaste programme d'événements artistiques et culturels, initiative adoptée par l'Union européenne.

Melina Mercouri joue également un rôle déterminant dans le projet de construction d'un nouveau musée de l'Acropole en mesure d'accueillir les marbres du Parthénon emportés par Lord Elgin au XIXe siècle. Jusqu'à sa mort en 1994, elle se bat pour que ces marbres soient rendus à la ville. Après son décès, Jules Dassin crée la fondation Melina-Mercouri pour œuvrer à la restitution des marbres et à la construction du nouveau musée de l'Acropole. Celui-ci a ouvert en grande pompe en 2009, mais les marbres sont encore au British Museum de Londres. À proximité du musée, sur une petite place jouxtant la rue Amalias, se trouve le buste que la ville d'Athènes a dédié à Melina Mercouri.

L'icône du cinéma grec Melina Mercouri dans le film *Jamais le dimanche*

nouvelle pour la Grèce moderne. C'est dans le quartier chic de Kolonaki qu'Elýtis a passé la dernière partie de sa vie.

Autre auteur athénien illustre, le journaliste politique et romancier Vassílis Vassilikós (né en 1934) est surtout connu pour son roman *Z* (1966), qui raconte un assassinat politique et ses contrecoups. Inspiré d'une histoire vraie, ce livre a été adapté au cinéma par le réalisateur franco-grec Costa-Gavras. L'œuvre éminemment politique de la poétesse Jenny Mastoraki (née en 1949) est représentative des auteurs apparus dans les années 1970 au sortir de la *metapolítefsi*, période de transition qui a suivi la chute des colonels au pouvoir entre 1967 et 1974.

Cinéma

La première salle de cinéma d'Athènes a ouvert au début du XXe siècle. Le premier film grec, *Gynaikes pou Klotoun (Les Tisserandes)*, fut tourné en 1905 par Yannakis et Milton Manákia, deux frères nés dans un village valaque situé dans le nord de la Grèce actuelle. Les courts-métrages burlesques de Spiros Dimitrakopoulos constituèrent d'abord l'essentiel de la production cinématographique, même s'il tourna une histoire d'amour, *Golfo*, en 1915. Les premiers films grecs étaient souvent des adaptations de romans, à l'image de *Daphnis et Chloé* d'Oréstis Láskos (1931), directement inspiré d'un roman pastoral du IIe siècle. Cette idylle entre un berger et une bergère de Lesbos contient la première scène de nu de l'histoire du cinéma européen.

Les années 1950 et 1960 correspondent à l'âge d'or du cinéma grec. Les metteurs en scène peuvent compter sur une pléiade de talents, à l'image des actrices Élli Lambéti, Irène Papas, Katína Paxinoú et Melina Mercouri *(voir encadré page ci-contre)*. En 1960, le cinéaste américain Jules Dassin tourne *Jamais le dimanche*, filmé en grande partie dans un quartier du Pirée. Il dépeint le fossé entre Grèce antique et moderne à travers Ilya, une prostituée interprétée par Melina Mercouri.

Parmi les films grecs récents, on peut citer *Safe Sex* (1999), qui pose un regard satirique sur le rapport au sexe dans la Grèce moderne, *Un ciel épicé* (2003), qui narre le retour d'un Grec d'âge mûr dans la maison de son enfance à Istanbul cinquante ans après, *Les Mariées* (2004), l'histoire d'une femme mariée par correspondance qui prend le bateau pour retrouver son futur époux à Chicago, ainsi que *The Lobster* (2015), qui a reçu de nombreux prix.

Musique

Dans l'Antiquité, la musique est une composante culturelle essentielle. Le mot « musique » vient des muses, les filles de Zeus qui inspirent aux mortels leur créativité. Les instruments de musique les plus courants de la Grèce antique sont la lyre à deux cordes, la cithare (une lyre plus complexe surtout utilisée par les musiciens professionnels), l'aulos (un instrument à anche double proche du hautbois), la flûte dePan, la *pandoura* (un ancêtre du *bouzouki* avec un manche plus long) et l'hydraule (un orgue hydraulique qui emploie un ingénieux système de pompes, de soupapes et de réservoirs d'eau pour envoyer de l'air comprimé dans les tuyaux).

À Athènes comme dans toute la Grèce antique, la musique imprègne le moindre aspect de la vie culturelle, du chœur théâtral aux psalmodies récitées lors des cérémonies religieuses, des mariages et des funérailles. Certains héros de la mythologie étaient de grands musiciens, tel Orphée, capable d'adoucir l'ennemi le plus féroce en chantant accompagné de sa lyre.

Plus tard, les Romains adoptent les techniques musicales grecques, mais sous Byzance, le style hellénique fusionne avec des traditions musicales d'autres cultures. Le chant liturgique oriental byzantin mêle ainsi la discipline artistique de la Grèce classique, la musique hébraïque et les prémices de la musique chrétienne, tandis que les chants acritiques du IXe siècle sont des poèmes épiques à la gloire des soldats qui surveillaient les frontières orientales de l'Empire byzantin. Sous l'ère ottomane, des chants en langue grecque influencés par les traditions du Moyen-Orient sont à la mode dans les *cafe-santan* (cafés musicaux) de Constantinople et de Smyrne.

À la chute de l'Empire ottoman, le Péloponnèse et la Thessalie deviennent un vivier de musiciens spécialisés dans les *palaia dimotika* (vieilles chansons traditionnelles). C'est aussi la mode des *nisiotika,* ou chansons des îles, en particulier celles de la mer Égée. Au Pirée et à Athènes, de nombreux chanteurs se spécialisent dans le *rebetiko*, une sorte de blues grec. L'une des figures majeures du *rebetiko* et du *laïka* (chanson populaire grecque moderne) a été Stelios Kazantzidis (1931-2001), un chanteur athénien dont la voix plaintive continue de fasciner. La chanteuse athénienne Maríza Koch (née en 1944) a ressuscité les *nisiotika* dans les années 1970 et 1980, tandis que Savína Yannátou, elle aussi d'Athènes, a réinterprété les chants immortels de l'ère byzantine, ottomane et post-ottomane. On lui doit également d'avoir remis à l'honneur les ballades en dialecte ladino des juifs sépharades de Salonique, dont beaucoup furent victimes des nazis.

Depuis les années 1980, Athènes ne jure que par les boîtes de nuit et les *bouzoukia*, du nom de cette mandoline au manche allongé, âme de la musique grecque moderne. Le *bouzouki* tient une place à part dans la musique grecque : c'est l'instrument fétiche des chansons de Melina Mercouri dans le film *Jamais le dimanche* et des compositeurs Manos Hadjidakis et Mikis Theodorakis. Mais Athènes, c'est aussi les *skyladika*, ces « niches » où des chanteurs se donnent en spectacle en poussant des sortes d'aboiements pathétiques. Dans les skyladika, ce n'est pas la musique qui compte, mais l'expérience : danser sur la table, boire du whisky au prix exorbitant et oublier les problèmes de la journée.

Art et architecture

Les premiers exemples d'art grec remontent aux civilisations préhistoriques cycladique et minoenne, qui s'épanouissent respectivement dans les îles des Cyclades et en Crète, à partir d'environ 2500 av. J.-C. Dans ces cultures insulaires, les arts visuels se développent beaucoup plus tôt qu'à Athènes et en Grèce continentale. Dans l'art minoen, les motifs abstraits évoluent vers des représentations détaillées de personnes et d'animaux près de 1 000 ans avant Athènes.

Cependant, lors du Moyen Âge grec, ces traditions artistiques tombent dans l'oubli, à l'image des sociétés qui les ont forgées. Dans les communautés insulaires postérieures, le développement culturel et les courants artistiques ont suivi le reste du monde grec.

« Dans les cultures insulaires, les arts visuels se sont développés beaucoup plus tôt qu'à Athènes et en Grèce continentale. »

Les îles ont toutefois conservé leur style visuel distinctif, et beaucoup ont développé des domaines de spécialité comme le travail du bronze, la céramique décorée ou la sculpture. Les sculpteurs et les tailleurs de pierre de Tinos et de Paros étaient réputés dans l'ensemble du monde grec.

L'art grec ancien se divise généralement en quatre périodes associées à des styles et techniques propres. Le style géométrique (1000-700 av. J.-C.) coïncide peu ou prou avec le Moyen Âge grec. Il doit son nom aux motifs géométriques sophistiqués que les populations de l'époque traçaient sur leurs céramiques, l'un des rares artéfacts de cette culture qui nous soient parvenus. Le style géométrique se caractérise par ses lignes continues formant une répétition de méandres, motif immédiatement reconnaissable de l'art grec. Au fil du temps, d'autres motifs abstraits apparaissent, suivis de représentations stylisées de chevaux, d'animaux mythiques et d'êtres humains.

Les représentations stylisées de figures humaines sont également courantes en sculpture. Des « idoles-cloches », figurines de femmes en terre cuite au torse conique singulier et au long cou, sont fabriquées dans toute la Grèce, à l'instar des petits animaux en bronze présentés en offrande aux dieux. À mesure que l'art grec évolue vers la période archaïque (700-480 av. J.-C.), les statues gagnent en réalisme, se déclinant par la suite en *kouros* (jeune homme) et *korè* (jeune femme). Elles incarnent des êtres idéalisés aux corps élancés, aux tresses élégantes et aux visages nobles et impassibles.

L'une des salles du musée Benaki, où sont exposés des costumes traditionnels grecs.

La *korè* découverte sur l'Acropole, réalisée vers 530 av. J.-C., représente une jeune femme portant une tunique appelée péplos.

Les céramiques athéniennes décorées se sont largement diffusées durant la période archaïque. En 550 av. J.-C., elles dominent les exportations dans toute la Méditerranée et certaines ont même été retrouvées dans des tombeaux étrusques du centre de l'Italie. La plupart des céramiques attiques se distinguent par leurs figures peintes en noir et décrivent la vie quotidienne de l'époque : rites funéraires, épreuves d'athlétisme, célébrations religieuses, mythes, guerres, nourriture et amour.

L'art athénien antique atteint son apogée durant l'ère classique (480-323 av. J.-C.), période de prospérité pour la ville sur les plans artistique, économique et politique. Les céramiques décorées, comme celle qui représente une Muse jouant de la lyre, atteignent des sommets de réalisme et de raffinement. Parmi les chefs-d'œuvre qui nous sont parvenus, citons la frise du Parthénon sculptée par Phidias, magnifique série de hauts-reliefs figurant l'histoire de l'Athènes classique et des dieux de l'Olympe, mais aussi le célèbre nu de l'*Aphrodite de Cnide* réalisé par l'athénien Praxitèle. Avant le Ve siècle av. J.-C., les statues de femmes étaient généralement recouvertes de draperies vives et éclatantes, n'en déplaise aux premiers spécialistes de l'art classique.

C'est à l'époque classique qu'art et architecture fusionnent pour donner des œuvres grandioses. Les architectes Ictinos et Callicratès conçoivent le Parthénon, le temple dorique d'Athéna juché sur l'Acropole, tenu encore aujourd'hui pour un joyau architectural. Les colonnes furent construites avec des techniques telles que le fuselage, une réduction progressive du diamètre du fût, et l'entasis, un léger renflement du fût,

À DÉCOUVRIR Visiter une sandalerie célèbre

Si l'artisanat manuel a pratiquement disparu à Athènes, les sandales **Poet Sandalmaker** *(16 Tzireon St, Acropole, tél. : 210/321-9247, www.melissinos-poet.com)* sont toujours fabriquées selon la méthode traditionnelle. Stavros Melissinos a hérité en 1956 de la boutique fondée par son père Georgios en 1927, qui fabriquait des chaussures avec semelle en caoutchouc pour les ouvriers et les chasseurs. La boutique a fait faillite après la Seconde Guerre mondiale, mais Stavros a repris le flambeau lorsque les touristes ont commencé à affluer dans la ville. Il fabrique ses sandales à la main en s'inspirant des modèles antiques et néoclassiques, donnant à chaque création un nom évocateur comme Aristote ou Maria Callas.

Avec son auréole de cheveux blancs, son sourire bienveillant et sa créativité qu'il exprime à travers ses sandales, Stavros Melissinos est une petite célébrité locale. Il a réalisé des sandales sur mesure pour les grands de ce monde comme les Beatles, Jackie Kennedy, Sophia Loren... Poète à ses heures, il a notamment publié *Rubaiyat* (1959), une réflexion sur le vin, ainsi qu'une réinterprétation des fables d'Ésope en 2003.

Les enfants de Stavros perpétuent la tradition paternelle. Son fils Pantelis, artiste et artisan, s'occupe de la boutique adjacente **Melissinos Art** *(www.melissinos-art.com)*. Il fabrique des sandales artisanales inspirées de celles de son père mais aussi des modèles originaux plus modernes.

Quant à sa fille Olgianna, elle gère la boutique **Athena's Sandals** *(Normanou 7, Monastiraki, tél. : 210/331-1925)*, qui propose elle aussi des sandales traditionnelles mais plus habillées.

Une exposition d'art contemporain grec à la Technopolis

qui créent une illusion de mouvement. L'Érechthéion offre quant à lui un style ionique avec un portique soutenu par des statues de jeunes femmes appelées caryatides. Le drapé de leur vêtement fait écho aux cannelures des colonnes ioniques. D'après la légende, l'Érechthéion fut érigé à l'endroit où Athéna et Poséidon se disputèrent le patronage de la ville.

L'art hellénistique (323-31 av. J.-C.) passe de l'idéalisation du corps humain à l'expression intense et dynamique des émotions humaines. L'exemple de sculpture hellénistique le plus célèbre est la *Victoire de Samothrace*, une statue ailée de la déesse de la victoire Niké, découverte sur l'île égéenne de Samothrace en 1863 et conservée au Louvre. La statuaire romaine s'inspire de l'art grec, tandis que l'art byzantin exprime l'éthique humaniste de la Grèce antique à travers l'éthique chrétienne. Bien que l'art grec moderne n'ait jamais retrouvé sa gloire d'antan, il a vu naître des artistes remarquables comme le peintre cubiste Níkos Khatzikyriákos-Ghíkas (1906-1994) et l'architecte Dimitris Pikionis (1887-1968), tous deux établis à Athènes. La ville abrite aujourd'hui de nombreux musées et galeries d'art, dont plusieurs branches du musée Benaki, qui expose l'art grec, islamique et moderne, ainsi que le musée d'Art cycladique Goulandris, la Pinacothèque, le musée d'Art populaire grec, le centre d'étude de la céramique traditionnelle et le musée de l'Acropole. ■

athènes

La ville d'Athènes est comme une amie que l'on aime malgré tous ses défauts. Un regard sur le Parthénon, qui domine la Cité, ou sur les trésors du Musée archéologique suffit à vous faire oublier le tohu-bohu de ses rues agitées.

ATHÈNES

Soldat de la Garde nationale, ou *evzone*

p. 46-47 : L'Érechthéion, temple de l'Acropole

Page ci-contre : Vieille ville d'Athènes

ATHÈNES

Athènes (Athina) est une ville ancrée dans l'histoire. Vous voudrez bien sûr visiter le Parthénon, mais ne négligerez pas pour autant les autres sites antiques et les superbes musées tout proches. Puis vous vous détendrez en vous promenant dans Plaka, le vieux quartier en contrebas de l'Acropole ou flânerez à la découverte de la ville : tous les voyageurs vous le diront, ses rues vous réservent de magnifiques surprises.

Près de quatre millions de personnes (un tiers de l'ensemble de la population grecque) vivent dans la région d'Athènes. C'est une métropole agitée, dont le principal fléau réside dans la circulation automobile et, par voie de conséquence, dans le *nefos* (smog) en été.

Le fait qu'Athènes ait été choisie pour accueillir les jeux Olympiques de 2004 a fait beaucoup avancer les choses. Du jour au lendemain, les chantiers à moitié inachevés ont été repris, comme en témoignent la station de métro Syntagma ou la place Omonia. Les façades de nombreux bâtiments délabrés le long des rues principales ont été rénovées, les zones piétonnes décorées de marbre rose. Et l'extension constante du réseau de métro, l'introduction de bus « verts », de nouveaux tramways et trolleybus, permettent de lutter contre le vieux fléau de la pollution.

Le *nefos* est la rançon de la situation géographique privilégiée d'Athènes : les collines qui la bordent sur trois côtés emprisonnent la pollution. Mais, si la capitale vous paraît agitée, allez donc vous faire une idée du chaos qui règne au Pirée ! Vous comprendrez aussi ce qui fait le charme des petites îles grecques endormies. Mais il suffit de passer quelque temps à Athènes pour être conquis. ■

À NE PAS MANQUER

L'un des trésors de l'Antiquité, le Parthénon 52-53

Le marché du dimanche matin près de Monastiraki 62-63

Dîner au restaurant dans le quartier de Psirri 63

La splendide collection du musée Benaki d'art islamique 63

La cérémonie de la relève de la garde sur la place Syntagma 68

La vie animée sur les étals du marché central 77

Le magnifique Musée archéologique national 78-81

L'ACROPOLE

Akro polis signifie « ville haute » : de nombreuses villes grecques ont ainsi leur acropole. Mais celle d'Athènes est sans conteste la plus célèbre, coiffée du Parthénon. De jour comme de nuit, depuis le balcon de votre chambre ou de plus près quand vous le visiterez, ce temple domine la ville comme pour rappeler à chaque instant l'âge d'or de la Grèce ancienne.

L'imposante Acropole, coiffée du Parthénon, domine la cité grecque.

Athènes
Informations

- Office de tourisme du centre historique, Amalias 26
- 210/321-7116

thisisathens.org

Acropole

- Plan p. 50
- 210/321-4172
- €€ (€€€ billet combiné)
- Métro : Akropoli

acropolisofathens.gr
etickets.tap.gr

Vous pouvez accéder à l'Acropole par deux chemins situés sur le flanc ouest. Celui qui traverse le quartier de Plaka a le plus de charme. Vous y verrez des inscriptions à la main vous orientant vers les ruelles escarpées qui mènent au sommet. Les commerçants du quartier ont l'habitude de guider les visiteurs, car l'itinéraire ne tombe pas toujours sous le sens. Le chemin tout tracé partant de la rue Dionysiou Areopagitou, récemment transformée en zone piétonne, est plus facile à suivre.

Les premières traces d'habitat sur le versant sud de l'Acropole font remonter le peuplement d'Athènes à 3000 av. J.-C. Les constructions les plus anciennes datent pour la plupart du ve siècle av. J.-C., l'âge d'or de la Grèce ancienne, le « siècle de Périclès » (*voir p. 29*). Périclès embaucha les plus fins artisans de son temps, comme le sculpteur Phidias, qui fut le principal maître d'œuvre du **Parthénon**, le premier bâtiment à être érigé sur le site. Le plan d'ensemble et la maîtrise d'ouvrage furent sans doute confiés au grand architecte Ictinos.

Il faut remarquer que le Parthénon ne comporte aucune ligne droite : la symétrie apparente est créée par une subtile convexité des colonnes et des assises. Le bâtiment repose sur un usage récurrent du rapport 9/4 : c'est par exemple entre la hauteur des colonnes et l'entrecolonnement ou entre la largeur de l'édifice et sa hauteur. L'élément central du Parthénon était à l'origine une statue chryséléphantine d'Athéna, déesse tutélaire d'Athènes, d'une hauteur de 12 m. Vous pourrez admirer une maquette du Parthénon dans son état originel au Musée archéologique national (*voir p. 78-81*).

Les travaux de construction durèrent 9 ans et s'achevèrent en 438 av. J.-C. Le marbre provient de carrières locales. Les particules de fer qu'il contient confèrent à l'édifice cette merveilleuse couleur ambrée dont le Parthénon se drape à la tombée du jour.

Depuis des années, le temple est entouré de barrières destinées à empêcher les visiteurs – dont les contingents ont dû être limités – d'endommager le marbre. Et si une grue de construction vous gâche le paysage, sachez que les travaux de conservation et de reconstruction sont indispensables, car le marbre, fendillé par endroits, doit être consolidé.

L'Acropole comporte plusieurs autres édifices valant plus qu'un simple coup d'œil. À votre droite quand vous pénétrez sur le site se trouve le petit **temple d'Athéna Niké** (Victorieuse), ajouté en 427-424 pour célébrer les victoires d'Athènes contre les Perses. Le Parthénon était quant à lui consacré à un autre aspect de la divinité : Athéna Promachos, celle qui combat au premier rang. Détruit par l'occupant turc en 1686, le temple a été reconstruit deux fois, la dernière fois entre 1936 et 1940.

Les Turcs construisirent une mosquée à l'intérieur du Parthénon, qu'ils laissèrent tomber en ruine avant de le vendre à Lord Elgin (*voir encadré*). Ils s'en servirent aussi comme entrepôt de munitions, ce qui l'endommagea gravement lorsque l'arsenal explosa sous l'effet d'un bombardement vénitien en 1687.

Sur votre gauche quand vous approchez du Parthénon se trouve l'**Érechthéion**, ajouté entre 421 et

Lord Elgin et le Parthénon

En 1801, Thomas Bruce, comte d'Elgin, est ambassadeur de Grande-Bretagne auprès de la Sublime Porte, c'est-à-dire la cour ottomane, qui règne sur Athènes. L'Acropole est en piteux état et l'occupant recycle ses pierres comme matériau de construction. Lord Elgin obtient alors la permission d'extraire certaines pierres et sculptures, mais il outrepasse ses droits et vend son butin au British Museum de Londres en 1816. Les plus belles pièces, des métopes de la frise du Parthénon, portent depuis le nom d'*Elgin Marbles* (les marbres d'Elgin). Les Grecs, qui se sont promis de rapatrier la frise à Athènes, auront peut-être un jour gain de cause.

395 av. J.-C. C'est à cet endroit que la déesse Athéna aurait touché le sol de sa lance pour en faire surgir le premier olivier, dont elle fit don aux Athéniens. Un olivier y a été planté en 1917. Le bâtiment est célèbre pour la tribune des Caryatides, dont la corniche

L'Acropole

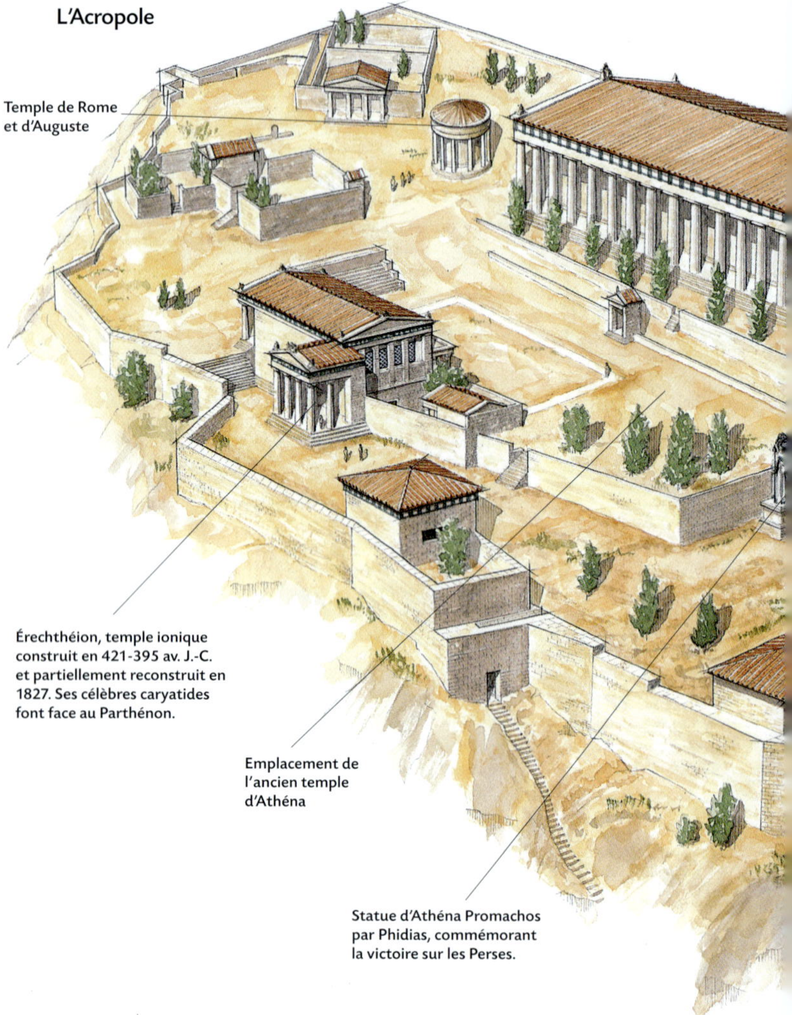

est soutenue par six colonnes ayant la forme de korês (jeunes filles debout). Celles que vous verrez sur le site ne sont que des copies : cinq des statues originales sont conservées au musée de l'Acropole, la sixième a été emportée par Lord Elgin. Le **musée**, dont le nouvel emplacement, inauguré en 2009, est situé au sud de l'Acropole, abrite une impressionnante collection d'œuvres de l'Antiquité (*voir p. 56-57*). ■

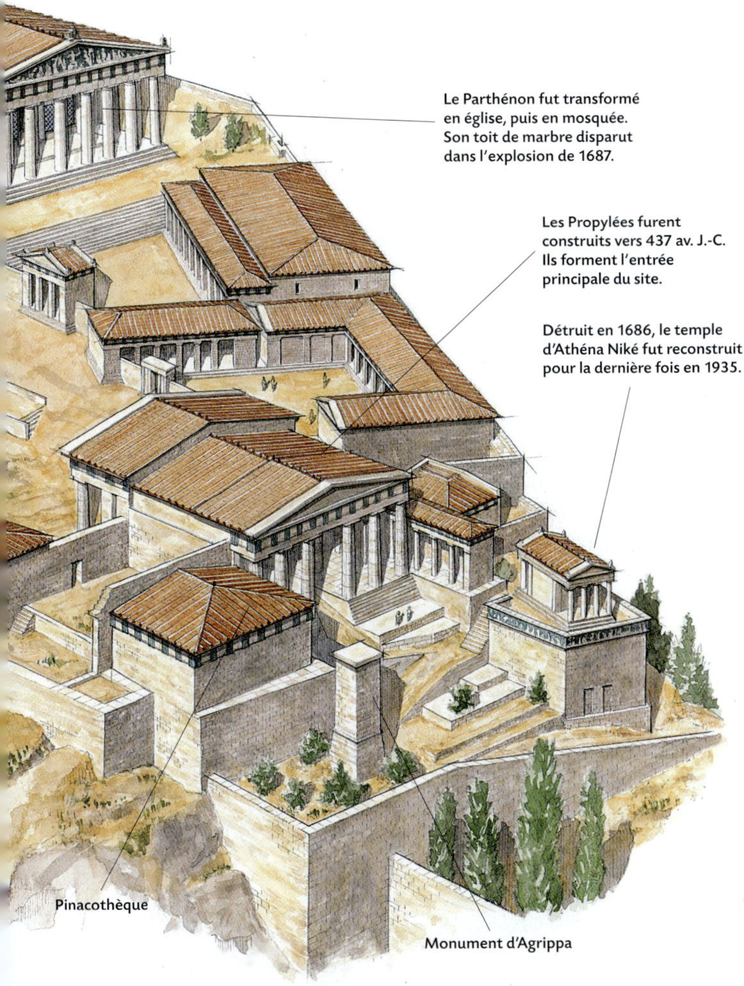

AU SUD DE L'ACROPOLE

Si vous gravissez l'Acropole par le côté sud (chemin habituel lors d'une arrivée en bus), vous emprunterez une route pavée en pente, qui serpente à travers la végétation en passant derrière l'un des principaux édifices du versant méridional, l'odéon d'Hérode Atticus.

En août, les principaux sites athéniens, dont le musée de l'Acropole, restent ouverts et gratuits au-delà de minuit.

Odéon d'Hérode Atticus (Teatro Irodou Attikou)

- Plans p. 50 et p. 67
- Leoforos Dionysiou Areopagitou
- Ouvert uniquement lors de représentations exceptionnelles
- Métro : Akropoli

À la différence des constructions de l'Acropole, l'**odéon d'Hérode Atticus** (**Teatro Irodou Attikou**) date de la période romaine. Il fut construit en 161-174 de notre ère par un homme d'affaires originaire de Marathon, Tiberius Claudius Hérode Atticus. Restauré en 1955, ce théâtre de 5 000 places est utilisé dans le cadre du festival d'Athènes (de juin à septembre).

Un peu plus loin, en contrebas de l'Acropole, se trouve le **théâtre de Dionysos** (**Teatro Dionysiou**). Non restauré, il contraste fortement avec la splendeur du précédent, mais n'oubliez pas que vous êtes en face des ruines d'un complexe immense qui, au sommet de sa gloire, pouvait accueillir 17 000 spectateurs. Le premier théâtre, grec, construit en 342-326 av. J.-C., fut considérablement agrandi à la période romaine.

Le théâtre de Dionysos accueillait une multitude d'événements, surtout les concours annuels de théâtre et, plus tard, les combats de gladiateurs. La scène que vous voyez a vu naître le drame antique. Même si les vestiges actuels datent de l'époque romaine, c'est ici que les œuvres de Sophocle et d'Aristophane ont été créées. Remarquez les trônes en marbre, réservés aux dignitaires, et le sol, lui aussi en marbre, installé par l'empereur Néron au Ier siècle de notre ère. Retournez sur vos pas en direction de l'Acropole pour admirer la curieuse chapelle Notre-Dame des Grottes, installée dans une cavité naturelle de la roche.

De l'autre côté du théâtre de Dionysos se trouve l'un des joyaux d'Athènes, le **musée de l'Acropole**. Inauguré en 2009, ce bâtiment ultramoderne couvre une superficie de 25 000 m², dont plus de 14 000 m² dédiés à l'espace d'exposition. Son ouverture a subi de nombreux reports en raison notamment de découvertes archéologiques mises au jour lors des fouilles préliminaires aux fondations. Un complexe urbain de l'époque archaïque a ainsi été révélé. Ces nouvelles découvertes sont visibles en contrebas depuis des passerelles, au sol en verre transparent.

Au 1er étage sont exposés des objets datant de l'époque archaïque (900-480 av. J.-C.), notamment des statues en marbre dont on admirera la finesse des drapés. Le dernier étage offre une vue imprenable sur le Parthénon et le reste de l'Acropole. Il abrite la sublime galerie du Parthénon avec ses 160 m de frises (originaux ou moulages) et ses 50 colonnes d'acier de mêmes dimensions que celles du Parthénon. Un emplacement a été prévu dans le bâtiment pour accueillir au moment venu les marbres du Parthénon, actuellement toujours conservés au British Museum et connus sous le nom d'*Elgin Marbles* (*voir encadré p. 53*).

À l'ouest du musée se trouve un parc vallonné appelé **Pnyx** (**Pnyka**). Son entrée est située presque à l'opposé de l'odéon d'Hérode Atticus. Le lieu accueille en été des spectacles de son et lumière qui illuminent l'Acropole. Peu de spectateurs se rendent compte qu'ils sont assis à l'endroit où se tenait l'assemblée (*ecclesia*) d'Athènes à l'époque de Périclès. Quelque 18 000 citoyens se rassemblaient ici pour écouter les plus brillants orateurs et débattre les questions touchant à la vie de la Cité.

Mais Athènes ne fut pas toujours un modèle de démocratie, comme en témoigne l'écriteau indiquant la « prison de Socrate ». On prétend en effet que c'est dans cette grotte de la Pnyx que fut détenu le philosophe, accusé d'avoir « corrompu la jeunesse athénienne » par ses enseignements subversifs. Socrate (vers 470-399 av. J.-C.) fut condamné à boire la ciguë, mais son exécution eut lieu dans une prison située sur l'Agora. Il est donc probable que l'épisode de sa détention en ces lieux ne relève que du folklore. ■

Théâtre de Dionysos (Teatro Dionysiou)

Plans p. 50 et p. 67
Leoforos Dionysiou Areopagitou
€€
Métro : Akropoli

Musée de l'Acropole

Plan p. 50
Dionysiou Areopagitou 15
210/900-0900
€
Métro : Akropoli
www.theacropolismuseum.gr

Pnyx (Pnyka)

Plan p. 50
Métro : Akropoli

Les caryatides de l'Érechthéion au musée de l'Acropole

LE VERSANT NORD DE L'ACROPOLE

Les visiteurs qui accèdent à l'Acropole par le côté nord doivent fortement douter de la véracité des graffitis, flèches et autres écriteaux confectionnés à la main qui les guident vers l'un des sites historiques les plus grandioses au monde. Vous ne verrez aucune signalisation officielle, mais continuez votre chemin, entre vendeurs de cartes postales et terrasses de café, et vous atteindrez l'Acropole.

Dîner en plein air sous les platanes, à Plaka

S'il faut se fier aux écriteaux pour atteindre l'Acropole, n'allez pas pour autant passer à côté d'un des quartiers les plus charmants d'Athènes : **Anafiotika**. Ce village au charme suranné est une oasis au cœur de la ville, nichée entre Plaka et les flancs de l'Acropole. Avec ses maisons blanchies à la chaux et ses portes d'un bleu éclatant, vous pourriez vous croire dans les Cyclades. Le vrombissement de la circulation est loin derrière vous, et les ruelles sont si étroites qu'on a presque du mal à s'y frayer un chemin.

Les premiers habitants de l'endroit étaient originaires de l'île d'Anafi, dans l'archipel des Cyclades. C'est le roi Othon Ier qui les fit venir à Athènes, peu après son accession au trône, en 1832. Cherchant à se faire construire un palais par les meilleurs artisans du pays, il s'était laissé dire que ceux d'Anafi étaient sans pareils. Lorsque ceux-ci eurent compris qu'ils devraient s'installer dans la capitale pour plusieurs années, ils recréèrent leur île natale au pied de l'Acropole.

L'Agora

En descendant le versant nord de l'Acropole, vous verrez sur votre gauche le site immense de l'**ancienne Agora**, la place du marché. Avec l'Acropole et le Musée archéologique national, c'est un site incontournable pour les amateurs d'histoire ancienne. L'endroit servait à l'origine de cimetière (un grand nombre de tombes sont encore visibles), mais il fut transformé en marché autour du VIe siècle av. J.-C. Il devint progressivement le centre de la vie publique athénienne et le resta plusieurs siècles durant, avec ses édicules, ses échoppes et sa foule toujours prompte à la palabre.

Deux édifices majeurs méritent l'attention: le **temple d'Héphaïstos** (**Hephaisteion**) et le portique d'Attale. Le temple est visible de loin, surplombant un endroit boisé à un angle de l'Agora. Semblable à un Parthénon miniature, il lui est cependant antérieur, puisqu'il fut édifié en 449-444 av. J.-C. Il est également connu sous le nom de Théséion, qui désigne aussi le quartier voisin et la station de métro. C'est avec ce temple que commence l'essor d'Athènes au siècle de Périclès. Héphaïstos était le dieu des Arts du feu et de la Métallurgie, entre autres, et le temple s'élevait dans le quartier des fondeurs. C'est, avec le Parthénon, l'un des temples les mieux conservés de toute la Grèce.

À une autre extrémité de l'Agora s'élève le **portique d'Attale** (**Stoa Attalou**), une galerie couverte à colonnade. Cet édifice à deux étages est unique à Athènes, car c'est le seul à avoir été intégralement restauré. La reconstruction des édifices anciens est un sujet épineux: certains puristes sont en effet partisans d'une conservation dans l'état où ces monuments nous sont parvenus. Mais il ne fait nul doute que les travaux de restauration du portique d'Attale (1953-1956) ont été remarquablement menés. On les doit à l'École américaine d'archéologie d'Athènes, généreusement financée par John D. Rockefeller Jr, philanthrope américain.

Les pourboires

En Grèce, les pourboires sont beaucoup moins formels que dans d'autres pays.

Dans les restaurants grecs, le service est inclus dans l'addition et il n'est pas nécessaire d'ajouter un supplément. Cependant, il est d'usage de laisser quelques pièces sur la table, généralement de 5 à 10 % du total.

Dans les hôtels, les porteurs et les serveuses apprécieront toujours un pourboire, mais si vous n'avez pas de monnaie sur vous, personne ne vous en tiendra rigueur.

Enfin, si vous prenez un taxi, vous pouvez arrondir le tarif de la course à l'euro supérieur.

Musée de l'Ancienne Agora

Plan p. 50
Adhrianou 24
210/321-0185, -4825, -0180
Fermé 1er jan., 25 mars, 1er Mai, Pâques, 25-26 déc.
€, inclus dans le billet groupé de l'Acropole
Métro : Monastiraki

Temple d'Héphaïstos (Hephaisteion)

Plans p. 50 et p. 67
Pelopidha/Eolou

Portique d'Attale (Stoa Attalou)

Plan p. 50
Métro : Monastiraki

Forum romain

- Plans p. 50 et p. 67
- Pelopidha/Eolou
- 210/324-5220
- Fermé 1er jan., 25 mars, 1er Mai, Pâques, 25-26 déc.
- €, inclus dans le billet groupé de l'Acropole
- Métro : Monastiraki

Tour des Vents (Naos Aiolou)

- Plans p. 50 et p. 67
- Pelopidha/Eolou
- €, inclus dans le billet groupé de l'Acropole
- Métro : Monastiraki

Le portique fut construit par Attale, roi de Pergame, au IIe siècle av. J.-C. mais détruit par le feu en 267 de notre ère. Il abrite aujourd'hui un petit musée dont la collection ressuscite les habitants et la vie de l'Agora. Les objets exposés vous fascineront par leur diversité, depuis les toilettes d'enfant jusqu'à la machine à voter, qui servait aux citoyens à élire leurs représentants municipaux.

Le forum romain

À une centaine de mètres à l'est de l'Agora se trouve le forum romain, intéressant quoique moins impressionnant, et connu aussi sous le nom d'Agora romaine. Cette extension de l'Agora grecque fut construite par Jules César et Auguste (respectivement au pouvoir de 59 à 44 et de 44 à 14 av. J.-C.). Malgré une apparence négligée par comparaison avec les sites voisins, le forum romain abrite l'un des sites emblématiques les plus insolites d'Athènes, la **tour des Vents** (**Naos Aiolou**).

Cette tour en marbre fut édifiée dans la seconde moitié du Ier siècle de notre ère sur les plans de l'architecte syrien Andronicos de Kyrrhos. Bâtiment octogonal de 12 m de haut sur 8 de large, la tour porte en grec le nom de *Aerides* (les Vents). Son marbre du Pentélique prend des reflets ambrés au soleil couchant, comme le Parthénon lui-même.

La tour remplissait plusieurs fonctions. Ses côtés font face aux points cardinaux et collatéraux, et la frise décorative qui orne son

La tour des Vents fut convertie en chapelle au VIe siècle.

sommet représente les huit grands vents de la mythologie. Le vent du nord, appelé Borée, est représenté chaudement vêtu, son manteau ondulant. Son frère Notos, venant du sud, apporte la pluie, qu'il fait tomber depuis une cruche d'eau. Zéphyr, soufflant de l'ouest, disperse les fleurs, tandis que Kaikas, venu du nord-est, fait voler les grêlons. Sous les reliefs figurant Borée et Apéliotès, le vent d'est, des petits trous ont été pratiqués dans la pierre pour faire entrer la lumière à l'intérieur de la tour. Chacune des huit façades a été ornée plus tard d'un cadran solaire, situé sous la frise.

La tour comportait également une clepsydre, alimentée par un torrent venu de l'Acropole. Il ne reste aujourd'hui de ce dispositif qu'une petite rigole creusée à l'intérieur. L'eau pénétrait dans un cylindre à un rythme prédéterminé et l'on pouvait dire l'heure en fonction du niveau qu'elle atteignait dans le cylindre.

La tour des Vents pourrait aussi avoir fait office d'observatoire. Elle contenait un appareil permettant d'enregistrer les mouvements du Soleil, de la Lune et des cinq planètes connues et visibles à l'époque.

L'autre édifice digne d'intérêt qu'abrite le forum romain est la **mosquée de Fethiye Camii**, ou du Conquérant. Construite en 1478, la plus ancienne mosquée d'Athènes ne sert plus aujourd'hui que d'entrepôt. Une autre construction islamique trônait autrefois en face de l'entrée du forum : c'était une madrasa, ou école coranique. Elle fut plus tard convertie en prison. Un arbre qui se dressait sur son terrain servait de gibet pour les exécutions publiques. L'édifice a été pratiquement détruit après la fermeture de la prison.

La **bibliothèque d'Hadrien** (**Vivliothiki Adrianou**) s'élevait à une époque au bord du forum romain, dont elle est aujourd'hui séparée par plusieurs pâtés de maisons. L'empereur Hadrien la fit construire vers l'an 132 pour abriter son immense collection de manuscrits – sans doute considérable puisque la bibliothèque fut le plus grand édifice qu'il fit construire à Athènes. Elle comprenait un bassin et un jardin entouré d'une cour murée de 122 m sur 82, ne contenant pas moins de 100 colonnes. Les vestiges sont plutôt restreints aujourd'hui, hormis les ruines du mur oriental, mais les archéologues sont à pied d'œuvre depuis plusieurs années, et les visiteurs devraient prochainement avoir accès à la bibliothèque. Ils pourront notamment y observer les niches pratiquées dans les murs qui abritaient les ouvrages, sous forme de manuscrits en rouleaux. ■

À SAVOIR

N'oubliez pas que les Grecs dînent tard : jamais avant 21 h. Pour trouver de l'ambiance dans les restaurants, tavernes ou *ouzeries,* attendez 21 h 30. Et sachez qu'il est parfaitement normal de rester à table et de continuer à parler une bonne heure après avoir fini son repas.

Bibliothèque d'Hadrien (Vivliothiki Adrianou)

Plans p. 50 et p. 67

210/324-5220

Fermé 1er jan., 25 mars, 1er Mai, Pâques, 25-26 déc.

€, inclus dans le billet groupé de l'Acropole

Métro : Monastiraki

MONASTIRAKI

Se développant tout autour de la place à laquelle il doit son nom, Monastiraki est l'un des quartiers commerçants les plus chaleureux d'Athènes, un marché aux puces où vous trouverez aussi bien des icônes byzantines – ou prétendues telles – que de vieilles images de pin-up pour camionneurs... Situé en lisière du paisible quartier piéton de Plaka (*voir p. 64*), Monastiraki vous séduira par son brouhaha et sa bonhomie.

La place animée de Monastiraki, avec l'Acropole en arrière-plan

Monastiraki
Plans p. 50-51 et p. 67

Depuis quelques années déjà, la **place Monastiraki** (**plateia Monastiraki**) n'a plus grand-chose à voir avec le paisible monastère qui s'élevait à son emplacement et auquel elle doit son nom. La nouvelle station de métro, dont la construction a permis de mettre au jour des vestiges archéologiques désormais exposés derrière des panneaux de verre (*voir p. 77*), est devenue l'une des plus fréquentées.

Si vous arrivez de Plaka, vous entrez tout d'abord dans l'univers bariolé du **marché aux puces**: des centaines d'échoppes et de stands en tout genre se succèdent dans la rue principale et les ruelles adjacentes, dont beaucoup sont destinées aux touristes qui affluent vers Plaka. Si vous recherchez une authentique cafetière grecque ou un bouzouki, vous êtes au bon endroit! Vous y dénicherez pratiquement de tout: des vêtements, des microsillons, des livres, des vidéos, des antiquités, de la brocante, des tableaux, des cartes postales, des ustensiles de cuisine...

Monastiraki a quelque chose d'un bazar moyen-oriental: les commerçants essaieront de vous pousser à l'achat, mais toujours dans la bonne humeur et sans trop insister. Comme dans toutes les puces du monde, faites quand même attention aux pickpockets.

C'est le dimanche matin que l'affluence est à son apogée : spectacle garanti. Le marché s'étend alors jusqu'à l'avenue Ermou, l'artère principale, et dans les moindres recoins des rues latérales, jusqu'au cimetière du Céramique et bien au-delà. Malgré l'affluence, l'atmosphère reste toujours bon enfant, avec ici ou là une scène de théâtre grec !

Le **Céramique** était à l'origine le quartier des potiers, dont la divinité tutélaire était Kéramos. **Kerameikos** (**cimetière du Céramique**), un havre de paix (sauf le dimanche matin), vous enchantera par sa faune et sa flore. Les premières inhumations remontent au XIIe siècle av. J.-C., et de nombreux tombeaux anciens s'y trouvent encore, surtout le long de l'allée centrale, ou « rue des tombes ». Le petit musée du cimetière, avec ses inscriptions funéraires extrêmement émouvantes, mérite une visite, même rapide.

Retournez sur l'avenue Ermou, passez la place Monastiraki et vous atteindrez une autre place, beaucoup plus tranquille et harmonieuse, dite de la Cathédrale (*plateia Mitropoleos*). Elle abrite en réalité deux cathédrales, une petite et une grande.

La **Petite Métropole** (**Mikri Mitropoli**), sur votre droite, est une charmante petite église datant du XIIe siècle dédiée à Agios (saint) Eleftherios. L'intérieur, qui évoque une grotte, est souvent éclairé à la lueur des cierges, et il s'en dégage une atmosphère de paix et de recueillement. Les murs extérieurs sont délicatement sculptés. La **Grande Métropole** (**Megali Mitropoli**) est la cathédrale d'Athènes. Sa construction s'étendit sur plus de 20 ans au milieu du XIXe siècle. Remarquez au-dessus de l'entrée monumentale les mosaïques bariolées, foisonnantes de détails. La cathédrale est vouée aujourd'hui aux cérémonies les plus formelles, telles les funérailles des notables et autres célébrités locales.

Près de Monastiraki, au nord de l'avenue Ermou et à l'ouest de la rue Amerikis se trouve le quartier de **Psirri**, l'un des plus en vogue de la capitale. Les petits ateliers, magasins de fournitures de bâtiment et quincailleries d'antan ont cédé la place à une multitude de bistrots et de restaurants, de boutiques à la mode, de bars, d'*ouzeries* et de cafés. C'est l'endroit idéal pour sortir. Commencez la soirée en prenant l'apéritif à la terrasse d'un café.

À l'ouest du quartier, dans une belle maison néoclassique, le **musée Benaki d'art islamique**, qui appartient au musée Benaki (*voir p. 70-71*) expose 10 000 objets d'art islamique. Toujours à l'ouest, Gazi, quartier tendance, s'articule autour de **Technopolis**, une usine à gaz reconvertie en multiplex. Ce centre abrite le musée industriel du Gaz, des espaces artistiques contemporains et une salle de concert accueillant des groupes indépendants, de jazz et de musique du monde. ■

À SAVOIR

Visitez le marché de Monastiraki le dimanche pour vous imprégner des couleurs, des sons et des odeurs du lieu.

Kerameikos (cimetière du Céramique)

- Plan p. 50
- Ermou 148
- 210/346-3552
- Fermé 1er jan., 25 mars, 1er Mai, Pâques, 25-26 déc.
- €, inclus dans le billet groupé de l'Acropole
- Métro : Kerameikos

Musée Benaki d'art islamique

- Plan p. 50
- Ag. Asomaton 22
- 210/325-1311
- Fermé lun.-mer.
- €, inclus dans le billet groupé des musées Benaki
- Métro : Thissio

benaki.org

Technopolis

- Plan p. 50
- Pireos 100
- 210/346-0981
- Métro : Kerameikos

technopolis-athens.com

PLAKA ET SES ENVIRONS

Plaka est ce labyrinthe de ruelles qui serpentent au nord et à l'est de l'Acropole. C'est le principal quartier touristique d'Athènes : vous y trouverez de nombreux marchands de cartes postales et de souvenirs, ainsi que des restaurants cherchant à attirer le chaland. Les maisons y sont souvent anciennes et pleines de charme. Dans les rues, piétonnes pour la plupart, on mange bien, et le quartier est animé de jour comme de nuit.

Un brocanteur et son bric-à-brac dans les rues de Plaka

Musée des Instruments de musique populaire (Mouseio Ellinikon Mousikon Organon)

Plan p. 67
Diogenous 1-3
210/325-4129, -4119
Fermé lun.
Métro : Monastiraki

Cet ancien quartier des notables, qui y firent construire de magnifiques hôtels particuliers de style néoclassique, s'est développé au XIXe siècle. Plusieurs demeures ont été transformées en musées ou en boutiques : vous pourrez donc les admirer de l'extérieur comme de l'intérieur.

Étape essentielle de toute promenade dans Plaka, le **musée des Instruments de musique populaire** (**Mouseio Ellinikon Mousikon Organon**) est installé dans un hôtel construit en 1842 et dont la cour, l'été, accueille des concerts. Ce musée abrite les quelque 1 200 instruments formant la collection du musicologue grec Fivos Anoyanakis (1915-2003). L'histoire de la musique grecque y est retracée de façon aussi passionnante que ludique. Des écouteurs vous permettent d'entendre le son d'un grand nombre d'instruments exposés. La boutique installée dans l'une des ailes du musée propose l'un des plus beaux assortiments de CD consacrés à la musique traditionnelle que vous puissiez trouver à Athènes.

Situé dans un autre hôtel particulier, datant de 1884, le **musée Kanellopoulos** (**Mouseio Kanellopoulos**) est une étape idéale sur le chemin de l'Acropole. Il abrite une collection de céramiques, statues, bijoux et autres objets d'art et d'artisanat amassés par les collectionneurs athéniens Paul et Alexandra Kanellopoulos. La collection couvre une période allant du IIIe millénaire av. J.-C. au XIXe siècle, et un grand nombre de civilisations (minoenne, mycénienne, romaine, perse, égyptienne et phénicienne). Remarquez les somptueux bijoux et les vases aux scènes érotiques.

L'autre haut lieu à ne pas manquer est le **musée d'Art populaire grec** (**Mouseio Ellinikis Laografias**). Ce musée ressemble à Athènes en tout point : chaotique et surchargé comme elle, il est aussi fascinant dans ses moindres coins et recoins. Ses cinq étages rassemblent une collection immense, à laquelle vient souvent s'ajouter une exposition temporaire.

Parmi les plus belles pièces, citons l'œuvre du peintre naïf Theophilos, dont une pièce entière, extraite de sa maison située sur l'île de Lesbos. Admirez également les œuvres et les costumes traditionnels des nomades Sarakatsani, ainsi qu'une riche collection de vêtements couvrant la plupart des régions de la Grèce continentale et insulaire. Le musée ravira les amateurs de broderie et de textiles en général.

(Suite p. 68)

Musée Kanellopoulos (Mouseio Kanellopoulos)

- Plans p. 50 et p. 67
- Theorias 12
- 210/324-4447
- Fermé mar.
- €
- Métro : Monastiraki, Acropolis, Thissio

pacf.gr

Musée d'Art populaire grec (Mouseio Ellinikis Laografias)

- Plans p. 50 et p. 67
- Panos 22
- 210/324-5957
- Fermé mar.
- €
- Métro : Syntagma

www.mnep.gr

À DÉCOUVRIR Apprendre à danser à Athènes

Dora Stratou (1903-1988) était l'une des figures les plus importantes de la danse grecque du XXe siècle. Elle a, entre autres, enregistré des émissions, écrit des livres sur les danses traditionnelles, réalisé des films et mené une croisade personnelle pour préserver et promouvoir les différentes formes de danse dans le pays. Elle a donné son nom au théâtre Dora Stratou, situé près de l'Acropole, où se produit régulièrement sa célèbre compagnie de danse, pour le plus grand bonheur des Grecs et des touristes.

On dit des Grecs qu'ils sont des danseurs nés tant la danse est présente dans leurs traditions. Ceux qui ont déjà assisté à une fête locale peuvent en témoigner. Tout le monde, des enfants faisant leurs premiers pas aux grands-parents, se jette sur la piste en se joignant aux nombreuses et différentes danses grecques.

À Athènes, il est possible d'assister à des spectacles, mais également de prendre des leçons (environ 1 heure 30) ou encore de participer aux séminaires (en anglais) organisés par la compagnie Stratou tout au long de l'été : l'après-midi (4 heures), les participants découvrent l'histoire et la tradition de la danse, suivent ensuite des cours de danse et découvrent les 3 000 costumes du théâtre. Enfin, ils assistent à un spectacle donné par les danseurs de la troupe.

Contactez le **teatro Dora Stratou** (*Scholiou 8, Plaka, 10558 Atene, tél. : 210/324-4395, www.grdance.org, fermé lun.*). Le coût d'une semaine de cours est d'environ 140 €.

UNE PROMENADE DANS PLAKA

Avec ses boutiques, ses restaurants et sa vie nocturne, Plaka est l'un des quartiers préférés des visiteurs à Athènes. Il compte aussi plusieurs jolies églises et bâtiments de facture néoclassique, dont certains abritent aujourd'hui des musées. Cette petite promenade vous fera découvrir le meilleur de Plaka.

Le marché aux puces sur la place Monastiraki

À NE PAS MANQUER

Musée d'Art populaire grec • Centre des arts et traditions populaires • Musée des Instruments de musique populaire

Traversez la **place Syntagma** (**plateia Syntagmatos**) ❶ (*voir p. 68-69*) en vous dirigeant vers l'angle gauche si vous tournez le dos au Parlement. Engagez-vous dans l'avenue Filellinon, qui part de la place et que vous longerez sur le trottoir de droite. Vous arrivez bientôt à hauteur de l'**église Saint-Nicodèm**e (**Agios Nikodimos**), sur votre gauche. Connue aussi sous le nom d'Agia Triada, cette église russe orthodoxe, la principale d'Athènes, date des années 1850, bien qu'une église se soit toujours élevée sur le site depuis 1031. Prenez légèrement à droite en face de l'église (panneau indiquant le musée d'Art populaire grec, Mouseio Ellinikis Laografias).

La rue dans laquelle vous êtes entré, appelée Kydathinaion, est l'une des principales

Faire face à la chaleur estivale

En Grèce, la chaleur est particulièrement intense en juillet et en août, en particulier à Athènes et dans les îles de la mer Égée où la température peut dépasser 32 °C. Pour la supporter, la meilleure solution est encore d'adopter le mode de vie des Grecs, qui évitent de sortir aux heures les plus chaudes. Faites plutôt la sieste !

Si vous sortez sous la canicule pour visiter des monuments, quelques précautions sont à prendre : buvez beaucoup d'eau, utilisez une crème solaire et un chapeau. Vous pouvez aussi vous couvrir entièrement, avec des vêtements légers à manches longues. Évitez l'alcool pendant la journée.

de Plaka. Elle commence à s'animer à partir de l'**église Sainte-Sotira** (**Agia Sotira**), sur votre droite. Cette église, la principale du quartier, date de la fin du XIe siècle ou du début du XIIe siècle. Notez la fontaine de la cour : ce fut longtemps la seule source d'eau de tout le quartier. Sur votre gauche s'élèvent le **musée d'Art populaire grec** (**Mouseio Ellinikis Laografias**) 2 (*voir p. 65*) et, un peu plus loin, le **Musée grec pour enfants** (**Elliniko Paithiko Mouseio**, *tél. : 210/331-2995*), que vous pourrez visiter si vous voyagez avec des bambins, car il s'agit plus d'un centre d'activités d'éveil que d'un musée au sens conventionnel.

En continuant sur Kydathinaion, vous arriverez au croisement avec la rue Adrianou, mais continuez tout droit dans la rue Thespidou pour rejoindre l'**atelier de Georges Savakis**, artiste dont les fresques ornent de nombreuses tavernes du quartier. Vous pourrez acheter un original en souvenir, par exemple une scène de la vie quotidienne à Plaka.

Retournez sur vos pas pour atteindre, sur votre gauche, la rue Geronta, au bout de laquelle se trouve le **Centre des arts et traditions populaires** (**Kentro Laikis Technis kai Paradosis**, *tél. : 210/324-3972*) 3 ; cet hôtel particulier abrite une collection d'art populaire qui vaut le détour.

Poursuivez dans la rue Adrianou, que vous prendrez sur votre gauche, et enfoncez-vous au cœur de Plaka. Après 300 m environ, passé une petite intersection, prenez, sur votre gauche, la petite rue-escalier Mnissikleous. Arrivé en haut des marches, prenez à droite la rue Diogenous, au fond de laquelle se trouve l'hôtel particulier abritant le **musée des Instruments de musique populaire** (**Mouseio Ellinikon Mousikon Organon**) 4 (*voir p. 64*).

Suivez la rue Diogenous pour arriver au **forum romain** 5 (*voir p. 60-61*). Tournez à droite et engagez-vous dans la rue Eolou.

Laissez ensuite la rue Adrianou sur votre droite, puis prenez la première à gauche rue Pandrossou, l'une des rues commerçantes du quartier.

Vous arrivez à la **place Monastiraki** (**plateia Monastiraki**) 6, au bord du marché aux puces (*voir p. 62*), où se trouve une station de métro.

- Voir plan p. 50-51
- Place Syntagma
- 1,5 km
- 30 minutes
- Place Monastiraki

Place Syntagma (Plateia Syntagmatos)
Plans p. 50 et p. 67
Métro : Syntagma

La petite boutique du musée vend de l'artisanat et des livres sur les arts populaires.

Mais une promenade à Plaka ne saurait s'achever sans une étape gastronomique. Vous y trouverez une quantité de tavernes, de bars et de cafés, et un grand nombre de restaurants avec un « rabatteur » à la porte. Il est souvent préférable d'éviter ces endroits : les bons restaurants sont fréquentés par les Grecs toute l'année et n'ont aucun besoin de payer quelqu'un pour remplir leurs salles. Vous trouverez dans le quartier un grand nombre de restaurants en sous-sol : on y sert une cuisine très simple, mais de bonne qualité et dans une ambiance bon enfant. Leurs murs sont souvent décorés par un artiste local.

Plaka est un quartier qui se réveille tard. C'est l'endroit idéal pour un déjeuner tardif en plein air ou pour une soirée : commencez par une promenade pour vous mettre en appétit, enchaînez sur un dîner grec typique, puis allez écouter un concert, avant de terminer la soirée par un petit café ou un digestif en terrasse.

La place Syntagma

La vaste **place de la Constitution** (**plateia Syntagmatos**) constitue le cœur de la capitale. La *Vouli*, ou Boulé (Parlement), s'y élève. Cet ancien palais royal fut remanié et achevé en 1842, et, de son balcon, le roi Othon Ier proclama la première Constitution (*syntagma*) de l'État grec, d'où le nom de la place.

En face de la **Vouli**, à la lisière de la place, se trouve le **tombeau du Soldat inconnu**. Il est gardé jour et nuit par les soldats de la Garde nationale, les *evzones*, reconnaissables à leur costume traditionnel caractéristique : béret rouge, tunique foncée en hiver, veste rouge en été, jupe courte sur collants blancs et sabots de bois rouge ornés d'énormes pompons. Le meilleur moment pour se rendre sur la place est le dimanche matin, à 11 h, pour la grande relève de la garde, mais vous pourrez aussi assister à une relève plus simple, quoique très travaillée, en semaine à chaque heure juste.

Sur un côté de la place s'élève l'**hôtel de Grande-Bretagne**,

Éleusis

Au VIe siècle avant notre ère, ce site était l'un des plus sacrés au monde. Éleusis est aujourd'hui une banlieue industrielle qui s'élève à l'une des extrémités de l'antique Voie sacrée qui la reliait au Parthénon. Seules les fondations du site ont survécu, mais les maquettes et les objets exposés au musée local (*Gioga/ Iera 1, tél. : 210/554-6019, €*) vous aideront à vous faire une idée de la ferveur de la communauté qui célébrait les « mystères d'Éleusis ». Ce culte, qui promettait une vie bienheureuse après la mort, perdura 2 000 ans – il est attesté dès 1500 av. J.-C. – et pouvait rassembler 30 000 fidèles lors des grands rituels.

qui accueille depuis des décennies les hôtes de marque susceptibles de visiter le Parlement et autres célébrités de passage. Des personnalités aussi diverses que Richard Strauss, Winston Churchill ou Maria Callas y ont séjourné.

La zone piétonne a été réalisée pour les jeux Olympiques de 2004. Elle est équipée d'une nouvelle station de métro qui permet d'accéder facilement au cœur de la ville en transports en commun et de laisser de côté sa voiture. La place a ainsi retrouvé sa majesté d'antan ainsi que sa vocation de point de rendez-vous au centre d'Athènes. Bordée de boutiques et de bureaux, la place Syntagma compte aussi plusieurs bistrots et des restaurants, et les kiosques situés à son extrémité vous procureront la dernière édition de la plupart des grands titres de la presse francophone, que vous pourrez lire à la terrasse d'un café.

Le Jardin national (Ethnikos Kipos)

Il s'étend derrière l'immeuble du Parlement, l'ancien palais royal. Ce havre de paix et de fraîcheur a vu le jour dans les années 1840, à la même époque que le palais, ce qui lui vaut aujourd'hui encore d'être appelé Jardin royal. Le **palais présidentiel** est tout proche de ce lieu très apprécié des Athéniens.

Ce jardin est l'œuvre d'Amalia, l'épouse du roi Othon Ier, qui aménagea le terrain en faisant venir d'Italie pas moins de 15000 jeunes plants.

Avec ses 16 hectares, le Jardin national n'est peut-être pas assez grand pour que l'on s'y perde, mais vous aurez certainement de quoi vous y promener à loisir. De nombreux bancs vous permettront de faire une pause et de savourer quelques instants de tranquillité. Vous y verrez les Athéniens venir y manger un sandwich pendant leur pause déjeuner ou y lire le journal, ainsi que des grands-mères promener leurs petits-enfants en poussette d'une aire de jeux à l'autre. Le parc comporte même une bibliothèque pour enfants, avec des livres en plusieurs langues : pensez-y en cas de pluie, si vous voyagez en famille. Les petits étangs du parc regorgent de tortues d'eau douce, que vous verrez prendre le soleil sur un rocher ou sortir leur tête minuscule en se laissant aller au fil de l'eau. Au centre du parc se trouve aussi une ménagerie à l'ancienne, peu attrayante toutefois.

Jardin national (Ethnikos Kipos)

Plans p. 50 et p. 67

Leoforos Amalias

Métro : Syntagma

Les icônes byzantines – telle cette crucifixion – peuvent être très stylisées tout en restant frappantes de réalisme.

Musée Benaki
Plan p. 51
Vasilissis Sofias/ Koumbari 1
210/367-1000
Fermé lun.-mar.
€ (€€, inclus dans le billet groupé des musées Benaki)
Métro : Syntagma, Evangelismos
benaki.gr

Les allées sont bordées de gracieuses statues en marbre, de fontaines et de paisibles cafés. Au sud du parc s'élève le majestueux **Zappeion**, construit au XIXe siècle par les frères Evangelos et Konstantinos Zappas, d'origine gréco-roumaine : cet ancien palais d'exposition a été transformé en centre de conférences. Le café situé à côté est un endroit idéal pour un moment de détente.

Le musée Benaki

Antónis Benákis (1873-1954), un Grec d'Alexandrie actif dans le commerce du coton, accumula une fortune considérable qui lui permit de constituer une collection d'art variée. Il la légua à l'État grec à condition qu'elle fût exposée au public dans un musée. Ce qui fut fait, dans l'hôtel particulier de style néoclassique que Benaki avait habité. Accumulée sur une période de 35 ans, la collection reflète le goût éclectique de son fondateur, avec des œuvres allant du IIIe millénaire avant notre ère jusqu'au début du XXe siècle.

Cette collection disparate est organisée selon un ordre en partie chronologique. Le rez-de-chaussée s'ouvre sur l'âge archaïque, puis présente des statues des Ve et IVe siècles av. J.-C. et continue avec les périodes hellénistique, romaine et byzantine. Au premier étage, ce sont les arts des îles (Sporades, Cyclades, Dodécanèse) et de l'Asie Mineure qui sont à l'honneur, ainsi que de l'Épire et de Macédoine, avec des bijoux, des gravures sur bois, des céramiques, des instruments

Un avion à réaction accueille les visiteurs à l'entrée du musée de la Guerre.

de musique (au deuxième étage) et toutes sortes de témoignages de la vie rurale quotidienne. On peut aussi admirer une importante collection de costumes traditionnels, d'orfèvrerie et d'objets religieux (bibles anciennes, vêtements sacerdotaux, superbes icônes des XVIIe et XVIIIe siècles). Le bureau de Lord Byron est l'un des points forts de la collection (*voir p. 34*) et, parmi les peintures du quatrième étage, figurent des chefs-d'œuvre du Greco.

Un agréable café a été aménagé sur le toit. Une halte s'y impose!

Le musée de la Guerre (Polemiko Mouseio)

Il ne passe pas inaperçu, sur l'avenue Vasilissis Sofias: devant le bâtiment sont exposés plusieurs engins militaires de l'armée nationale, notamment des chars d'assaut datant de la Première Guerre mondiale et plusieurs avions de chasse, dont un vénérable Tiger Moth. Un escalier conduit aux salles d'exposition.

De *L'Iliade* à nos jours, la guerre (*polemos*) a toujours joué un rôle central dans l'histoire de la Grèce. Ce musée est l'un des rares bons souvenirs laissés par la dictature des colonels (1967-1974). Conçu comme un hommage à la gloire de l'armée, il a su réduire au minimum l'élément de propagande et est finalement devenu un site touristique qui vaut bien qu'on lui consacre quelques heures de visite.

Disposée sur plusieurs étages et dans de vastes salles à l'enchaînement chronologique, la collection décline le thème de la guerre de mille et une façons. Les conflits de l'Antiquité sont représentés par des statues et des copies des spectaculaires reliefs du temple de Bassae. La riche collection de fusils, sabres et autres armes manque peut-être de variété, mais les maquettes de châteaux grecs et de villes fortifiées sauront stimuler votre imagination. D'autres maquettes sont consacrées aux grandes batailles de l'histoire grecque, qui n'en manque certes pas.

La collection se termine sur la période contemporaine, avec la guerre d'Indépendance et quelques pièces très intéressantes sur le rôle des héros de la résistance grecque. Plusieurs vitrines très émouvantes sont consacrées au tribut payé par la Grèce au cours de la Seconde Guerre mondiale, notamment dans les rues d'Athènes, et de la sanglante guerre civile qui s'ensuivit.

La Pinacothèque nationale (Ethniki Pinakothiki)

Elle est logée dans un immeuble moderne à l'extrémité de l'avenue Vasilissis Sofias, à son croisement avec l'avenue Vasileos Konstantinou, à proximité de l'hôtel Hilton. Elle est restée fermée plusieurs années en raison de travaux. Outre les riches collections exposées à l'intérieur, le musée comporte un spectaculaire jardin de sculptures.

L'État grec n'a jamais eu les moyens d'investir dans

Musée de la Guerre (Polemiko Mouseio)

- Plan p. 50
- Leoforos Vasilissis Sofias 22/Rizari 2
- 210/724-4464
- Fermé Pâques (ven.-lun.), 1er Mai, 25-26 et 31 déc.
- €
- Métro : Evangelismos

warmuseum.gr

Pinacothèque nationale (Ethniki Pinakothiki)

- Plan p. 51
- Army Park, Goudi 50
- 210/723-5857, -5938
- Fermé mar.
- €
- Métro : Katechaki

nationalgallery.gr

Musée national d'Art contemporain (EMST)

Kallirrois avenue & Amvr. Frantzi Str.

211/101-9000

Fermé lun.

€

Métro : Syngrou Fix

emst.gr/en

des œuvres d'art majeures, ce qui fait que le fonds de la pinacothèque est essentiellement constitué d'œuvres d'artistes locaux, dont peu sont connus internationalement.

L'avantage pour le visiteur, c'est qu'il en ressortira considérablement enrichi sur le talent artistique grec. Nombre des toiles exposées représentent des paysages conventionnels, mais certaines des représentations historiques deviennent fascinantes pour qui a visité des endroits tels que les Météores ou les petites îles. Au milieu d'œuvres plus banales se distinguent celles, extraordinairement vivantes, de Nikos Hatzikyriakos-Ghikas, qui signe Ghika : c'est l'un des artistes contemporains les plus en vue. L'école « primitive » grecque est également bien représentée, notamment par le peintre Theophilos.

Vous verrez également les œuvres de grands maîtres tels Cézanne, Bruegel, le Caravage, Picasso, Braque, Rembrandt et Dürer, mais il s'agit surtout de gravures et d'esquisses de petite taille et peu connues. Le peintre d'origine grecque le plus célèbre est bien sûr d'El Greco, dont cinq œuvres représentatives sont exposées.

Le musée national d'Art contemporain (EMST)

Il est situé à Pangrati, juste à l'extérieur de Plaka. Il s'agit d'une galerie d'art stimulante et innovante qui abrite une grande collection d'œuvres d'art figuratif d'artistes contemporains, grecs et internationaux ainsi que des expositions temporaires périodiques. Le musée, dont la fondation remonte à l'an 2000, a trouvé son nouvel emplacement définitif, inauguré en 2016, sur l'avenue Kallirois.

À DÉCOUVRIR Apprendre à peindre des icônes

Si vous voulez découvrir comment peindre des icônes religieuses, suivez un cours proposé gratuitement dans l'une des nombreuses églises, comme Profitis Ilias (*147 Imitou St. Pagrati, tél. : 210/751-3580, +30 698/8719493, enoriap@gmail.com, profitisilias.wordpress.com*) dans le quartier de Pangráti.

Vous apprendrez à transférer sur une planche de bois le dessin d'abord réalisé sur papier avant de le graver sur le bois. Ce sera l'occasion de découvrir la manière de mélanger des pigments naturels (issus de minéraux et de plantes) avec une préparation à base de jaune d'œuf et d'eau pour obtenir les couleurs si caractéristiques des icônes. Vous appliquerez ensuite les feuilles d'or pour créer la traditionnelle auréole autour de la tête du saint. On vous expliquera aussi les techniques de superposition nécessaires pour obtenir les effets d'éclairage et d'ombre propres aux icônes.

Enfin, vous écrirez votre nom en caractères grecs pour signer votre travail, avant de le recouvrir d'une couche de laque protectrice afin de le préserver pour les siècles à venir.

Le Musée byzantin et chrétien d'Athènes (Vizantino Mouseio)

Il abrite une petite collection spécialisée. Même si vous n'êtes pas féru de peinture religieuse, le jardin du musée mérite à lui seul la visite.

Proche de la Pinacothèque nationale, le musée est situé dans une villa construite dans les années 1840 par la duchesse de Plaisance (1785-1854). Cette aristocrate française, tombée sous le charme de la Grèce dès sa première visite, fit construire cette villa de style florentin dans ce qui était à l'époque les faubourgs d'Athènes et devint bientôt l'une des figures centrales de la vie mondaine athénienne.

La villa fut transformée en musée dans les années 1930, et la collection s'étend sur plusieurs bâtiments, disposés autour d'une charmante cour emplie de fleurs et d'orangers. La fontaine qui s'élève au milieu est une copie d'une œuvre que vous pourrez admirer sur une mosaïque du IVe siècle au monastère de Dafni, à l'ouest d'Athènes. L'endroit est une véritable oasis de beauté et de sérénité.

La collection, qui s'intéresse à une quinzaine de siècles, comprend des œuvres d'artistes aussi bien de Grèce que de la diaspora. Néanmoins, elle est principalement constituée d'icônes, souvent bien conservées et très vivantes, tant par leur expressivité que par leurs couleurs. Vous apprécierez aussi à leur juste valeur les bibles et autres manuscrits anciens et les objets liturgiques, ainsi que les statues, les tissus brodés et les mosaïques.

L'une des plus belles pièces de la collection est une mosaïque représentant une *Vierge à l'Enfant* (XIIIe-XIVe siècles) sur fond d'or. Une autre icône peu commune, datant de la même époque, montre *Saint Georges* sur deux faces : l'une est couverte d'or, l'autre d'argent.

À l'extrémité de la propriété, un bâtiment abrite deux sites impressionnants : la reconstitution d'une basilique paléochrétienne (Ve siècle) et la réplique d'une église orthodoxe du XIe siècle.

La plupart des informations concernant les pièces exposées ne sont rédigées qu'en grec, mais vous n'aurez qu'à explorer la collection à votre rythme, en vous laissant guider par votre instinct et votre œil. ■

■ ***L'Épicerie d'Apollon*, de Nikos Hadjikyriakos-Ghikas, à la Pinacothèque nationale**

Musée byzantin et chrétien d'Athènes (Vizantino Mouseio)

Plan p. 51

Vasilissis Sofias 22

213/213-9517

Fermé mar.

€

Métro : Evangelismos

byzantinemuseum.gr

KOLONAKI & LE LYCABETTE

En vous rendant à Kolonaki à partir de la place Syntagma, vous vous rendrez compte que vous pénétrez dans un quartier chic d'Athènes à mesure que se succéderont galeries d'art et boutiques d'antiquités et de mode. À la terrasse des cafés, vous côtoierez la jeunesse dorée arborant le dernier cri en matière de téléphones portables. Ne manquez pas de gravir la colline du Lycabette, parfaitement visible depuis tout le centre d'Athènes.

Le clocher au sommet du Lycabette

Kolonaki
Plan p. 51

Musée d'Art cycladique (Mouseio Kykladikis kai Archais Ellinikis Technis)
Plan p. 51
Neofytou Douka 4
210/722-8321
Fermé mar. et dim.
€
Métro : Syntagma ou Evangelismos

cycladic.gr

Kolonaki

Suivez l'avenue Neofytou Douka pour vous rendre au **musée d'Art cycladique (Mouseio Kykladikis kai Archais Ellinikis Technis)** : peu connu, c'est pourtant l'un des plus intéressants de la ville.

Ce musée moderne a ouvert en 1986 et abrite une collection d'art de l'archipel des Cyclades (*voir p. 140-155*) remontant à 5000 ans. Accumulé au départ par l'armateur grec Nikolas Goulandris, le fonds s'est enrichi des dons d'autres collectionneurs, pour devenir le plus riche du monde en ce domaine.

Les vases, objets en verre et autres sculptures sont fort beaux, mais les nombreuses figurines leur volent la vedette. Les plus belles œuvres remontent à l'apogée de la civilisation cycladique (vers 3000-2000 avant notre ère).

La statuaire cycladique, qui comporte aussi des masques, est célèbre pour sa simplicité pleine de grâce, parfaitement représentée ici. Un subtil éclairage en fait ressortir toutes les nuances de forme et de texture. Vous comprendrez aussitôt comment ces figurines ont inspiré les artistes contemporains, tels l'Espagnol Pablo Picasso (1881-1973), le Britannique Henry Moore (1898-1986) et le Roumain Constantin Brancusi (1876-1957) en passant par l'Italien Amedeo Modigliani (1884-1920).

Si vous êtes tenté d'acquérir une copie de l'une de ces œuvres, la boutique de souvenirs, bien approvisionnée, vend quelques reproductions d'excellente facture.

La collection est riche au point de s'étendre sur quatre niveaux, et, en 1992, une aile supplémentaire a été ouverte dans l'immeuble voisin (Stathatos), reliée au musée par un étrange boyau en verre. Plusieurs pièces de cette nouvelle aile ont gardé leur mobilier d'époque et donnent une idée de ce qu'était l'hôtel particulier lors de sa construction, en 1885 ; d'autres présentent des œuvres déplacées du bâtiment principal ;

d'autres enfin sont consacrées à l'art grec (Académie d'Athènes), sans compter les salles réservées aux expositions temporaires.

L'**École américaine d'études classiques** (**Gennadeion**) se trouve, elle aussi, à Kolonaki. Inaugurée en 1926, elle s'adresse principalement aux chercheurs, avec ses archives de quelque 24000 titres. Mais son bel immeuble de style néoclassique est ouvert au public, et la visite se justifie par les œuvres des paysagistes qui ornent les murs, comme celles du poète anglais Edward Lear (1812-1888), et par la collection d'objets ayant appartenu à Lord Byron (*voir p. 34*).

Le Lycabette (Lykavittos)

Ce quartier d'Athènes est célèbre pour sa colline éponyme, le Lycabette : avec ses 277 m d'altitude, c'est le point culminant de la capitale. La vue y est évidemment magnifique : vous reconnaîtrez l'Acropole, Le Pirée et la mer Égée, et apercevrez même, par temps clair, l'île d'Égine.

Vous pouvez atteindre le sommet à pied ou en **téléphérique**. L'ascension à pied est agréable, puisqu'elle se fait par un sentier serpentant à travers une pinède odorante. Si elle ne requiert pas d'aptitude physique particulière, elle peut toutefois être fatigante, surtout au plus fort de l'été. Le téléphérique se prend au sommet de la rue Plutarchou. Le service est assuré jusqu'après minuit en été : c'est dire si l'endroit est apprécié par les Athéniens et les visiteurs.

Au sommet de la colline s'élève la **chapelle Saint-Georges** (**Agios Georgios**), peinte à la chaux (XIXe siècle). Ne ratez pas les cérémonies de la Saint-Georges qui s'y déroulent le 23 avril si vous avez la chance d'être à Athènes à cette date. Près de la chapelle se trouve un restaurant (un peu cher) offrant l'une des plus belles vues sur la ville, surtout la nuit, lorsque le Parthénon est illuminé. Si vous montez à pied, un café situé à mi-chemin vous permettra de faire une pause bien méritée.

De l'autre côté de la colline par rapport à Kolonaki, se trouve le **théâtre du Lycabette**. Moderne et en plein air, il accueille en été certains des plus grands spectacles musicaux d'Athènes, des concerts de musique classique aux ballets en passant par le rock. ■

École américaine d'études classiques (Gennadeion)
Souidias 54
213/000-2400
Fermé août
Métro : Syntagma
www.ascsa.edu.gr

Likavittos (Lycabette)
Plan p. 51

Téléphérique
Aristippou/Plutarchou
210/721-0701
€
Métro : Syntagma
www.lycabettushill.com/cable-car

Théâtre du Lycabette
Plan p. 51

« L'heure grecque »

Les Grecs ont une approche toute relative du temps, qui se traduit dans le manque d'exactitude, par exemple, des heures d'ouverture des magasins ou la « rapidité » du service au restaurant.

Si vous vous êtes mis d'accord avec un Grec pour boire un verre à 20 h, ne soyez pas surpris s'il se présente avec une demi-heure de retard : le respect rigoureux des horaires n'est pas essentiel dans la vie quotidienne.

Bien souvent les boutiques familiales n'affichent pas d'heures d'ouverture, elles ouvrent généralement tôt le matin et restent ouvertes tant qu'il y a des clients. Rassurez-vous si vous entrez dans une boutique entièrement déserte : il est probable que son propriétaire soit en train de faire une pause. Il ne devrait pas tarder à revenir.

Au restaurant, ne vous étonnez pas si le service ne va pas aussi vite que vous le souhaiteriez. Après tout, vous êtes en vacances, faites preuve de patience. « L'heure grecque » s'écoule parfois un peu plus lentement qu'ailleurs...

AUTOUR DE LA PLACE OMONIA

La place de l'Harmonie (plateia Omonoias) porte bien mal son nom. C'est la deuxième plus grande place d'Athènes, après la place Syntagma, mais, contrairement à cette dernière, où la circulation est à sens unique et qui comporte une large zone piétonne en son centre, la place Omonia se résume à un carrefour de six avenues et de plusieurs petites rues ajoutant au vacarme de la circulation.

Des étals de poissonneries dans le marché central d'Omonia

Place Omonia (Plateia Omonoias)
Plan p. 50
Métro : Omonia

Au premier abord, la place Omonia vous paraîtra sans doute décevante : elle est bruyante, grouillante et polluée. Mais, en vous habituant au bruit et à la foule, vous verrez émerger une autre image. Faites un tour complet de la place : vous y verrez des kiosques distribuant la presse internationale et vendant des billets de loterie, des en-cas, des montres fantaisie, des cigarettes de contrebande et bien d'autres choses encore, mais aussi des cafés pleins de vie où vous pourrez vous imprégner de l'ambiance authentique de la ville. Il n'y a pas de meilleur endroit pour faire connaissance avec Athènes. Si la place Syntagma est le côté européen d'Athènes, la place Omonia est en effet son visage balkanique et oriental : sonore et agitée, c'est un bazar à ciel ouvert, plein de marchandises bon marché et débordant de vie.

À la nuit tombée, la place évoque un Barbès ou un Soho d'un autre âge. Des immigrés clandestins s'y rassemblent, ainsi que dans les rues avoisinantes, pour y vendre des marchandises importées ou des copies de vêtements de marque. Vous saurez éviter les entourloupes, à moins d'être particulièrement imprudent, mais, d'une façon générale, l'endroit est sûr, car toujours noir de monde, jusque tard dans la nuit. Dans les rues qui partent de la place se trouvent quelques cinémas miteux projetant des films érotiques, et, la nuit, Omonia se fait quartier des plaisirs. La prostitution y est toutefois si discrète qu'elle peut passer complètement inaperçue.

À quelques pâtés de maisons en suivant l'avenue Athinas se trouve l'un des endroits les plus animés de la ville : le **marché central** (**Kentriki Agora**). Cette halle d'acier et de verre (XIXe siècle) abrite le principal marché de viande et de poisson de la ville, même si l'on y trouve aussi de nombreux autres produits. C'est ici que se vend le poisson pêché le matin même dans les eaux de la mer Égée. Même si vous n'avez pas l'intention d'acheter, vous pourrez observer la façon dont les ménagères et les restaurateurs se disputent les meilleurs morceaux de viande et les plus beaux poissons.

Le marché central est animé dès l'aube et jusque dans l'après-midi. Il reprend vie en soirée, lorsqu'ouvrent les nombreuses *ouzeries*, qui servent aussi quelques plats simples, et les boîtes de *rebetiko* (*voir p.* 42) du quartier.

Le marché est une étape incontournable si vous avez prévu un pique-nique ou que vous partez dans les îles et voulez faire des provisions pour la traversée (les ferries ne vous fourniront que le strict nécessaire). Vous y trouverez du fromage et des olives, du pain, des fruits, des herbes et des épices, mais aussi des fleurs et des légumes. Et si vous cherchez à rapporter un souvenir, vous y trouverez des noix et de l'ouzo. En bref, tout ce qui se mange ou se boit !

L'avenue Athinas est une vraie Bourse de l'emploi parallèle : tôt le matin, vous y verrez des peintres et des décorateurs, leur échelle ou leur seau à la main, proposer leurs services à la journée à quelque entrepreneur. Une touche de couleur supplémentaire dans ce quartier bariolé. ■

Le métro d'Athènes

Athènes est l'une des rares capitales européennes à ne pas avoir développé un grand réseau de métro, ce qui peut s'avérer dommage au vu de ses problèmes de circulation et de pollution. Athéniens et visiteurs se sont longtemps contentés d'une ligne unique nord-sud, mais deux autres lignes ont depuis vu le jour. Elles se croisent à la place Omonia, mais la plus belle station est celle de Syntagma. Vous y verrez les vestiges découverts pendant les travaux. La présence de sites antiques enfouis sous terre est d'ailleurs un problème majeur pour le développement du réseau métropolitain, qui vous fait voyager dans Athènes aussi bien que dans son histoire.

LE MUSÉE ARCHÉOLOGIQUE NATIONAL

Ce musée, l'un des plus beaux au monde, rassemble les principaux trésors des civilisations grecques qui se sont succédé au cours des siècles. C'est, avec le Parthénon, l'un des deux endroits à ne manquer sous aucun prétexte lors d'un voyage à Athènes. La collection est si riche que vous aurez du mal à en faire le tour en une seule visite. À l'occasion des jeux Olympiques de 2004, les collections ont été modernisées et les dommages causés à la structure par le tremblement de terre de septembre 1999 ont été réparés.

■ **Cette amphore au col étroit (vers 750 av. J.-C.) a été découverte à Athènes.**

La visite du musée suit l'ordre chronologique. Dans la salle 4 se trouvent les œuvres les plus impressionnantes, rapportées de Mycènes par l'archéologue allemand Heinrich Schliemann en 1874. Vous y verrez le célèbre masque funéraire en or que Schliemann attribuait au roi Agamemnon (il est en fait antérieur de deux ou trois siècles à la guerre de Troie). Ce chef-d'œuvre est entouré d'autres objets somptueux tirés des tombes royales de Mycènes, comme un remarquable rhyton (coupe à vin) en argent, en forme de tête de taureau, et dont les cornes sont en or massif.

Certaines œuvres de grandes dimensions vous impressionneront par leur majesté, le plus bel exemple étant, dans la salle 15, le grand bronze représentant soit le dieu de la Mer, Poséidon, sur le point de lancer son trident, soit Zeus brandissant son foudre (les archéologues n'ont retrouvé à proximité aucun attribut qui puisse identifier plus précisément la statue). L'expression du visage permet de faire remonter cette œuvre au milieu du Ve siècle av. J.-C., c'est-à-dire à l'époque classique, ou siècle de Périclès.

La salle 21 abrite deux bronzes plus délicats, mais tout aussi renommés, rassemblés sous le nom de Jockey de l'Artémision. On ignore si ce puissant cheval et son minuscule écuyer étaient conçus pour aller ensemble, mais l'œuvre est surprenante de dynamisme et d'élan. Les deux statues ont été retrouvées, comme le bronze de Poséidon, au large du cap Artémision, mais elles datent, elles, du IIe siècle av. J.-C.

Ne vous échappera pas non plus l'Éphèbe d'Anticythère (salle 28), alliant force et délicatesse. Ce bronze réaliste, quoique plus grand que nature (2 m de haut), a été trouvé au large de la petite île d'Anticythère (Andikithira) en 1900. Il date de la période hellénistique.

Chaque salle recèle un chef-d'œuvre : c'est pourquoi il est préférable d'effectuer deux visites si vous le pouvez. La salle 30, par exemple, consacrée à la sculpture hellénistique, présente une double statue représentant Pan et Aphrodite (Ier siècle). Dans cet ensemble au réalisme truculent, le dieu ne fait pas mystère de ses intentions envers la déesse nue, tandis que cette dernière tente de protéger d'une main ce qui lui reste de vertu, tout en agitant une sandale de l'autre.

À SAVOIR
Ceux qui recherchent des souvenirs locaux trouveront un large choix à Plaka, et plus encore dans les boutiques du musée.

Cette même salle abrite aussi les vestiges d'une statue colossale de Zeus, à fonction cultuelle, exhumée en 1916, et plusieurs reliefs délicats représentant des danseuses, découverts dans le théâtre de Dionysos (*voir p. 56*).

Les salles du bas sont consacrées aux expositions temporaires. Ne manquez pas d'y jeter un coup d'œil: plusieurs expositions remarquables s'y sont tenues ces dernières années. Au pied de l'escalier principal, tout proche, se trouvent deux des collections privées léguées au musée: la collection de bijoux Eleni Stathatou et la collection Karapanos. Cette dernière comporte de nombreux objets tirés du site de Dodone, près d'Ioannina, en Épire, notamment des tablettes en plomb portant les questions adressées à l'oracle. La collection de bijoux regroupe de superbes pièces en turquoise, en argent, en bronze et en verre, allant de l'âge du bronze à l'époque byzantine.

La signalétique du musée est bonne dans l'ensemble, avec des notices rédigées en grec et en anglais. Mais certains petits objets (et il y en a plusieurs milliers!) n'ont pas de notice, ou bien elle est écrite uniquement en caractères grecs. Pour profiter pleinement de votre visite, il est donc judicieux d'acheter l'un des guides (bon marché) vendus dans le hall d'entrée.

Les amateurs de pièces anciennes apprécieront une visite au **Musée numismatique**, logé dans un hôtel particulier de 1878 qui a servi de résidence à Heinrich Schliemann, ce qui lui a valu le surnom de Palais troyen. La collection rassemble quelque 600 000 pièces, allant de l'Antiquité à nos jours, en passant par les périodes romaine et byzantine. ■

Musée archéologique national (Ethniko Archaiologiko Mouseio)

- Plan p. 50
- Oktovriou 28/ Patission 44
- 213/214-4891, -4889 ou -4856
- Fermé 1er jan., 25 mars, Pâques orthodoxe, 1er Mai, 25-26 déc.
- € (€€ billet groupé valable 3 jours pour le Musée archéologique national, le Musée épigraphique, le Musée numismatique et le Musée byzantin et chrétien)
- Métro : Omonia ou Victoria

namuseum.gr

Monnaie grecque

L'ancienne monnaie grecque, la drachme, en circulation depuis 1100 av. J.C., a été remplacée par l'euro en janvier 2002, au grand dam des consommateurs qui ont vu les prix augmenter en raison de l'« arrondi » du taux de change.

Cependant, la référence à l'ancienne monnaie et à l'Antiquité n'a pas complètement disparu. La face de la pièce de 1 € reproduit une tétradrachme représentant une chouette et une branche d'olivier, symbole de la déesse grecque de la sagesse, Athéna; la pièce de 2 € figure l'enlèvement d'Europe par Zeus métamorphosé en taureau.

Les autres pièces ont pour sujet le patrimoine maritime grec et les défenseurs de l'indépendance grecque.

Musée archéologique national

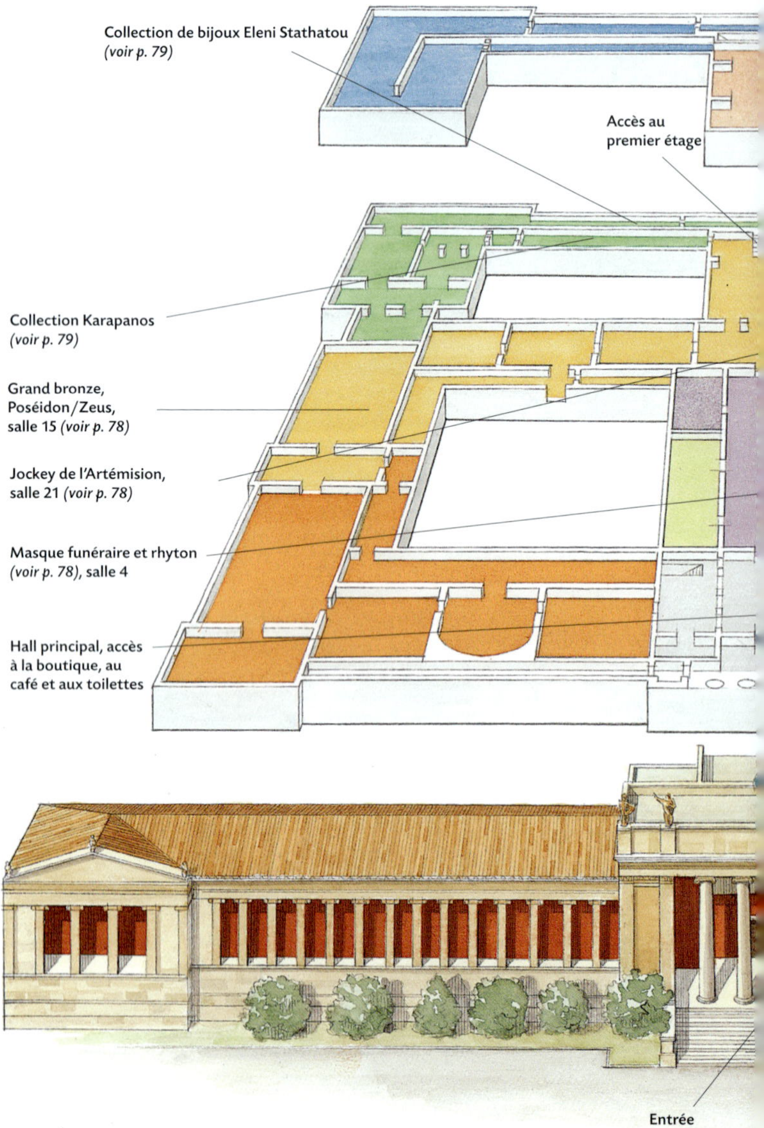

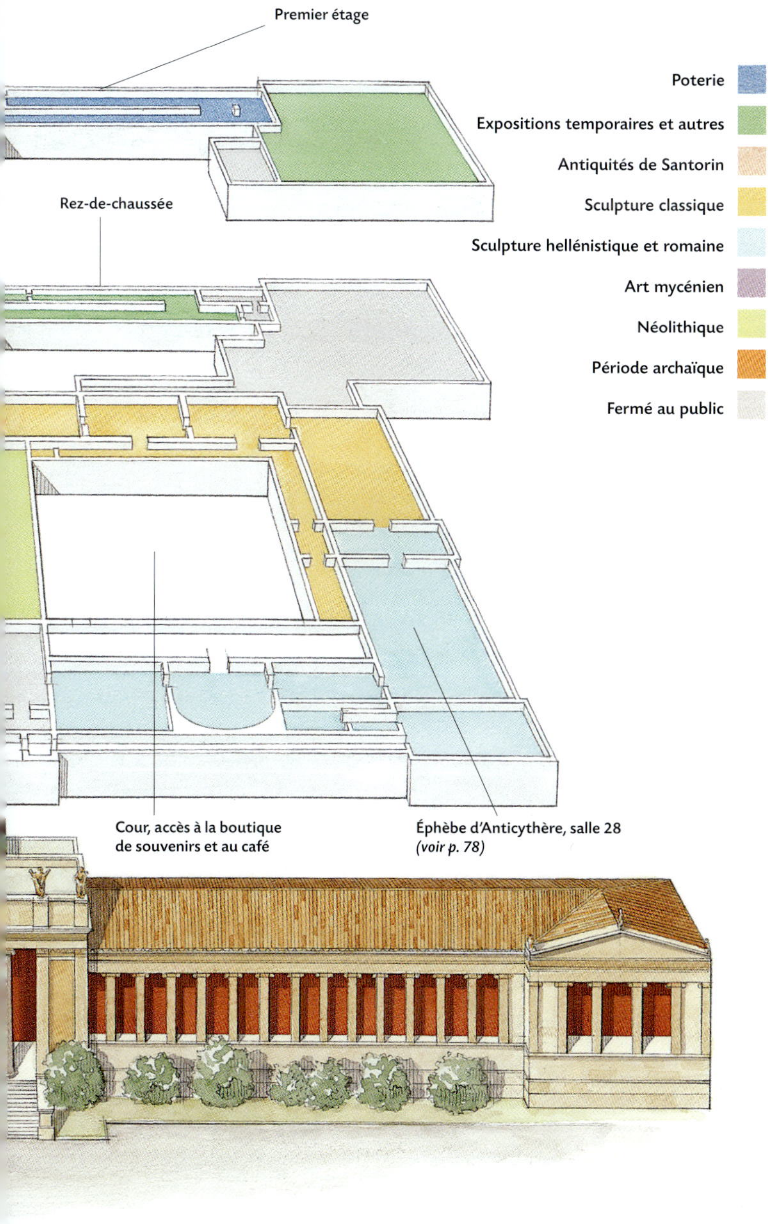
Premier étage
Rez-de-chaussée
Poterie
Expositions temporaires et autres
Antiquités de Santorin
Sculpture classique
Sculpture hellénistique et romaine
Art mycénien
Néolithique
Période archaïque
Fermé au public
Cour, accès à la boutique de souvenirs et au café
Éphèbe d'Anticythère, salle 28 *(voir p. 78)*

LE PIRÉE

De nombreux visiteurs ne voient d'Athènes que Le Pirée (Pireas), lors de la descente sur l'aéroport où, sitôt posés, ils prennent le ferry pour aller sur une île. Le Pirée, dont le port est vieux de quelque 2500 ans, a pourtant un caractère et un charme cosmopolites bien à lui, ainsi que de beaux bâtiments publics. C'est aujourd'hui l'un des plus grands ports de Méditerranée, avec l'animation et le bruit qui accompagnent ce titre.

Le Pirée
Carte p. 87

Musée archéologique
Charilaou Trikoupi 31
210/452-1598
Fermé lun.
€
Métro : Piraeus

Musée grec de la Marine (Nautiko Mouseio Elladhas)
Akti Themistokleous
210/451-6264, 210/4286959
Fermé lun.
€

hmmuseum.gr

Au terminus de la ligne de métro nord-sud, Le Pirée est facile d'accès depuis le centre d'Athènes. Si vous êtes venu prendre le ferry, assurez-vous d'avoir noté le lieu d'embarquement et arrivez suffisamment à l'avance : on a vite fait de se perdre dans le port, avec ses différentes darses. Le principal port de voyageurs s'appelle *Kentriko Limani* ; il est bordé de boutiques et de restaurants élégants. Les régions de Grèce sont desservies par différentes darses, quelquefois très éloignées les unes des autres ou de la station de métro.

La vie trépidante du Pirée a été immortalisée dans un film de Jules Dassin, *Jamais le dimanche* (1959), où Melina Mercouri interprétait une prostituée (*voir p.* 40). Un aspect de la vie que décrivent aussi certaines chansons de *rebetiko* (*voir p.* 42), un genre musical qui a ses racines au Pirée et que vous entendrez la nuit dans les clubs des ruelles malfamées, loin, très loin des quartiers touristiques du centre d'Athènes.

Mais Le Pirée est aussi une ville de culture classique, avec un **Musée archéologique** (petit, mais qui vaut la visite) et un musée de la Marine. Les remarquables pièces exposées au Musée archéologique ont toutes été repêchées dans les ports des environs. En 1930, une collection de statues en pierre était découverte dans une épave : le bateau transportait ces œuvres vers l'Italie. En 1939, le port du Pirée livra de magnifiques et imposantes statues d'Artémis, d'Athéna et d'Apollon.

Le **musée grec de la Marine** (**Nautiko Mouseio Elladhas**) surplombe la darse de *Zea Marina*. Vous le reconnaîtrez aisément au vieux sous-marin exposé devant l'entrée. L'histoire de la navigation grecque est l'une des plus riches qui soient, et cette collection (plus de 2 000 objets) en couvre la majeure partie, depuis les élégantes trirèmes jusqu'aux paquebots de luxe des grandes dynasties d'armateurs, en passant par les petits

À SAVOIR

Lorsque vous choisissez du poisson frais dans un restaurant, demandez son prix avant de le commander. Certaines espèces peuvent être très onéreuses.

Le Pirée, le plus grand port de Grèce, était déjà un port important pendant l'Antiquité.

caïques de pêcheurs. Cette histoire est illustrée par un fascinant mélange de tableaux, photographies, cartes, pavillons, uniformes, etc., ainsi que par de superbes maquettes.

Le musée de la Marine intègre les vestiges des Longs Murs : ces fortifications, édifiées entre 493 et 456 av. J.-C. pour abriter les darses, furent en grande partie détruites en 86 av. J.-C. Reliant Le Pirée à Athènes, elles furent commencées par l'archonte et stratège Thémistocle (vers 528-462 av. J.-C.), puis améliorées par Périclès à l'apogée de la république d'Athènes, alors que Le Pirée était devenu un port majeur au temps des guerres médiques.

Le Pirée compte un grand nombre de restaurants élégants, surtout autour de la darse de Mikrolimano, où se côtoient yachts de luxe et humbles caïques. Le poisson frais est à l'honneur, mais pas bon marché pour autant. C'est l'endroit idéal pour un déjeuner en plein air (très couru le dimanche) ou pour un dîner romantique, avec en toile de fond les mâts oscillant des yachts, les lumières scintillantes du port et le clapotis de la mer Égée. ■

Autres sites à visiter près d'Athènes

Si vous séjournez au centre d'Athènes, vous aurez peut-être envie de découvrir ses environs. Les sites suivants vous forceront parfois à prendre plusieurs moyens de transport (métro, bus, taxi ou ferry), mais tous valent la visite.

Monastère de Kaisariani (Moni Kaisariani)

Les pentes de l'Hymette sont visibles depuis le centre d'Athènes, à quelque 5 km au sud-est. Vous parviendrez au monastère de Kaisariani (XIe siècle) en bus ou en taxi. Le lieu est réputé pour ses fresques; certaines remontent au XIIe siècle, mais la plupart sont des XVIe et XVIIe siècles. Quoiqu'encore habité, le monastère est ouvert au public, et si les feux de forêt ont défiguré les collines des alentours d'Athènes, le paysage est ici verdoyant, grâce à la rivière Ilissos. C'est elle qui alimentait autrefois Athènes en eau. Sa source fut baptisée source impériale (*kaisariani*) en l'honneur de l'empereur Hadrien.

☎ 210/723-6619 🕒 Fermé mar., 1er jan., 25 mars, 25-26 déc. € € 🚌 Bus: 234

Kifissia

Le faubourg de Kifissia se trouve au terminus nord de la ligne de métro et mérite amplement une visite d'une journée. Quartier prospère et à la mode, il jouit d'un climat légèrement plus frais que le centre, bien qu'il ne culmine qu'à 276 m. Le **musée Goulandris d'Histoire naturelle** (*Levidou, 13, tél. : 210/808-6405*) vaut la visite pour sa riche collection de végétaux méditerranéens, mais Kifissia est aussi un bel endroit de promenade, avec ses parcs et ses somptueux hôtels particuliers.

Police touristique

☎ 210/808-1464 ou 210/808-1465

🚌 Métro : Kifissia

Paiania

À 18 km à l'est d'Athènes, passé le monastère de Kaisariani, se trouve le village de Paiania, célèbre pour avoir donné naissance à Démosthène (384-322 av. J.-C.), homme d'État athénien doublé d'un orateur hors pair et auteur des célèbres *Philippiques* contre le roi Philippe II de Macédoine. La principale attraction est aujourd'hui le curieux **musée Vorres** (du nom de son propriétaire, Ian Vorres) : vous y verrez des œuvres d'art populaire traditionnel et d'art contemporain placées côte à côte, dans des bâtiments rénovés avec une délicieuse cour meublée de sculptures. Le village vous permet également d'accéder par la route à la **grotte Koutouki**, célèbre pour ses curieuses stalactites et stalagmites (visite guidée).

Musée Vorres ✉ Diadochou Konstantinou 1 ☎ 210/664-4771 🕒 Fermé août € €

Grotte Koutouki ☎ 210/644-2108 € €

Salamine (Salamina)

Les îles du golfe Saronique (*voir p. 118-123*) sont sans conteste la destination la plus appréciée pour les excursions d'une journée au départ d'Athènes. Or la plupart d'entre elles sont pour ainsi dire inconnues hors de Grèce. Située dans la baie de Salamis, Salamine est la plus proche de la capitale, ce qui explique sans doute qu'elle soit négligée par les visiteurs étrangers. Les Grecs sont quant à eux nombreux à y habiter tout en travaillant à Athènes. Si la ville principale et son port sont sans grand intérêt, l'île de Salamine possède de pittoresques petits villages de pêcheurs, un monastère du XVIIe siècle, quelques belles villas anciennes et une petite station balnéaire, Selinia. C'est dans cette même baie qu'eut lieu la célèbre bataille de Salamine (480 av. J.-C.), où les Grecs mirent en déroute la flotte perse, pourtant plus nombreuse. Les trirèmes grecques, plus rapides et plus maniables que les navires de guerre perses, infligèrent à ces derniers une défaite cinglante.

Carte p. 87 ⛴ Ferry depuis Le Pirée

Les grands monuments d'Athènes sont situés au centre de la ville, mais ses environs recèlent bien d'autres trésors : ruines et temples isolés, plages et villages traditionnels, qui ne demandent qu'à être découverts.

LES ENVIRONS D'ATHÈNES

Volets pare-soleil, en Attique

LES ENVIRONS D'ATHÈNES

La plupart des visiteurs quittent Athènes sans être allés plus loin que son centre-ville, alors qu'il est si facile de découvrir la Grèce authentique dans un rayon de quelques kilomètres. Si vous prenez la peine de traverser la banlieue d'Athènes, industrielle par endroits et qui peut sembler interminable, vous aurez la chance unique de découvrir des sites antiques quasi déserts, surtout si vous voyagez en basse saison.

Les fleurs sauvages ajoutent une touche de couleur aux ruines du monastère de Dafni (classé au Patrimoine mondial de l'Unesco), tout proche d'Athènes.

Conduire dans le centre d'Athènes peut être éprouvant pour les nerfs : malgré des tentatives de réduction du nombre de véhicules en centre-ville, la circulation reste intense et la signalisation n'est pas bonne. Si vous voulez explorer l'Attique (les environs d'Athènes), il est préférable de louer un véhicule à l'aéroport. Sachez toutefois qu'un grand nombre de sites sont facilement accessibles par les transports en commun, et que louer un taxi à la journée est sans doute moins cher que vous ne le croyez.

Une petite excursion au cap Sounion s'impose : il abrite l'un des plus majestueux temples de Grèce. Les Athéniens sont nombreux à s'y rendre pour y admirer le coucher de soleil sur la mer Égée en sirotant un verre.

La côte qui va du Pirée au cap Sounion est parsemée de stations balnéaires, les plus proches de la capitale. Si les plages y sont moins belles et paisibles que dans les îles, elles permettent tout de même de fuir pour un temps le stress de la ville. Un peu plus loin, des sites tel celui de Marathon vous transporteront au cœur de l'histoire antique. Et une simple promenade autour de Rhamnonte ou de Brauron suffira à vous faire oublier l'agitation trépidante de la capitale. ■

À NE PAS MANQUER

Profitez d'un magnifique coucher de soleil au cap Sounion **89**

Le délicieux pain local de Markopoulo **90**

Se régaler de fruits de mer sur le port de Rafina **91**

Le célèbre tumulus de Marathon **92-93**

Les splendides plages de Vouliagmeni **94**

Emprunter la route panoramique vers l'Eubée **94-95**

Le site antique de Rhamnonte **96-97**

Une visite au Musée archéologique de Brauron **98**

LE CAP SOUNION & LA CÔTE ORIENTALE

Athènes a la chance d'avoir des plages à ses portes et de superbes îles à quelques minutes seulement du Pirée. Les visiteurs feraient bien de s'inspirer des Grecs, qui mettent le cap sur les stations balnéaires des faubourgs d'Athènes dès que le mercure grimpe en été. Vous ne serez pas seul à rechercher la fraîcheur, mais vous découvrirez un autre visage de la capitale, plus célèbre pour ses sites antiques.

Le temple de Poséidon se découpe sur un spectaculaire coucher de soleil.

Cap Sounion (Akra Sounion)
Carte p. 87

Temple de Poséidon
Carte p. 87
229/203-9363
Fermé lun.
€

Pour une escapade d'une journée, la station balnéaire la plus proche, à moins de 30 minutes du centre d'Athènes, est **Glyfada**, qui jouxte celle de **Voula**, au sud.

Aucune des deux n'est à proprement parler la petite station paisible dont vous rêvez peut-être, mais si vous voyagez avec des enfants qui vous réclament une journée à la mer, ils y trouveront leur bonheur, tandis que vous pourrez vous régaler d'un déjeuner de fruits de mer à la terrasse d'un restaurant en bord de plage. La proximité de l'aéroport peut toutefois entraîner quelques nuisances sonores.

Plus vous vous éloignerez d'Athènes, et plus vous gagnerez en espace et en tranquillité. Que vous voyagiez en bus ou en voiture de location, ne passez pas à côté du spectacle grandiose que constitue le temple qui se dresse fièrement sur le promontoire rocheux (60 m) du cap Sounion.

Le **temple de Poséidon** fut construit en 444 avant notre ère dans un marbre gris extrait des carrières d'Agrileza, distantes de quelques kilomètres.

Des 34 colonnes d'origine, 15 se dressent aujourd'hui encore sur toute leur hauteur, dont une porte la marque du poète romantique anglais Lord Byron (*voir p. 34*) : visitant le site en 1810, il grava ses initiales sur la colonne la plus proche de l'entrée. Vous ne pourrez malheureusement pas les distinguer (et surtout pas en faire autant !), car les vestiges du temple sont aujourd'hui protégés par une corde : chaque année, les visiteurs sont plusieurs dizaines de milliers à fouler le site.

Le temple s'élève sur les traces d'un édifice plus ancien encore, qui remonterait à 490 av. J.-C. Quel plus bel emplacement pouvait-on imaginer, pour un temple consacré au dieu de la Mer, que le cap Sounion, pointe rocheuse s'avançant dans la mer Égée ? Le temple pourrait être l'œuvre du même architecte (inconnu) à qui l'on doit l'élégant sanctuaire d'Héphaïstos, sur l'Agora d'Athènes (*voir p. 59*).

Sounion est célèbre pour ses couchers de soleil de carte postale, qui donnent au ciel des teintes éblouissantes, rouge sang ou orange ardent. Si vous ne pouvez vous arracher à la magie du lieu, vous trouverez de quoi vous loger sur la plage en contrebas du

Les liaisons en ferry

Athènes est le point de départ d'une multitude de ferries qui naviguent vers les îles grecques. Pour prendre un ferry depuis le continent, il faut se rendre au port du Pirée, le plus grand port maritime de Grèce, ou encore à celui de Rafina, qui dessert principalement les Sporades et le nord des Cyclades.

Comptez environ 9 heures pour Santorin depuis Athènes (7 heures avec la Blue Star), 4 heures en aéroglisseur ou catamaran au départ de Rafina. Prix : 30 à 50 €.

Rejoindre Rhodes depuis Athènes prendra de 12 à 17 heures. Comptez au minimum 50 €.

Pour partir en ferry à Corfou, vous devrez d'abord prendre un bus au départ d'Athènes pour Igoumenitsa. Le trajet dure entre 1 et 2 heures (4 liaisons par jour en haute saison). Comptez moins de 10 €.

Pour vous rendre à Héraklion, en Crète, le trajet en ferry prendra environ 10 heures (6 heures pour les plus rapides qui sont également plus chers).

Voyager d'île en île dans les Cyclades est parfois complexe car toutes les îles ne sont pas forcément reliées entre elles. Les îles les plus fréquentées comme Santorin, Paros, Naxos, Mykonos ou Ios sont faciles d'accès toute l'année. Le coût d'un trajet entre Santorin et Mykonos est d'environ 40 € en classe économique. Comptez 3 heures de trajet.

Comptez environ 40 € pour une liaison Santorin-Crète (trajet de 2 heures maximum). Les liaisons de ferries partant de Héraklion continuent en général leur route vers les autres îles des Cyclades.

Pour passer des Cyclades au Dodécanèse (ou inversement), il faut compter environ 13 heures de voyage.

Les horaires varient d'une année à l'autre selon la saison. En dehors de la haute saison, de juin à septembre, les ferries sont beaucoup moins nombreux. Le site *gtp.gr* pourra vous renseigner sur les liaisons possibles, avec les horaires pour chaque période. Mais sachez que les horaires d'été ne sont disponibles que tardivement.

Laurion (Lavrion)
Carte p. 87

Porto Rafti
Carte p. 87

Markopoulo
Carte p. 87

Koropi
Carte p. 87

promontoire. Le meilleur moyen d'éviter la foule est de venir tôt le matin.

La plus grande île au large du cap est Kea. C'est pourtant l'une des plus petites de l'archipel des Cyclades, mais aussi la plus proche d'Athènes. Regardez vers l'ouest et le soleil couchant pour apercevoir l'île d'Égine, dans le golfe Saronique (*voir p. 118-123*). Vous devriez aussi distinguer la côte du Péloponnèse.

Remontez la côte orientale de l'Attique pour arriver à **Laurion** (**Lavrion**). Cette petite ville ne paie guère de mine ; elle a pourtant fait la grandeur d'Athènes telle que nous la connaissons. Ce sont en effet ses immenses mines d'argent qui permirent de financer la construction de la ville sous Périclès, mais aussi d'entretenir une flotte puissante qui eut raison des Perses et fit de la Grèce l'une des grandes puissances maritimes. L'histoire des mines, qui ont été fermées au XIXe siècle, est retracée dans le petit Musée minéralogique de la ville.

Plus loin sur la côte se trouve la station de **Porto Rafti**, plus attirante et prospère que Lavrion aujourd'hui. Son port de pêche animé (l'un des plus beaux de Grèce), ses bons restaurants et ses bars en font une destination prisée des Athéniens en fin de semaine.

En face de la côte se trouve l'île qui a donné son nom au port : Rafti. Elle abrite une immense statue de marbre, datant de l'époque romaine, qui représente une femme assise. Cette sculpture servit longtemps de balise pour les pilotes des bateaux approchant du port. Il lui manque un bras, dont on pense qu'il tenait une paire de ciseaux, ce qui a valu à la statue d'être baptisée *La Tailleuse* (*raftis* en grec). Ce bras manquant pourrait également avoir tenu un bouquet de fruits ou une gerbe de blé, symboles de fertilité. C'est en effet d'ici que les premiers fruits du continent étaient envoyés chaque année sur l'île sacrée de Délos (*voir p. 147*).

Si vous pénétrez dans les terres au lieu de suivre la route de bord de mer vers Brauron (*voir p. 97-98*), vous découvrirez une ville-marché pleine d'animation, qui doit sa prospérité à la fertilité de son sol et à sa proximité d'Athènes. **Markopoulo** est située dans un paysage de vignobles. Vous pourrez y prendre un authentique déjeuner à la grecque (pas de menu pour touristes) et y déguster le célèbre pain local dans l'une des nombreuses boulangeries. Pour visiter l'une des petites chapelles, sonnez à la porte ou demandez à la première personne que vous croiserez où se trouve le sacristain.

Un petit crochet à l'ouest vous mènera jusqu'à **Koropi**, ville plus importante, célèbre pour son abondante production viticole. Koropi est particulièrement réputée pour son résiné, ce vin blanc grec typique, aux arômes de pin. La résine est employée dans la vinification depuis l'Antiquité, tant pour ses qualités de conservation que pour son goût. Au sud-est de la ville s'élève l'église Metamorphosis Sotiras, l'une des plus anciennes de l'Attique, puisqu'elle remonte au Xe siècle.

Rafina

La cité portuaire de Rafina, sur la côte orientale de l'Attique, à 40 minutes du centre d'Athènes par le bus, a gagné en taille et en importance 20 ans après l'achèvement du nouvel aéroport international : de nombreux touristes trouvent aujourd'hui plus commode d'embarquer pour les îles depuis Rafina que depuis Le Pirée, port d'embarquement traditionnel. La ville dessert déjà l'Eubée et les îles du nord-est de la mer Égée, ainsi que de nombreuses destinations dans les Cyclades et le Dodécanèse.

La ville s'organise autour de son vieux port de pêche, resté merveilleusement pittoresque malgré les nombreux et excellents restaurants de fruits de mer, dont la plupart disposent d'un toit en terrasse avec vue sur les bateaux au mouillage. Vous y verrez des Athéniens fuyant le tohu-bohu de la capitale, surtout en fin de semaine (attention à la foule !), et exigeant le meilleur poisson frais.

Les principaux points d'embarquement se trouvent autour du port. Plus loin du centre, le développement du littoral vous rappelle que Rafina est aussi une station balnéaire très appréciée. Vous y trouverez de nombreux hôtels bon marché, des endroits pour nager et des installations de sports nautiques. Plusieurs petites plages sont situées de part et d'autre de la station, et la côte est parsemée des résidences secondaires des citadins. Mais il ne reste pas grand-chose de l'habitat typique de Rafina, peuplée de très longue date.

Légèrement en hauteur se trouve la grand-place. Oubliez l'agitation du port : vous êtes maintenant dans une ville grecque typique, où les enfants jouent au soleil sous le regard de leurs grands-mères. Reste à voir si Rafina saura conserver encore longtemps son charme provincial.

Au nord de Rafina se trouve une autre station balnéaire, **Mati**, un peu plus calme et dépourvue de l'agitation due aux ferries.

Depuis les hauteurs de Mati, vous découvrirez une vue fabuleuse sur la baie de Marathon. Non loin de là, Agios Andreas vous offre une plage agréable, très propice à la baignade. Si vous devez prendre le ferry à Rafina, où les hôtels sont souvent complets longtemps à l'avance, il peut être intéressant de séjourner à Mati et de rejoindre le port d'embarquement en taxi. ■

Rafina

Carte p. 87

Mati

Carte p. 87

Le port de Rafina accueille les ferries et les hydroglisseurs reliant les îles.

MARATHON

Le mot « marathon » est passé dans le langage courant, et tout le monde sait plus ou moins que c'est un village grec qui a donné son nom à la célèbre course de grand fond. Néanmoins, les détails de l'histoire méritent d'être mieux connus.

Ce vase de 470 av. J.-C. a su saisir la grâce athlétique de ces coureurs de fond. L'essentiel de nos connaissances sur le sport durant l'Antiquité nous vient d'œuvres semblables.

Marathon
Carte p. 87
Renseignements
229/432-0500
marathon.gr

Le roi des rois Darius Ier, ayant triomphé en 495 av. J.-C. d'une révolte ionienne – que les Grecs avaient soutenue –, voulut établir sa domination sur l'Égée et attaqua les cités grecques d'Europe en –490 (première guerre médique). Les Grecs se retrouvèrent le dos au mur, ou plutôt au défilé des Thermopyles, unique passage à travers les montagnes à l'est d'Athènes, qu'ils défendaient contre l'ennemi, jusqu'alors victorieux dans sa progression à travers la Grèce. C'est ici que les bateaux de guerre perses débarquaient leurs troupes, lesquelles fonçaient dans la plaine de Marathon pour profiter de la faiblesse numérique des Grecs. En l'absence de chiffres précis, on estime en effet que les Hellènes alignèrent 10 000 soldats, face à 25 000 Perses.

Les habitants d'Athènes, sachant que leur sort était entre les mains des hoplites déployés dans les plaines de l'Attique, attendaient remplis d'angoisse des nouvelles de la bataille. Les Grecs vendirent chèrement leur vie et réussirent à mettre en déroute l'armée perse. La tournure héroïque de leur victoire ressort du fait que 6 400 Perses périrent, alors qu'on ne compta que 192 morts dans les rangs grecs !

Un soldat athénien, Phidippidès, fut dépêché comme messager pour annoncer cette victoire inouïe à Athènes. Il courut de Marathon jusqu'à l'Acropole sans quitter son armure et, ayant dit la bonne nouvelle, il mourut d'épuisement à l'endroit même.

Le marathon moderne, course à pied sur une distance de 42,195 km, commémore cet exploit, et tous les ans, en octobre, le marathon international d'Athènes voit ses participants parcourir le chemin probablement pris par Phidippidès et arriver au stade panathénaïque.

Ce que nous savons de la bataille de Marathon nous vient de l'historien grec Hérodote, qui consigna les événements un demi-siècle après les faits. Les morts athéniens furent inhumés sous un simple tumulus, haut de 10 m seulement, mais d'une circonférence de 180 m. La sobriété du lieu le rend d'autant plus émouvant. Le tertre se trouve à quelque 4 km au sud de la ville moderne de Marathon.

Le site était à l'origine marqué par une pierre tombale représentant un soldat mort au champ d'honneur. Remplacée par une réplique, cette stèle est aujourd'hui conservée au Musée archéologique national, à Athènes (*voir p. 78-81*).

En continuant vers Marathon, prenez à gauche pour arriver au **Musée archéologique**, dont la petite collection vaut la visite. Elle rassemble des objets trouvés sur le champ de bataille et sur le domaine du riche mécène Hérode Atticus (101-177), originaire de la région : statues, urnes funéraires, pierres tombales, curieux miroir en bronze et vestiges du mémorial érigé par les Grecs pour célébrer la victoire de Marathon.

Notez également les vases extraits du **tumulus des Platéens**. Ce tertre, qui ne fut découvert qu'en 1970, est situé derrière le musée. Les soldats de Platées avaient combattu aux côtés des Athéniens à Marathon, perdant onze de leurs hommes, dont un garçon de 10 ans. C'est ici que ces héros furent inhumés.

La petite ville de Marathon n'a pas grand intérêt, et vous n'y ferez halte que pour quelques emplettes alimentaires. À peu de distance vers l'ouest (route n° 83) se trouve l'impressionnant **lac de Marathon** (**Limni Marathona**). Ce lac de retenue doit son existence au barrage construit en 1925-1931 pour réguler les eaux descendant de la chaîne du mont Parnès. Jusque dans les années 1950, il constituait la principale source d'eau douce pour Athènes.

Votre intérêt pour l'histoire des lieux ne doit pas vous empêcher de visiter les petites et agréables plages qui parsèment le littoral. Les meilleures sont celles de Skhinias. Si vous voulez vous contenter d'un petit bain dans la mer Égée, vous pouvez rejoindre la côte à pied depuis le tumulus : vous y trouverez de petites plages propices à la détente. ■

Musée archéologique

☎ 229/405-5155

Fermé mar.

€

À DÉCOUVRIR Courir le marathon d'Athènes ou le Spartathlon

Une façon de comprendre ce que les Grecs pensent de leurs anciens héros serait de s'inscrire au **marathon annuel d'Athènes** (*athensauthenticmarathon.gr*). Fort heureusement, il se déroule en automne, l'un des premiers dimanches de novembre, de sorte que le risque de subir le même sort que le premier coureur de marathon, Phidippidès, est plus faible : celui-ci est mort d'épuisement après avoir parcouru les 42 km qui séparent Marathon du centre d'Athènes pour annoncer la victoire contre les Perses, lors de la première guerre Médique en 490.

La course moderne est évidemment la seule au monde à retracer le parcours d'origine et attire plus de 3 000 coureurs désireux de courir de Marathon à l'arrivée, le stade panathénaïque. Si le marathon n'est pas assez difficile pour vous, essayez le **Spartathlon** (*spartathlon.gr*), qui a lieu en septembre. Cette course commémore un autre exploit des mêmes guerres contre les Perses, lorsqu'un messager athénien a été envoyé à Sparte pour demander de l'aide. Il serait arrivé le lendemain, après avoir parcouru une distance de près de 246 km !

UN CIRCUIT EN ATTIQUE

La région de l'Attique, aux alentours d'Athènes, offre aux visiteurs une image de la Grèce en miniature : paysages de montagne, stations balnéaires, petits villages, vieilles églises, sans oublier plusieurs sites archéologiques intéressants.

À NE PAS MANQUER

Le cap Sounion • Markopoulo • Rafina • Tumulus & le Musée archéologique de Marathon

Cet itinéraire, qui couvre les principaux sites de l'Attique, part du centre d'Athènes, continue le long de la côte pour s'achever à Halkida, le port d'entrée de l'Eubée. Pour retourner ensuite à Athènes, partez directement de Marathon, ce qui représente une légère économie de temps.

Du centre d'Athènes, suivez Leof. Syngrou vers le sud-ouest, sur l'autoroute 91. Tournez à gauche et allez vers le sud. Cette route qui longe la côte, avec la mer Égée sur votre droite, permet de vous détendre, loin du tumulte de la ville. Juste au sud des derniers faubourgs d'Athènes, vous atteindrez **Vouliagmeni** ❶, station balnéaire très prisée des citadins. Cette route pittoresque vous prendra plus de temps que l'autoroute, mais il serait vraiment dommage de passer à côté de ces paysages splendides, avec la mer Égée en contrebas, surtout après un long voyage en avion ou quelques jours passés à Athènes. Vous ne tarderez guère à découvrir le spectacle grandiose des ruines du **temple de Poséidon** ❷ (*voir p. 88-89*), visibles à des kilomètres, sur le promontoire du cap Sounion. Vous mettrez moins de 1 heure à y parvenir depuis l'aéroport.

Regagnez l'autoroute 91 et tournez à droite. La route prend presque aussitôt le numéro 89 et pointe vers le nord, collant à la côte avant de virer vers l'intérieur des terres, dans un paysage fertile, vers la ville de **Markopoulo** ❸ (*voir p. 90*). Vous pourrez vous y dégourdir les jambes et faire quelques provisions, si besoin.

Quittez Markopoulo, remontez sur l'autoroute 89 en rebroussant chemin, puis tournez à gauche, et aussitôt à droite, pour prendre l'autoroute 85. Au bout d'une vingtaine de kilomètres, vous retrouverez la route du bord de mer et parviendrez à la station et ville portuaires de **Rafina** ❹ (*voir p. 91*). Suivez les panneaux indiquant les ferries pour trouver une place de stationnement à proximité du port, où vous pourrez déjeuner dans l'un des nombreux restaurants bordant les quais.

Reprenez l'autoroute 85 et continuez vers le nord pour arriver à la petite station balnéaire de Nea Makri, en longeant une série de résidences secondaires et de villas. Puis rejoignez l'autoroute 83 et tournez à droite vers **Marathon** (*voir p. 92-93*).

Au bout de 3 km environ, surveillez les panneaux indiquant le **tumulus** ❺ (**Tymfos Marathona**). Le **Musée archéologique** (*voir p. 93*) se trouve quelques kilomètres plus loin.

Quittant la ville de Marathon, continuez sur la sinueuse autoroute 83, qui vous conduit au village d'Agios Stefanos (Saint-Étienne), d'où vous pourrez rejoindre l'autoroute reliant Athènes à Thessalonique (*autoroute 1/E75*).

Prenez l'autoroute sur la droite. Au bout d'une quarantaine de kilomètres, guettez l'embranchement sur votre droite pour l'Eubée et **Chalcis (Halkida)** ❻ (*voir p. 108-109*), principale ville et port d'entrée de l'île, reliée par un pont au continent.

Vous pouvez aussi choisir de rentrer à Athènes en prenant l'autoroute 1 dans l'autre sens.

Halkida (Chalcis)
Thiva (Thèbes)
Golfe d'Eubée
1/E75
Lac de Marathon
Parnitha
1413 m
PARC NATIONAL DU PARNÈS
Kaledzi
Marathon
63
Agios Stefanos
Musée archéologique
Tymfos Marathona
83
1/E75
6/E94
1109 m
Pendeli
Nea Makri
Korinthos (Corinthe)
ATHINA (ATHÈNES)
8A
Mati
Rafina
DÉPART
6/E94
Spata
Loutsa
1026 m
Imitos
Peania
Aéroport Eleftherios Venizelos
Le Pirée
85
Koropi
Markopoulo
SALAMINA
Glyfada
Voula
Varkiza
Vouliagmeni
Keratea
Lagonisi
89
91
Golfe Saronique
Saronida
Thoriko
Anavyssos
Lavrion
Sounion
Temple de Poséidon
Akra Sounion (Cap Sounion)
Voir carte p. 87
Centre d'Athènes
190 km
3 heures
Chalcis (Halkida)
0
20 kilomètres

RHAMNONTE & BRAURON

Le site antique de Rhamnonte (Ramnous) est l'un des plus reculés, et par là des plus attirants de l'Attique. Quant à Brauron (Vravrona), c'est une localité qui vaut qu'on prenne le temps de l'explorer à fond. Située à environ 8 km au nord-est de Markopoulo, elle comprend un important site archéologique et un intéressant musée, en plus du village moderne proprement dit. Le site et le musée sont proches l'un de l'autre, et le village, distant de quelques centaines de mètres, est accessible à pied.

Une partie du portique de Brauron, célèbre pour son cadre paisible

Rhamnonte (Ramnous)
Carte p. 87

Rhamnonte

La visite de Rhamnonte impose de prendre une voiture de location ou un taxi : les bus au départ d'Athènes sont peu nombreux et ne vont que jusqu'à Kato Souli, le village le plus proche, assez éloigné du site si vous devez continuer à pied.

Une fois sur place, vous ne regretterez pas d'avoir fait le voyage, surtout si vous pouvez profiter du site dans une certaine solitude. Si vous vous demandez comment l'endroit a pu rester ouvert avec si peu de visiteurs, sachez que les archéologues y sont à l'œuvre depuis 1975, et que seule une petite portion du site proprement dit est accessible au public. On peut espérer que le chantier de fouilles sera terminé dans un avenir proche, ce qui permettra d'ouvrir de nouvelles parcelles aux visiteurs et d'améliorer sensiblement l'accès au site.

Largement envahis par la végétation, ce qui ne fait qu'ajouter à leur charme, les vestiges de Rhamnonte sont dispersés sur un flanc de colline qui surplombe la mer. Promenez-vous au hasard des ruines en admirant les papillons et en observant les lézards qui s'engouffrent dans les fentes de la roche sur votre passage. Le site doit son nom au nerprun, un arbuste épineux de la famille des rhamnacées.

Les vestiges sont en réalité si peu nombreux qu'il est préférable de connaître l'histoire du site pour y voir autre chose qu'un simple bout de campagne. On sait qu'un culte y était rendu à la déesse Némésis, responsable des heurs et malheurs des mortels, mais surtout chargée d'infliger la vengeance des dieux aux humains ayant osé braver la loi immuable de l'Univers.

La légende veut qu'une partie de l'armée perse ait débarqué ici avant la bataille de Marathon et se soit emparée d'un bloc de marbre provenant du **temple de Némésis** afin de commémorer sa victoire sur Athènes. Acte impie et présomptueux, qui entraîna la défaite. Il ne reste aujourd'hui que des fondations, mais le temple de la déesse (VIe siècle av. J.-C.) se distingue aisément.

Brauron

Le village de Brauron présente la particularité d'être situé non pas au sommet, mais au pied d'une petite colline coiffée d'une jolie chapelle consacrée à saint Georges (**Agios Georgios**).

Le village et le site antique sont situés dans un vallon marécageux entouré de champs. Le cadre est charmant, avec sa flore et sa faune sauvages, et les habitants accueillants, car ils n'ont pas encore été envahis par les touristes.

L'histoire du site est fascinante : il était célèbre dans l'Antiquité pour le mystérieux **sanctuaire d'Artémis**, dont il ne reste aujourd'hui que les fondations. Intégrée au panthéon romain sous le nom de Diane, Artémis était fille de Zeus et jumelle d'Apollon. Déesse de la Lune, elle présidait aussi aux naissances et aux moissons, à la chasse et à la faune sauvage, son animal emblématique étant l'ours.

On adorait Artémis à Brauron, où se tenait tous les 4 ans une fête assortie de rituels ésotériques, au cours desquels des jeunes filles déguisées en ourses exécutaient des danses (Aristophane les évoque dans *Lysistrata*). Comme c'est souvent le cas avec les cultes grecs antiques (*voir Éleusis, p. 68*), les rituels de Brauron gardent une part de mystère.

Euripide évoque les rites de Brauron dans sa tragédie *Iphigénie en Tauride*. Iphigénie, fille du roi Agamemnon et de Clytemnestre, était tenue pour responsable du calme plat qui empêchait la flotte grecque de faire voile vers Troie. Artémis se vengeait ainsi de la mort d'un animal sauvage qu'elle protégeait (sans doute un ours), tué par un Grec. Agamemnon accepta alors de sacrifier sa fille sur l'autel d'Artémis, à Brauron, afin que la flotte pût enfin lever l'ancre. D'après Euripide, la déesse, se refusant à ce que son autel fût souillé par du sang humain, accorda la vie sauve à la jeune fille en lui substituant une biche.

Iphigénie fonda alors le sanctuaire de Brauron en hommage à la déesse.

Dans d'autres versions du mythe, Iphigénie est sacrifiée. Sa tombe aurait été retrouvée à Brauron, au sud de la *stoa* (portique ou galerie à colonnade), près des ruines du bâtiment appelé **maison sacrée**, où les prêtresses vouées

Brauron (Vravrona)

Carte p. 87
229/902-7020
Fermé mar.
€

Musée archéologique
229/902-7020
Fermé mar.
€

au culte d'Artémis résidaient pendant les fêtes.

Au IVe siècle av. J.-C., la région fut inondée, et toutes les communautés qui s'y étaient établies disparurent. Le village de Brauron finit par être reconstruit, mais il fallut attendre 1946 pour que l'on entreprenne de dégager le site antique, et les travaux se poursuivirent jusqu'en 1963.

Les fouilles permirent de mettre au jour les vestiges d'un autre temple, datant du Ve siècle av. J.-C. Près de ce temple s'élève un portique peut-être plus ancien encore. Des inscriptions découvertes sur la structure le décrivent comme le « Parthénon aux Ours ».

D'autres objets retrouvés sur le site, des lits en pierre en particulier, suggèrent que certaines des pièces du bâtiment servaient de réfectoires et de dortoirs.

Près de la *stoa*, on distingue les vestiges de l'un des plus anciens ponts de pierre au monde : il date du Ve siècle av. J.-C. D'autres éléments relevés sur le site suggèrent l'existence d'écuries, d'un gymnase et d'autres bâtiments non identifiés, car les fouilles n'ont pas encore été menées à bien.

Le **Musée archéologique** tout proche vaut la visite. Il expose le résultat des fouilles menées sur le site et ailleurs. Fascinant malgré sa taille relativement réduite, il comprend une maquette du temple permettant de visualiser le site à l'époque de son apogée.

Bas-relief représentant la déesse Artémis flanquée d'un daim, l'un de ses animaux emblématiques

Parmi les principales pièces exposées figure une jarre à étrier décorée (vers 1200-1000 av. J.-C.), trouvée dans le cimetière de Perati (de la fin de la période mycénienne). Une superbe statue (IVe siècle av. J.-C.) représente avec force détails une jeune fille empoignant un lapin. Plusieurs autres statues et bustes de la même période sont exposés, ainsi qu'une splendide collection de poterie et de joaillerie.

Un bas-relief votif provenant du site de Brauron, et daté du IVe siècle av. J.-C., représente Artémis assise, accueillant des pèlerins de tous âges (*voir photo ci-dessus*). ■

Paysage traditionnel en Attique

les îles

Juste séparée du continent par un étroit chenal, l'Eubée est la seconde île grecque (après la Crète) par la superficie. Elle offre une grande diversité, de sa capitale animée, Chalcis, aux villages perdus de la montagne.

L'EUBÉE

Tête de Gorgone provenant d'Érétrie

- p. 100-101 : Église sur l'île de Mykonos
- Page ci-contre : Lever de soleil sur les côtes de l'Eubée

L'EUBÉE

Les Grecs connaissent bien la beauté de l'Eubée (Evia), mais peu d'étrangers la visitent. Il est vrai que les guides touristiques ont tendance à la négliger. L'Eubée est une île, mais elle est reliée au continent par un pont. Aussi les guides traitant des îles grecques l'ignorent-ils souvent, car ils la considèrent comme une partie de la Grèce continentale, et vice versa.

Finalement, c'est là un gros avantage quand on a envie de séjourner dans une région de la Grèce qui ne soit pas envahie par la foule des vacanciers. Et comme l'Eubée est vaste, les visiteurs sont bien répartis. Par sa superficie, l'Eubée est la deuxième île grecque, après la Crète. Comme cette dernière, elle possède une atmosphère caractéristique, car elle diffère légèrement du reste de la Grèce. Au sud, elle a été influencée par l'Albanie, au nord par la Turquie. Elle possède peu de très belles plages de sable, et elle est donc dédaignée par les vacanciers qui préfèrent aller bronzer dans les îles des Cyclades, plus au sud.

Encore comme la Crète, l'Eubée est une île montagneuse, longue et étroite. Elle mesure 175 km de long, et son point culminant, le mont Dirfi, atteint 1 743 m. Extrêmement fertile, l'Eubée est couverte de forêts, de vergers, d'oliveraies et de vignobles. C'est d'ici, dit-on, que vient le meilleur *retsina* de Grèce.

À NE PAS MANQUER

- Déguster du poisson frais sur le front de mer de Chalcis **107**
- Un circuit en voiture dans la vallée de la Kleisoura, au nord de l'Eubée **108**
- Les maisons blanches de Mandoudi **108**
- L'Érétrie antique **110-111**
- Les vues à couper le souffle depuis le mont Dirfi **112**
- L'église d'Agios Ioanis o Rosos à Prokopi **112-113**
- Une nuit dans le village de pêcheurs de Limni **113**
- Une promenade au monastère de Moni Galataki **113**

On y trouve aussi d'excellents pâturages; en fait, le nom grec originel de l'île est *Euboea*, qui signifie «Où le bétail abonde». Sur la côte, on rencontre des falaises déchiquetées, des plages et des villages au charme authentique peuplés de pêcheurs.

Si vaste soit-elle, l'Eubée ne possède guère de grands sites classiques. Toutefois, il faut absolument visiter le plus connu, l'antique Érétrie (Eretria). L'île comporte aussi un grand nombre de sites de moindre importance et de nombreuses forteresses franques et byzantines.

Selon la mythologie, l'Eubée est devenue une île quand le dieu de la Mer, Poséidon, a créé, d'un coup de trident, le chenal qui la sépare du continent. Elle devint ensuite l'île préférée du dieu, qui établit à proximité des côtes son palais sous-marin. La liste des résidents qui l'ont suivi comprend presque tous ceux qui ont envahi la Grèce: les Macédoniens, les Romains, les Francs, les Byzantins, les Vénitiens et, bien entendu, les Turcs, qui restituèrent l'île à la Grèce en 1830. Tous ces peuples ont laissé des traces, comme on le verra plus loin.

L'impact du tourisme est beaucoup plus faible que dans la plupart des autres îles grecques. Si vous prévoyez d'y passer un moment, n'oubliez pas de vous munir d'un guide de conversation, surtout si vous désirez visiter les jolis villages de l'intérieur, car on n'y pratique guère les langues étrangères. ■

CHALCIS

Le port industriel de Chalcis (Halkida) est la capitale de l'Eubée. En voiture, c'est elle que l'on découvre en premier. C'est ici que le détroit d'Euripe (Evvoikos Kolpos) est le plus étroit (40 m), et un pont la relie directement au continent. Le détroit est fameux pour ses courants mystérieux : parfois, ils changent de direction plus d'une dizaine de fois dans la journée ; d'autres jours, ils ne changent qu'une seule fois.

La vénérable mosquée située à l'entrée du quartier de Kastro porte le poids des ans.

Eubée
Carte p. 104
Office de tourisme
222/107-9586
goevia.com

Chalcis (Halkida)
Carte p. 104
Informations
63100 Poligiros, Halkidiki
237/135-1245
visit-halkidiki.gr

Selon la légende, le philosophe Aristote s'est senti si frustré d'être incapable de comprendre ce phénomène qu'il s'est jeté dans l'Euripe et s'est noyé. Si Aristote est bien mort à Chalcis en 322 av. J.-C., il n'est pas certain que ce soit de cette manière-là.

Chalcis est une capitale insulaire très active, pourvue de nombreuses industries, notamment des cimenteries, et elle est très peuplée. Son quartier turc, très animé, constitue l'un de ses principaux attraits, mais la ville ne doit pas être considérée comme un reflet de l'ensemble de l'île.

Un pont franchit l'Euripe depuis 411 av. J.-C. (le pont actuel ne date que des années 1960). La ville fut l'une des cités-États indépendantes de la Grèce avant d'être soumise par Athènes en 506 avant notre ère. Puis, comme le reste de l'île, Chalcis a été dominée par toute une série de peuples envahisseurs : Macédoniens, Turcs, Francs et Vénitiens.

On pense que le nom de Chalcis dérive du mot grec *chalkos*, qui désigne le cuivre. En effet, ce minerai a constitué l'une des premières sources de richesse de l'île.

Pendant longtemps, Chalcis a rivalisé avec Érétrie (*voir p. 110-111*)

À SAVOIR
Lorsque vous conduisez sur une route à double sens équipée d'une voie d'urgence, si quelqu'un veut vous dépasser, déplacez-vous vers la droite pour le laisser passer.

pour contrôler l'ensemble de l'Eubée, tout particulièrement la fertile plaine de Lélantine, qui nourrit la plus grande partie de l'île. Au VIIe siècle av. J.-C., Chalcis affirma sa supériorité et devint la capitale de l'Eubée.

Aujourd'hui, bien qu'elle ne séduise pas d'emblée, Chalcis mérite que l'on consacre un jour ou deux à ses musées, à sa vieille ville et à son **front de mer**, situé pour l'essentiel à gauche après avoir franchi le pont. On y trouve de nombreux restaurants, des cafés, des bars à ouzo, ainsi que des hôtels. Les restaurants de poisson sont très prisés : on dit même que les Athéniens parcourent fréquemment la distance de 88 km qui les sépare de Chalcis pour venir dîner ici.

Le samedi matin est le pire moment de la semaine pour traverser Chalcis en voiture ou pour emprunter le pont qui la relie au continent. Pour trouver des rues plus calmes, dirigez-vous vers le quartier baptisé Kastro, en tournant à droite, vers l'intérieur de l'île, après avoir franchi le pont. Beaucoup de vieilles maisons trahissent des apports turcs et vénitiens. Plus à l'est, une communauté de musulmans originaires de Thrace confère une touche orientale particulière à cette partie de la ville, renforcée par une imposante mosquée du XVe siècle, un aqueduc turc et une forteresse du XVIIe siècle. L'aqueduc servait à alimenter Chalcis en eau de source provenant du mont Dirfi (*voir p. 112*), à 25 km au nord-est.

Le christianisme est représenté par l'église quelque peu étrange et massive d'**Agia Paraskevi** originellement construite au XIIIe siècle, non loin du pont. Au XIVe siècle, les croisés ont remanié l'extérieur de ce vaste édifice en style gothique, avec des rosaces, mais l'intérieur présente un mélange de toutes les influences reçues par l'île. On peut y remarquer une chaire de bois très ornée et un plafond de bois.

Le **Musée folklorique** de Chalcis, juste à côté d'Agia Paraskevi, présente l'habituelle collection de costumes traditionnels et d'objets ruraux.

Le **Musée archéologique** de Chalcis est plus intéressant. Situé dans la partie moderne de la ville, il possède de magnifiques sculptures provenant du temple d'Apollon de l'ancienne Érétrie, ainsi que des objets exhumés de sites moins connus de l'île, comme Karistos. Il présente aussi des céramiques et des figurines du IIIe siècle av. J.-C. découverts en fouillant le cimetière et le site de Manika, juste au nord de Chalcis. Il y a peu de choses à voir sur le site même, mais les fouilles continuent et fourniront peut-être d'autres trésors. D'autres sites historiques sont représentés au musée, comme Agios Stephanos et Tries Kamares. ■

Musée folklorique
- ✉ Skalkota 4
- ☎ 222/102-1817
- 🕒 Fermé lun.-mar.

Musée archéologique
- ✉ El. Venizelou 13
- ☎ 222/102-5131
- 🕒 Fermé lun.
- € €

UNE PROMENADE À LA DÉCOUVERTE DU NORD DE L'EUBÉE

Ce circuit part de la ville portuaire animée de Chalcis, en suivant d'abord le littoral, puis en s'enfonçant dans les montagnes pour découvrir la superbe partie accidentée du nord de l'île.

Après avoir franchi le pont reliant le continent à **Chalcis** ❶ (*voir p. 106-107*), restez sur la route nationale qui traverse le centre de la ville, en tournant à gauche (route 44) puis à droite (route 77), tout en suivant l'indication Mandoudi. Hors de Chalcis, la plupart des panneaux routiers sont rédigés uniquement en grec. Munissez-vous donc d'un exemplaire de l'alphabet grec pour pouvoir déchiffrer le nom des localités.

Au nord de Chalcis, la route traverse des marais salants et longe la côte, offrant une vue superbe sur le continent. Au bout de 12 km, prenez une petite route quand vous voyez le panneau indicateur « Psahna ». Vous y arrivez au bout de 2 km. **Psachna** ❷ est un agréable bourg qui mérite une brève halte pour admirer les fresques du XIIIe siècle de l'église paroissiale.

De Psachna, suivez l'indication Prokopi, qui vous ramène sur la route 77. Prokopi se trouve à 30 km. La route, vraiment splendide, traverse des oliveraies puis des forêts de pins quand le paysage devient plus montagneux. Plus on monte, plus on découvre de splendides panoramas du continent et de l'Eubée elle-même; on peut voir à quel point l'île est verte, tout particulièrement au printemps et au début de l'été. La route longe un moment une rivière dans la **vallée de la Kleisoura**, profonde, étroite et très boisée: on y trouve une abondance de noyers, de platanes et de peupliers. Suivez cette route jusqu'à Prokopi.

Prokopi ❸ (*voir p. 112-113*) est une étape essentielle. Cette localité s'est développée après l'arrivée de réfugiés grecs expulsés de Turquie lors de l'échange de populations effectué en 1923. L'église **Agios Ioanis o Rosos** (Saint-Jean-le-Russe) abrite le corps momifié de ce saint, ramené de Turquie.

À NE PAS MANQUER

Chalcis (Halkida) • Psachna • Prokopi • Mandoudi • Limni

Prokopi abrite aussi le **centre Kandili**, un endroit conçu pour passer des vacances spécialement consacrées à l'art. Il est installé autour de l'ancien manoir féodal de l'Anglais Edward Noel, un proche de Lord Byron, et doit son nom au mont Kandilio situé au sud. Cela vaut la peine de visiter ce centre, ne serait-ce que pour voir la belle et imposante vieille demeure et le parc.

De Prokopi, reprenez la route 77 sur 8 km, en suivant les indications Limni et Mandoudi. **Mandoudi** ❹ est un beau village aux maisons blanchies à la chaux, situé à 1 km de la route principale. N'hésitez pas à faire ce léger détour pour vous arrêter un instant et vous reposer sur la jolie place centrale.

Regagnez la route 77 et tournez à droite en direction de Strofilia et Limni. La route traverse une région plus agricole, au milieu des pieds de vigne croulant sous le poids des grappes en automne. À Strofilia, la route bifurque. Prenez à gauche, la route qui traverse d'autres villages perchés, avant de redescendre vers la jolie petite ville côtière de **Limni** ❺ (*voir p. 113*). Un bon repas de fruits de mer vous y attend.

Si vous le pouvez, prenez le temps de vous rendre à pied à l'extraordinaire **Moni Galataki** (*voir p. 113*). Il n'y a pas d'heures d'ouverture officielles, mais tous ceux qui se présentent le matin ou en début d'après-midi pourront visiter le monastère, s'ils sont convenablement vêtus.

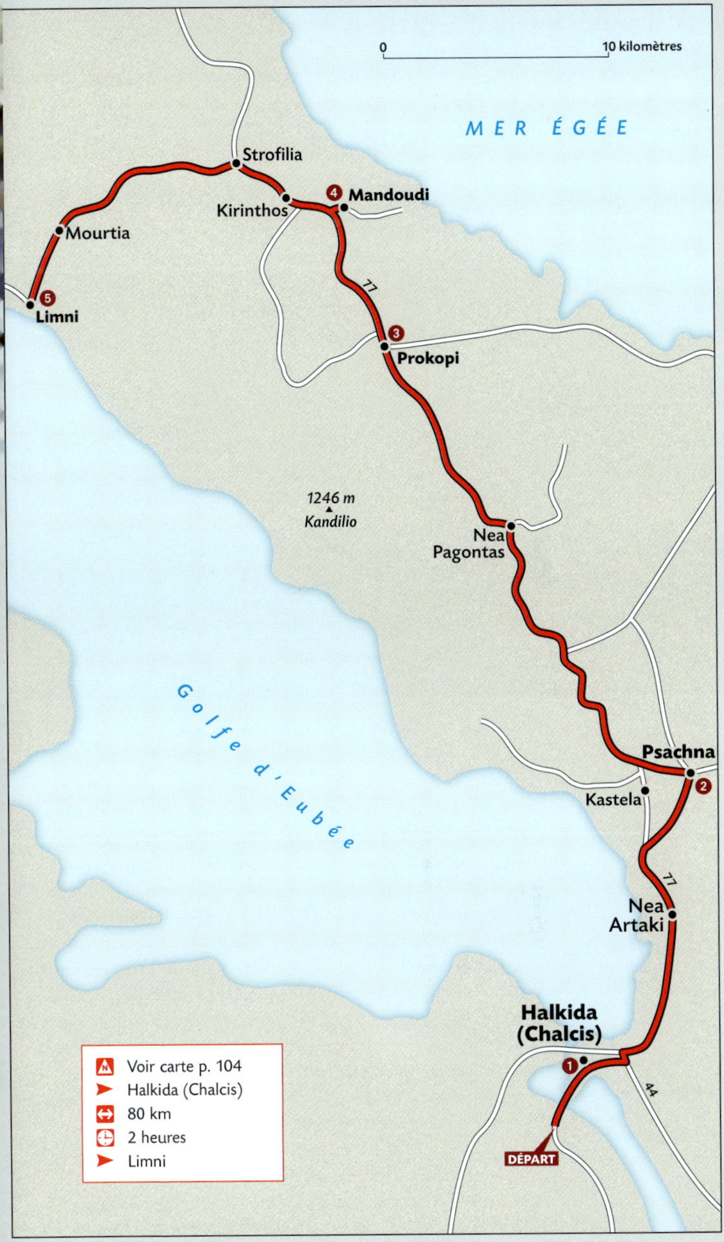
0
10 kilomètres
MER ÉGÉE
Strofilia
Kirinthos
4 Mandoudi
Mourtia
5 Limni
77
3 Prokopi
1246 m
Kandilio
Nea Pagontas
Golfe d'Eubée
Psachna
2
Kastela
77
Nea Artaki
Halkida (Chalcis)
1
44
DÉPART
Voir carte p. 104
Halkida (Chalcis)
80 km
2 heures
Limni

À TRAVERS L'EUBÉE

En dehors de sa capitale, la grande et attachante île d'Eubée attend les voyageurs curieux. Avec des sites antiques, des stations balnéaires modernes, des plaines, des montagnes, l'île peut satisfaire tout le monde.

Coupé du reste de l'Eubée par les montagnes, Karistos donne sur une baie abritée.

Érétrie
Carte p. 104
eretria.gr

Musée archéologique
Eretria
222/906-2206
Fermé lun.
€

Érétrie

Érétrie (Eretria) est le principal site antique de l'Eubée. À une époque, elle rivalisa avec Chalcis pour dominer l'île. Celle-ci l'emporta finalement au VIIe siècle av. J.-C. Quant à Érétrie, elle fut finalement détruite en 87 av. J.-C.

Malheureusement pour les archéologues, la localité moderne s'est développée sur les ruines de la cité antique et non à côté, comme c'est souvent le cas. Mais il y a encore bien des choses intéressantes à voir, bien que les plus beaux objets provenant du site soient exposés au Musée archéologique de Chalcis (*voir p. 107*).

Le **Musée archéologique** d'Érétrie possède une effrayante tête de Gorgone découverte dans une villa du IVe siècle av. J.-C. Non loin, une demeure restaurée du XIVe siècle, la **Maison des mosaïques**, possède des sols ornés de mosaïques bien conservées; la clé se trouve au musée. Il subsiste d'autres vestiges au nord-ouest de la ville, notamment le **théâtre**, où l'on peut s'engager dans un passage pratiqué sous la scène. Il mène à l'endroit d'où pouvait surgir, grâce à un dispositif mécanique souvent utilisé pour conclure un drame grec, le *deus ex machina* – sorte d'intervention providentielle très appréciée, avec apparition soudaine des dieux régissant le sort des humains. On peut aussi découvrir les vestiges d'un gymnase et d'un palais.

Au-dessus du théâtre, sur l'acropole, on remarque les vestiges des murs et de tours, et on découvre la plaine de Lélantine, la région fertile que se disputèrent Érétrie et Chalcis dans l'Antiquité, au nord-ouest.

Au centre de la ville apparaissent encore les fondations du **temple d'Apollon** sur le site de l'agora. La ville moderne d'Érétrie s'étire le long de la côte ; c'est l'une des principales stations balnéaires de l'île, mais ce n'est pas l'endroit le plus indiqué pour séjourner. Des stations bien plus agréables attendent le voyageur en Eubée.

Karistos

Presque à la pointe sud de l'Eubée, Karistos est une charmante petite ville en grande partie moderne : elle a été édifiée après la guerre d'Indépendance (1821-1829).

Othon, premier souverain de la Grèce moderne, aimait tellement cet endroit qu'il le rebaptisa Othonoupolis et en fit la nouvelle capitale de la Grèce. Il fit tracer par un architecte bavarois le plan d'une grande ville aux rues longues et larges, bordées de belles demeures. Mais, peu de temps après le début des travaux, Othon dut abdiquer. Karistos récupéra son nom et garda ses rues. Aujourd'hui, c'est l'un des points de destination des ferries venant de Rafina (*voir p. 91*), sur le continent. L'endroit est donc assez fréquenté, surtout en été, mais reste attrayant.

Une puissante forteresse médiévale, le **Castello Rosso**, domine la ville moderne du haut de l'ancienne acropole. Il ne reste pas grand-chose à l'intérieur de la forteresse, qui doit son nom à ses murs rougeâtres, mais elle offre un point de vue splendide sur la ville et, vers l'intérieur, sur le mont Ochi.

À SAVOIR

Si vous recherchez des vacances romantiques et authentiques, privilégiez les petites îles : elles offrent une atmosphère plus intime et une expérience dépaysante.

Kymi

La petite ville de Kimi est implantée au milieu des vignobles et des vergers, sur la côte septentrionale de l'Eubée. Son intéressant **Musée folklorique** possède une fascinante collection d'anciennes photographies.

En dépit de son apparence endormie et de sa situation retirée, cette paisible localité fut jadis prospère, ainsi que l'attestent les belles demeures du XIXe siècle qui bordent les rues. Sa prospérité d'autrefois reposait à la fois sur la production de soie et sur le commerce maritime international.

Kimi possède aussi une église intéressante, la **Panagia Koimisis**, qui abrite une précieuse icône du VIIe siècle représentant la Vierge et l'Enfant. Au nord de la ville, **Moni Sotira**, un monastère du XVIIe siècle,

Karistos
Carte p. 105

Kymi
Carte p. 105

Musée folklorique
Kymi
222/202-2011
€

Steni Dirfios
Carte p. 104

Prokopi
Carte p. 104

est spectaculairement juché au sommet d'une falaise. Il est toujours habité par des religieuses, et les hommes n'y sont pas admis.

Steni Dirfios

Grâce à sa localisation au pied des **monts Dirfi** (Dirfis Oros), où se trouve le point culminant de l'Eubée, le village de Steni Dirfios est devenu une florissante localité touristique.

Le sommet du mont Dirfi (1 743 m) offre un point de vue splendide, d'un côté sur la mer Égée, de l'autre sur la Grèce continentale. Il est relativement accessible, à condition d'être en forme et entraîné à la randonnée. Il faut prévoir environ 4 heures de marche jusqu'au sommet. Profitez d'une belle journée pour aller y pique-niquer.

Une carte est nécessaire pour effectuer l'ascension, qui commence au bout de la route traversant Steni Dirfios et aboutissant sur un parking 3 km plus loin. Suivez le sentier et bifurquez à droite en direction du « Refuge de la fontaine de Liri ». Du refuge, un autre sentier balisé à l'aide de taches de peinture rouge appliquées sur les rochers mène droit au sommet.

À DÉCOUVRIR

Plonger et explorer

Afin de protéger les vestiges archéologiques qui ont fait l'objet de nombreux pillages, la Grèce, jusqu'en 2006, n'autorisait la plongée avec bouteilles que dans quelques lieux répertoriés. La législation a évolué et on peut désormais plonger dans la grande majorité des sites, à l'exception de certains secteurs archéologiques encore étroitement surveillés et dont l'accès est strictement réglementé. Renseignez-vous auprès des clubs de plongée accrédités ou de l'Office national hellénique du tourisme (*tél. : 01 42 60 65 75, www.visitgreece.gr*) **pour obtenir de plus amples renseignements sur les différentes zones à visiter.**

La Grèce, avec ses eaux limpides, ses épaves, ses récifs poissonneux, ses grottes sous-marines et ses fonds marins préservés, se prête tout particulièrement à la pratique du snorkeling ou de la plongée sous-marine. Vous pouvez obtenir des renseignements via le Seahorse Dive Center à Athènes (*Vasileos Konstantinou 36, Vari, 16672 Athènes, tél. : +306981/443824, seahorsedive.gr*)**, qui fournit une liste de sites et vous informe sur les brevets et les programmes de plongée (pour les débutants comme les experts).**

Prokopi

Prokopi est aussi un village de montagne, dominé par le plus haut point du nord de l'île, le mont Kandilio (1 246 m). Le circuit détaillé p. 108-109 passe par là, et cela vaut la peine d'y faire halte. Beaucoup de pèlerins s'y arrêtent pour visiter l'église d'**Agios Ioanis o Rosos**, qui abrite les restes de saint Jean le Russe. Ukrainien combattant dans l'armée du tsar, il fut capturé et réduit en esclavage par les Turcs dans la petite ville de Prokopi, au centre de la Turquie. Lors de l'échange de populations qui eut lieu en 1923, ses fervents adeptes apportèrent ses précieuses reliques en Grèce. Ils édifièrent une église pour les abriter et baptisèrent leur nouveau village Prokopi. On peut également rencontrer des visiteurs russes venant en pèlerinage à Prokopi, car le saint a aussi été canonisé par l'Église orthodoxe russe en 1962.

Loutra Gialtra et Loutra Edipsos

À la pointe nord-ouest de l'Eubée, une grande baie encadrée de pentes boisées abrite deux agréables stations thermales.

La plus petite, **Loutra Gialtra**, est un joli petit port qui s'enorgueillit d'un vieux moulin à vent et d'une plage assez plaisante. À partir de là, on peut accéder à divers sites balnéaires plus séduisants, situés à la pointe nord-ouest de l'île.

De l'autre côté de la baie, **Loutra Edipsos**, la plus grande station thermale de Grèce, est renommée pour ses sources sulfureuses. Cette réputation attire ici chaque été des foules alléchées par la perspective de retrouver la forme. Ce n'est donc pas le bon moment pour s'y rendre, à moins d'avoir préalablement réservé. En revanche, grâce à cet afflux de visiteurs durant l'été, la petite ville dispose d'un grand nombre de chambres à d'autres moments de l'année – beaucoup d'hôtels possèdent même leur propre source chaude. On peut alors profiter de la belle plage, apprécier le charme d'un pittoresque port de pêche et aller passer la journée aux îles Sporades (*voir p. 124-127*).

Limni

Situé à 45 km plus bas sur la côte, Limni est resté un paisible port de pêche. Dépourvu des belles plages de Loutra Gialtra, de Loutra Edipsos ou d'autres stations de l'Eubée, il s'éveille tout juste au tourisme. Pour l'instant, c'est encore une discrète localité traditionnelle, avec des maisons aux murs blanchis à la chaux et aux toits en tuile rouge, et quelques belles demeures du XIXe siècle. Des cafés et des tavernes donnent sur le paisible front de mer ; dans le port, les bateaux dansent sur les vagues... Profitez-en : ce calme pittoresque ne durera peut-être pas.

Les visiteurs pleins d'énergie peuvent parcourir 8 km à pied jusqu'au **Moni Galataki**. C'est le plus ancien monastère de l'Eubée : certaines parties datent du XIIIe siècle. Dans l'église, des fresques du XVIe siècle ont subsisté. Elles comportent des scènes très intenses, notamment un Jugement dernier assez effrayant. Abandonné pendant longtemps, le monastère est à nouveau habité par des religieuses, depuis les années 1940. On peut le visiter. ■

Loutra Gialtra
Carte p. 104

Loutra Edipsos
Carte p. 104

Limni
Carte p. 104

Moni Galataki
Carte p. 104

Construit par les Vénitiens, le Castello Rosso domine le front de mer de Karistos.

Autres sites à visiter

Le cap Artémision (Akra Artemissio)

Sur la côte nord de l'Eubée se trouve le cap Artémision – au large duquel se déroula une célèbre bataille navale qui opposa les Grecs à Xerxès au cours des guerres médiques, en 480 av. J.-C. Plusieurs plages de sable y sont très appréciées des gens du cru en été. Le joli village d'**Agriovotano** domine la baie. C'est au large de ce cap qu'en 1928 les pêcheurs locaux ont trouvé une statue de Poséidon, aujourd'hui l'une des œuvres les plus admirées du Musée archéologique national, à Athènes (*voir p. 78-81*). On raconte que Poséidon, le dieu de la Mer, vivait dans l'île d'Eubée.

Carte p. 104 Bus depuis Chalcis

Le mont Ochi

Le mont Ochi – ou Ohi – est le point culminant (1 398 m) du sud de l'Eubée. Il domine de pittoresques petits villages, aussi bien sur ses pentes que sur les côtes proches. Le village de **Mili** domine Karistos, près du Castello Rosso (*voir p. 111*) ; c'est d'ici que l'on part pour atteindre le sommet. Il s'agit d'une sérieuse ascension de 4 heures ; il faut donc être en forme et avoir une bonne carte ou un guide. Le sommet offre une vue exceptionnelle. On peut voir notamment ce que l'on surnomme une **maison de dragon**, parce qu'on pensait autrefois que seuls des dragons avaient pu transporter les énormes pierres aux endroits élevés où les édifices ont été construits. En réalité, ce sont probablement des esclaves qui ont déplacé ces énormes rocs. Personne ne sait avec certitude à quoi servaient ces constructions du VIe siècle av. J.-C. ; il s'agissait peut-être de sanctuaires dédiés à Poséidon.

Carte p. 105

Ohthonia

Le village perché d'Ohthonia est un lieu enchanteur, où les demeures néoclassiques, les tours en ruine, les vestiges du château fort qui domine le village trahissent un passé plus prospère. Plus bas, sur la côte, les longues plages de sable blanc sont trop écartées pour attirer beaucoup de monde, elles sont donc tout indiquées quand on a envie de bronzer et de se reposer loin des foules.

Carte p. 105 Bus depuis Chalcis

Stira

Sur la côte ouest de l'Eubée, le port animé de Nea Stira est relié par ferry à Rafina, sur le continent. C'est une petite station estivale particulièrement appréciée des Athéniens – c'est à deux pas de la capitale. La magnifique et longue plage de sable est bondée en été. Le reste de l'année, Nea Stira constitue une base commode où l'on peut séjourner quelques jours. En grimpant à l'intérieur des terres sur 5 km, on atteint le paisible village perché de **Stira**, célèbre pour ses mystérieuses **maisons de dragons** (*voir mont Ochi, ci-contre*), juste à la sortie du village.

Carte p. 105 Bus depuis Chalcis

Le *gyros*

Le *gyros* (sandwich grec pour les Français) est le plat emblématique de la street food locale. C'est pourtant bien en Turquie, au XIXe siècle, dans la ville de Bursa, que fut inventée la technique qui consiste à griller un bloc de tranches de viande verticalement et à le couper en lamelles durant sa cuisson. La Grèce a adopté le *döner kebab* des Turcs au milieu du XXe siècle pour en faire le *gyros*, et il n'y a aujourd'hui rien de plus grec (sauf peut-être l'huile d'olive) que ce pain pita garni que l'on trouve dans tous les fast-food du pays. À la viande de porc, d'agneau, de bœuf ou de poulet, il est accompagné de tzatziki, de tomates, d'oignons rouges et, selon les régions, de piment ou de sauce à l'ail.

Les îles de l'Égée sont très diverses. D'un extrême à l'autre, entre les minuscules îlots inhabités et les hauts lieux du tourisme où la foule se dore au soleil, elles offrent des quantités d'endroits capables de séduire le voyageur curieux.

LES ÎLES DE L'ÉGÉE

Broderie de Skiros

LES ÎLES DE L'ÉGÉE

L'extraordinaire diversité des îles de l'Égée ne cesse d'attirer de nombreux voyageurs. On peut les explorer sans jamais se lasser : il y a toujours une île à découvrir au-delà de l'horizon. Certains préfèrent retourner régulièrement au même endroit et les insulaires les accueillent comme les hirondelles revenant chaque année.

Si votre temps est compté, choisissez soigneusement la ou les îles qui vous attirent plus particulièrement. Si vous voulez vous détendre et découvrir une île authentique, évitez les pièges à touristes comme Rhodes et Cos, ou les endroits spécialisés dans les soirées en discothèques tels Mykonos et Ios. Si vous aimez disposer d'un choix de restaurants et rencontrer d'autres voyageurs, n'allez pas dans une petite île hors saison. Parfois tout y est mort, les hôtels et les restaurants sont tous fermés, leurs propriétaires ayant regagné Athènes pour l'hiver.

Si vous avez le temps, rendez-vous dans un archipel comme les Cyclades ou le Dodécanèse. Parcourez-le, en comparant l'extraordinaire diversité des îles avant de vous installer dans celle qui comble vos désirs – chacune est unique. D'ordinaire, on se rend facilement d'île en île du printemps à l'automne, sauf dans le cas des îles du nord-est de la mer Égée, beaucoup plus dispersées.

Les îles du Saronique (ou du golfe d'Égine) sont les plus aisément accessibles, car elles sont proches d'Athènes. Mais, l'été et le week-end, elles regorgent d'Athéniens en goguette. Ces îles ont également été découvertes par les tour-opérateurs étrangers et les croisières. Elles sont donc souvent noires de monde.

Les Sporades, plus au nord, sont plus verdoyantes et cosmopolites. Les plages de Skiathos attirent les foules, Alonissos est plus tranquille, Skopelos, entre les deux, offre une situation intermédiaire. Dans le nord et l'est de l'Égée, de grandes îles telles Lesbos et Chios sont assez vastes pour comporter à la fois de grands centres de villégiature et des villages préservés, tandis que Samothrace, plus difficile d'accès, demeure l'une des îles les moins développées. Le Dodécanèse et les Cyclades, avec leurs maisons blanches étincelant au soleil, offrent l'image la plus classique. Quelque part au milieu de ces archipels se cache sans doute l'île dont chacun rêve. ■

À NE PAS MANQUER

LES ÎLES DU SARONIQUE

Situé dans le golfe d'Égine, ou Saronique (Saronikos Kolpos), au large de l'Argolide, cet archipel est très proche d'Athènes – l'été, on y croise donc une foule d'Athéniens en quête de fraîcheur. Pourtant, chaque île conserve sa propre identité – les unes sont élégantes et charmantes, les autres rustiques et verdoyantes. Des lignes de ferries commodes permettent de toutes les visiter en l'espace de quelques jours

Dans le port d'Hydra, un âne attend patiemment son chargement à côté d'un caïque.

Certains habitants d'Égine, la plus grande des îles du Saronique, vont travailler tous les jours à Athènes. Le week-end, c'est l'inverse : les Athéniens affluent ici pour se détendre. Égine possède de belles demeures et l'un des plus beaux temples de Grèce. Comme toutes ces îles, il est préférable de la visiter au printemps ou en automne, en dehors de l'afflux estival. Car les bateaux de croisière en route vers Athènes font régulièrement escale à Égine et dans les autres îles de l'archipel. En s'ajoutant aux visiteurs du week-end, les touristes font donc d'Égine une ruche bourdonnante d'activité en été.

Plus au sud, les douces collines de Poros attirent les randonneurs. En été, la vie nocturne y est très animée. La proximité du

Péloponnèse constitue un avantage indéniable : on peut se rendre facilement en Argolide ; en été, un car-ferry traverse le détroit toutes les 20 minutes.

Découverte dans les années 1950 par les milieux bohèmes, Hydra est devenue et est restée un endroit à la mode. L'île est trop accidentée pour être dénaturée, et le charme chic du port contraste avec l'intérieur rocheux et les monastères isolés disséminés sur la côte.

L'île la plus éloignée d'Athènes, Spetsai (Spetses), possède de très beaux édifices. C'est l'île la plus verdoyante de l'archipel, même si ses bosquets de pins ont souffert des incendies. Elle attire surtout les Athéniens fortunés et les voyageurs les plus aisés.

En hydroglisseur, ces îles sont à 1 ou 2 heures d'Athènes et, si l'on n'a pas envie de séjourner dans la capitale, on peut chercher un logement dans les îles et se rendre tous les jours à Athènes pour visiter. Les îles du Saronique constituent une excellente introduction à la découverte des îles grecques. Elles sont assez rapprochées pour que l'on puisse passer facilement de l'une à l'autre, tout en étant très différentes.

Aller d'île en île est l'idéal pour ceux qui n'aiment pas prévoir un itinéraire strict et veulent pouvoir rester plus longtemps dans les sites qui leur plaisent vraiment. À condition d'éviter les mois d'août et la semaine de Pâques, on trouve facilement à se loger dans les îles du Saronique.

Égine (Egina)

Cartes p. 116 et p. 119

Informations

Police touristique, Leonardou Lada 12

229/702-7777

aegina.gr

Temple d'Athéna Aphaïa

Egina

229/703-2398

Fermé lun.

€

Égine

Egina signifie « île du pigeon » ; ce nom a été donné par les premiers habitants phéniciens d'Égine. Aujourd'hui, on peut voir dans ce site élégant de belles demeures du XIXe siècle rappelant le passé prospère du port. Dans l'Antiquité, la cité d'Égine fut l'une des principales rivales d'Athènes. Elle fut aussi la première à émettre une monnaie d'argent qui fut ensuite adoptée dans toute la Grèce. En 1828, Égine fut pendant un temps la capitale de la Grèce – ce que l'on a du mal à croire quand on la compare à l'Athènes d'aujourd'hui. L'économie de l'île repose maintenant sur la production de pistaches et sur le tourisme.

La ville d'Égine comporte une profusion d'églises et d'autres édifices historiques à découvrir. Les vestiges de la cité antique sont éparpillés sur l'acropole, sur une colline basse proche de la plage. L'élément dominant de l'acropole est une colonne encore debout du temple d'Apollon.

Mais l'île est célèbre pour le magnifique **temple d'Athéna Aphaïa**, situé à 12 km de la ville environ. On peut facilement s'y rendre en bus ou en voiture, ou même à pied en partant de la station balnéaire d'Agia Marina. Le temple est un excellent spécimen d'architecture dorique. Construit sur une colline qui a servi de lieu de culte depuis le XIIIe siècle av. J.-C. au moins, il a été bâti vers 490 av. J.-C. ; il a donc été édifié 60 ans avant le Parthénon. Comme pour ce dernier, les sculptures de son fronton ne sont plus en place (elles sont à Munich). Mais, même dépouillé, il vaut la peine d'être vu.

Temple d'Athéna Aphaïa

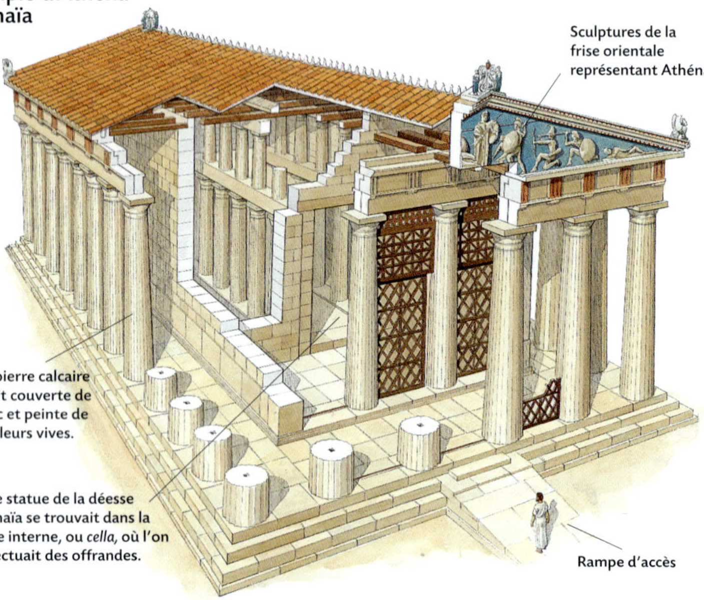

Poros

Poros est presque rattachée au Péloponnèse : elle n'en est séparée que par un étroit goulet de 350 m à peine en son point le plus resserré. Ce goulet a donné son nom à l'île (*poros* signifie « passage »). De petits bateaux vont et viennent toute la journée pour transporter des passagers entre Poros et Galatas, sur le continent, où l'on peut prendre un bus pour Épidaure et Nauplie.

Poros se compose de deux îles séparées par un petit bras de mer, Kalavria, la plus grande, et **Sferia**, sur laquelle se trouve la ville de Poros. Cette dernière est une destination prisée des bateaux de croisières, des Athéniens durant le week-end et des touristes européens, en dépit de l'absence de belles plages. Elle est très agréable. Ses maisons pittoresques égaient de blanc et de tons pastel les pentes dominant le port. Le front de mer, où abondent les bars et les restaurants, est l'endroit idéal pour s'amuser la nuit.

Si l'on aspire à la tranquillité, on peut marcher ou se promener à vélo sur l'unique route qui fait le tour de **Kalavria**, la plus grande île. **Moni Zoödohou Pigis**, un monastère abandonné du XVIIIe siècle, se trouve juste au bord de la mer. Au prix d'un effort modéré, on peut aller voir les maigres vestiges du **temple de Poséidon**, datant du VIe siècle av. J.-C., plus haut sur cette île boisée et vallonnée. On y accède librement.

Après avoir exploré Poros, effectuez la courte traversée bon marché jusqu'à **Galatas**. En sortant du port, tournez à gauche et marchez jusqu'aux plantations de citronniers de Limonodassos. Il y en a des dizaines de milliers, et c'est vraiment merveilleux de parcourir ces douces collines, au milieu des citronniers, en humant l'arôme des citrons porté par la brise.

Vue du pittoresque port de Poros

Hydra

Hydra (Idra) est une petite île très caillouteuse et assez désolée mais attirante. La principale localité, blottie autour du port, a beaucoup de charme. Sa popularité attire parfois un monde fou et il est difficile de trouver à se loger en juillet et en août. Par rapport aux autres îles, c'est un endroit cher. Et l'aspect du front de mer, bordé de boutiques chics et de galeries d'art, est plus sophistiqué que dans la plupart des autres îles grecques.

Les milieux bohèmes ont mis Hydra à la mode dans les années 1950 et au début des années 1960, quand des peintres et des poètes tel le chanteur-compositeur Leonard Cohen sont venus s'y installer.

Comme d'autres îles du golfe d'Égine, Hydra possède de belles demeures des XVIIIe et XIXe siècles, attestant la richesse née du trafic

Poros

Cartes p. 116 et p. 119

Informations

Hôtel de ville

229/832-0500

poros.gr

Hydra (Idra)

Cartes p. 116 et p. 119

Informations

Hôtel de ville

229/832-0200, 229/832-2980

hydra.gr

Spetsai (Spetses)

Cartes p. 116 et p. 119

maritime. En voyant le minuscule port, on a du mal à croire que l'île posséda autrefois une flotte de 150 navires qui commerçaient avec l'Amérique du Nord. Il est également difficile d'imaginer qu'elle comptait jadis 40 000 habitants, alors qu'elle en rassemble tout juste 3 000 à présent.

Hydra n'est pas une île pour les amateurs de soleil : sa seule plage de sable jouxte l'hôtel Miramar, à 2 km environ de la ville d'Hydra. Plusieurs plages de galets sont réparties tout autour de l'île. Hydra est assez grande pour permettre d'échapper au port surpeuplé durant la journée en empruntant les sentiers qui longent la côte ou les routes de l'intérieur.

Spetsai

Comme Hydra, Spetsai (Spetses) s'est enrichie aux XVIIIe et XIXe siècles grâce à la construction navale et au trafic maritime. On peut toujours voir les splendides demeures de cette période bénie dans les rues de Spetsai. Beaucoup ont été transformées en résidences secondaires par des Athéniens aisés. Spetsai est devenue à la mode mais, bien qu'elle soit plus sophistiquée que l'exubérante petite Poros, il lui manque la touche bohème d'Hydra.

Les insulaires sont fiers de leur héritage maritime, en particulier de la fille la plus illustre de l'île, Laskarina Bouboulina (1771-1825), dont la statue orne le port. Elle fut en effet amiral de la flotte grecque et joua un

Toutes sortes de petits bateaux sont amarrés à la jetée du port d'Hydra.

À DÉCOUVRIR La vie nocturne

Pour ceux qui souhaitent goûter à la vie nocturne dans les îles, voici les endroits à privilégier.

Égine : l'influence athénienne qui règne sur la ville d'Égine maintient les prix élevés autour du port, aussi aventurez-vous dans l'une des rues latérales. Les clubs les plus en vogue sont le Perdiotika (*Afaias 38, tél. : 229/702-8622*), Ellinikon Vintage (*Ioanni Kapodistria 7, tél. : 297/500-811*) et Bartán (*P. Irioti 16, tél. : 229/702-8306*).

Poros : l'île est plus calme qu'Égine, mais la ville de Poros propose de nombreux bars en plus de l'Orion (*tél. : 694/070-0823*), un incontournable de la ville, et du Poseidonio (*tél. : 229/802-3597, poseidontaverna.gr*), le principal club de l'île.

Hydra : bien qu'elle soit généralement la destination de ceux qui veulent échapper au chaos moderne, Hydra connaît une vie nocturne animée, surtout en été. Les jeunes affluent au Spelia Beach Club and Bar (*tél. : 229/805-2240*). Plus traditionnel, le Xeri Elia Douskos Taverna (*tél. : 229/805-2886*) reste accueillant.

Spetsai : en bord de mer, le Balkoni Wine Bar (*tél. : 229/807-7153*) est un excellent choix, mais ne manquez pas le Bar Spetsa (*tél. : 229/807-4131, barspetsa.org*), un bar grec typique réputé pour son hospitalité.

rôle de premier plan dans les années 1820, durant la guerre d'Indépendance contre les Turcs. Son cercueil et ses ossements sont exposés au **musée Chatzigiannis-Mexis** (*tél. : 229/807-2994, fermé le mar., €*), qui évoque l'histoire locale, en particulier la guerre d'Indépendance – le musée doit son nom à l'ancien propriétaire de la demeure, qui date du XVIIIe siècle.

Tout près du port, la **maison de Bouboulina** (*près de la plateia Ntapia, tél. : 229/807-2416, fermé nov.-fév.*) est aussi un musée consacré à sa mémoire. La maison appartient toujours à ses descendants. En saison, des visites guidées commentées en grec et en anglais, débutent toutes les demi-heures.

Le romancier britannique John Fowles (1926-2005), qui a vécu à Spetsai, en a fait l'île imaginaire de Phaxos dans *Le Mage*, son roman publié en 1966 qui fut ensuite adapté au cinéma. Il y mentionne le collège Anaryiros, à la sortie de la ville, où il enseignait, ainsi que l'hôtel Possidonion. Ce livre a remporté un grand succès à la fin des années 1960, notamment aux États-Unis.

Dénuée de vestiges historiques importants, l'île possède plusieurs belles plages, comme celle d'Agii Anargiri, et de paisibles villages. Cela vaut donc la peine de l'explorer. Son ancien nom, Pityoussa, évoquait ses forêts de pins, qui embaument toujours l'air quand il fait chaud l'été.

À SAVOIR

C'est en avril que les îles grecques connaissent leur pleine floraison.

On peut se déplacer à pied ou louer un vélo ou une moto. Pendant longtemps, les voitures ont été interdites. Maintenant, les résidents sont autorisés à en introduire dans l'île, mais elles sont toujours prohibées dans le centre-ville. Spetsai est donc l'une des localités les plus agréables des îles grecques. ■

LES SPORADES

Ce petit archipel comportant quatre îles principales tire son nom d'un mot grec signifiant « éparpillé ». Les îles se sont toutes ouvertes au tourisme à des degrés divers. La plus petite, Skiathos, est de loin la plus fréquentée et possède les plus belles plages, mais la plus grande, Skiros, a beaucoup mieux préservé son atmosphère traditionnelle, qui vous enchantera.

La paisible plage de Mourtia, sur l'île d'Alonissos

Ces îles étaient autrefois rattachées à la péninsule du Pélion et, comme elle, elles sont couvertes d'épaisses forêts de pins. À cause de la végétation, il y a plus de moustiques dans les Sporades que dans les îles plus arides du sud de l'Égée ; pensez-y.

La présence des moustiques n'empêche pas les foules de se précipiter à Skiathos en été. Visitez-la au printemps ou à l'automne si vous voulez disposer des superbes plages pour vous seul. Sinon, prenez le ferry pour l'île voisine de Skopelos, à l'est ; ses paysages sont beaucoup plus beaux, on peut y faire d'agréables randonnées, et les plages sont presque aussi belles que celles de Skiathos.

Étonnamment longue et mince, Alonissos, encore plus à l'est, possède peu de routes. Elle a été épargnée par le boom touristique, mais de nombreux étrangers, surtout des Allemands, y achètent des propriétés pour vivre à peu de frais ou pour lancer de petites affaires commerciales. Alonissos est entourée de plusieurs petites îles, où vit le mammifère le plus rare d'Europe, le phoque moine de la Méditerranée ; en 1992, le premier parc marin du pays a été créé ici pour protéger le phoque moine et promouvoir l'écotourisme à Alonissos.

À l'écart des autres îles, Skiros est plus difficile à atteindre. C'est pourquoi les coutumes et les costumes anciens s'y maintiennent.

Skiathos

Si vous voulez contempler l'apothéose – ou le cauchemar, à votre guise – du tourisme, rendez-vous donc à Skiathos au cœur de l'été, quand ses superbes plages se transforment en une sorte de Mecque des adorateurs du soleil. Les côtes méridionale et orientale sont entièrement bordées de villas, d'hôtels, de boutiques de souvenirs, de bars et de restaurants, chaque localité se confondant avec la suivante de façon indifférenciée.

Comme dans beaucoup d'endroits très fréquentés, le tourisme de masse n'affecte qu'une petite frange de l'île, à proximité des plages. L'intérieur de Skiathos est superbe, boisé et accidenté. L'endroit idéal pour faire de merveilleuses promenades.

Les monastères continuent à mener leur paisible existence. Celui d'**Evangelistria** (XVIIIe siècle) se trouve à 1 heure de marche, au nord de la ville de Skiathos. Prenez la route de l'aéroport ; un embranchement, à gauche, conduit au monastère magnifiquement

À SAVOIR

Les meilleures plages se trouvent presque toujours à l'extrémité de chemins de terre qui semblent ne mener nulle part. Soyez prêts à explorer !

Skiathos

Cartes p. 116 et p. 125

Informations

242/702-3172 (police touristique), 242/702-2022 (hôtel de ville)

skiathos.gr

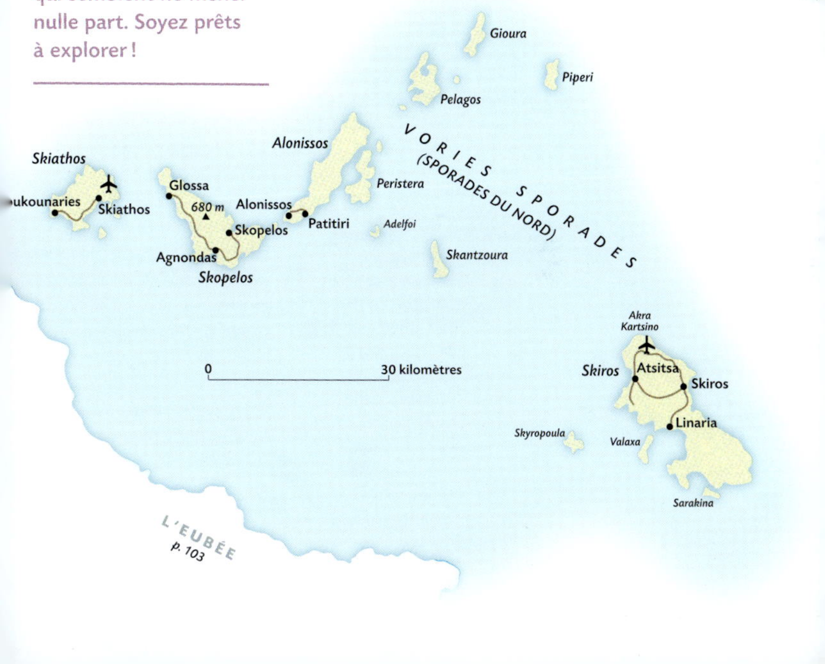

Skiros
Cartes p. 117 et p. 125
Informations
Hôtel de ville
222/235-0300
goevia.com

Musée archéologique
Plateia Brooke, Skiros
222/209-1327
Fermé lun.
€

Alonissos
Cartes p. 116 et p. 125
alonissos.gr

situé. Pour d'autres excursions, procurez-vous un guide spécifique dans les librairies locales.

La majorité de la population de l'île vit dans la ville de **Skiathos**, dotée d'un double port et d'une double existence. Un port est réservé aux bateaux de plaisance, l'autre aux pêcheurs. Dans les petites rues, c'est l'atmosphère pittoresque de n'importe quelle petite cité grecque, mais, quand on arpente les zones commerçantes ou le front de mer, on se croirait dans n'importe quelle station balnéaire et touristique du monde. Même la forteresse médiévale, le **Bourtzi**, entre les deux ports, abrite aujourd'hui un restaurant.

La danse de la Chèvre

Éloignée des autres îles de l'archipel, Skiros a conservé un caractère typiquement grec. L'un des meilleurs exemples reste sa « danse de la Chèvre ». Cette tradition d'origine païenne est toujours bien vivante dans l'île : durant le carnaval précédant le carême, des personnages masqués parcourent les rues de la ville. La principale figure est celle, plutôt inquiétante, du *geros* (vieil homme) portant un masque en peau de chèvre et de nombreux grelots attachés sur le dos.

Skiros possède une autre curiosité : de minuscules chevaux sauvages, dont certains sont domestiqués. Durant la fête du 15 août, les enfants de l'île les font courir près de la plage de Magazia, juste à la sortie de la ville de Skiros.

La ville séduit surtout quand on la voit de la mer. Les voyageurs les plus perspicaces se dépêchent de partir pour une autre île. Il y a des départs quotidiens pour Skopelos et Alonissos.

Skiros

La ville de **Skiros** semblerait plus à sa place dans le Dodécanèse ou dans les Cyclades, avec son fouillis de maisons blanches au pied des pentes couronnées par les ruines d'une forteresse vénitienne construite à l'emplacement de l'ancienne acropole. On y accède par un tunnel. Du fort, on découvre un beau panorama de la ville.

Des musées présentent divers aspects de l'histoire de l'île : le **Musée archéologique**, le **Musée municipal**, ainsi que le **musée Faltaüts** (*Palaiopyrgos, tél. : 222/209-1232, www.faltaits.gr*), un musée folklorique installé dans une vaste demeure.

À côté de Treis Mpoukes, le port en eau profonde situé à la pointe sud de Skiros, on peut voir la tombe toute simple du poète britannique Rupert Brooke (1887-1915), mort de septicémie durant la Première Guerre mondiale à bord d'un navire-hôpital. Avant de mourir, il a laissé ces lignes prophétiques : « Si je devais mourir, pensez simplement qu'un morceau de terre étrangère est devenu à tout jamais l'Angleterre. »

Alonissos

Île vallonnée et boisée, Alonissos n'est pas la plus séduisante des Sporades – son gros atout est sa faible quantité de touristes. Sa capitale, Patitiri, a été en partie détruite par un tremblement de terre en 1965. Avant cela, en

1950, une maladie avait détruit les vignobles et les plantations de pamplemousse de l'île.

La création, en 1992, d'un **parc marin national** au large de l'île a contribué à améliorer le sort de celle-ci. Le parc a été créé pour protéger les phoques moines de la Méditerranée, une espèce rare et menacée d'extinction. Il reste moins de 800 individus dans le monde, dont une trentaine environ se reproduit dans les petites îles proches d'Alonissos. La pêche est à présent interdite dans certaines zones, car, les réserves de poissons ne cessant de diminuer, les pêcheurs locaux se trouvaient en concurrence avec les phoques. Si l'on vous propose d'aller admirer ceux-ci, refusez: ce sont des animaux très farouches, facilement perturbés. D'autres espèces profitent du parc marin, des oiseaux migrateurs aux dauphins.

Le parc a suscité un nouveau type de tourisme à Alonissos. On y voit plus de yachts qu'auparavant, car, hors de la zone protégée, les bons mouillages et les plages désertes sont nombreux.

Alonissos elle-même comporte essentiellement le petit port de **Patitiri**, la charmante vieille ville restaurée de **Palaia Alonissos**, perchée au-dessus de lui, ainsi que quelques autres villages traditionnels dispersés dans l'île. Aucun d'eux n'est particulièrement équipé pour le tourisme, et tout cela en fait un site idéal pour les voyageurs désirant échapper aux foules estivales.

Skopelos

Possédant l'un des plus beaux ports de Grèce, Skopelos est couverte d'une végétation dense. Ses forêts de pins descendent jusqu'aux anses écartées et l'intérieur regorge d'arbres fruitiers offrant les prunes et les amandes fort prisées de l'île.

Avant de quitter le petit bourg de Skopelos, allez visiter l'une de ses très nombreuses églises, en particulier **Agios Athanasios**, construite au IXe siècle et abritant des fresques du XVIe siècle. Elle se trouve à l'intérieur de la **forteresse vénitienne** qui domine le port, à l'emplacement d'un antique temple d'Athéna.

On tient aux traditions à Skiros: les hommes âgés portent toujours les larges pantalons à l'ancienne.

En dehors du bourg, il y a une seule route, mais des sentiers mènent à d'autres villages.

On peut faire une belle promenade à travers les oliveraies jusqu'au point culminant de l'île, le **mont Delfi** (680 m).

Dans les collines, à l'est de la petite ville, on trouve cinq monastères et couvents, dont trois sont accessibles aux visiteurs. Les religieuses d'**Evangelistria** vendent leur production artisanale dans une petite boutique. Le monastère de **Metamorphosis**, fermé en 1980, a rouvert après avoir été restauré par les moines. Le **couvent de Prodromos** est tourné vers la mer Égée et Alonissos. ■

Skopelos

Carte p. 125

Informations

242/435-0100 (hôtel de ville)
242/402-2998 (police touristique)

skopelos.gov.gr

LES ÎLES DU NORD-EST DE L'ÉGÉE

Les diverses îles, grandes et petites, situées dans ce secteur de l'Égée ne constituent un ensemble ni géographique ni politique, mais on a tendance à les regrouper. Comme elles sont très dispersées et parfois difficiles d'accès, elles sont relativement peu visitées.

Ce magnifique paysage de Thassos symbolise à lui seul la beauté des îles grecques.

Cela ne veut pas dire qu'elles ne soient pas affectées par le tourisme – certains endroits, à Thassos, à Samos et à Lesbos, sont surpeuplés en été. Mais à Samothrace (Samothraki) ou à Lemnos (Limnos), par exemple, les visiteurs étrangers constituent une espèce rare.

Lesbos (Lesvos), la troisième île grecque, est très variée et comporte énormément de choses à découvrir, bien que l'on puisse la parcourir en voiture sans se presser en quelques heures. Chios (Hios) et Samos sont assez grandes aussi. Des ferries les relient toutes les trois à la Turquie. Bien qu'elle soit reliée au continent (Alexandroupoli) par hydroglisseur en été, Samothrace est difficile d'accès : elle ne possède pas de port naturel, et les ferries ne peuvent pas toujours accoster par gros temps. Il faut s'en souvenir quand on a un avion à prendre !

Certaines îles de ce secteur nord-est sont très petites, telle Icarie (Ikaria, près de Samos), ainsi nommée en l'honneur du légendaire Icare qui vola trop près du soleil. Inousses et Psara, au large de Chios, qui n'abritent l'une et l'autre qu'un village mais un

grand nombre de plages désertes seront parfaites si l'on recherche des sites où s'évader vraiment du quotidien. Ces îles sont toutes voisines de la Turquie ; la présence militaire y est très visible, et il n'est pas rare d'entendre le grondement des avions à réaction patrouillant à la limite de l'espace aérien grec. Mais, en dépit de cette proximité, on note beaucoup moins de signes de la domination turque qu'ailleurs, parce que la côte occidentale de la Turquie était surtout habitée par des Grecs, avant l'échange de populations réalisé en 1923.

Thassos

Cartes p. 117 et p. 129

Informations

259/335-0131 (hôtel de ville) 259/302-3111 (police touristique)

thassos.gr
visit-thassos.com

Thassos

Les Grecs appellent aussi la **ville de Thassos** Limin ou Limenas – c'est bon à savoir quand on voyage en bus ou en ferry. Et pour ajouter à la confusion, la deuxième localité de l'île, sur la côte sud, s'appelle Limenaria. Des ferries desservent régulièrement Thassos à partir de Kavala, en Macédoine ; en fait, la plupart des ferries accostent à Ormos Prinou, à 11 km à l'ouest de la ville de Thassos.

Hors saison, la ville de Thassos est un endroit agréable pour séjourner ; son intérêt est dû en partie aux vestiges antiques disséminés à travers la ville. À l'époque romaine, c'était en effet un grand port prospère. L'île, située à 12 km à peine du continent, a été peuplée dès l'âge de pierre. Elle a été très convoitée dans l'Antiquité en raison de ses opulents gisements d'or, d'argent et de marbre.

C'est sur l'**agora** qu'il reste le plus de vestiges romains. L'espace est clôturé et n'est officiellement pas accessible, mais, si le portail est ouvert, personne ne s'offusquera que vous y jetiez un coup d'œil. Avec un peu d'imagination et un bon plan, que l'on peut se procurer sur place, on arrive à distinguer les restes de boutiques et les fondations de temples et d'autres édifices publics. Les ruines d'un temple d'Athéna Poliouchou (« Patronne de la ville »), datant du début du Ve siècle av. J.-C., sont situés juste en dessous du site de l'**acropole** ; derrière celle-ci se trouve l'une des portes de l'ancienne muraille de la ville, la **porte de Parmenon**, qui possède encore son énorme linteau. Elle porte le nom du maçon qui l'a construite (il est gravé sur un mur voisin). Cela vaut la peine d'aller voir le **théâtre**, moins pour l'édifice en ruine que pour le splendide point de vue sur l'Égée que l'on découvre.

L'autre grand monument est la **forteresse** ; datant essentiellement des XIIIe et XVe siècles, elle a été bâtie en partie avec les pierres d'un

Située près de la terre ferme, Thassos est un point d'embarcation idéal.

temple d'Apollon qui se trouvait à cet emplacement. Les plus belles trouvailles sont présentées au **Musée archéologique** de Thassos.

À la découverte de Thassos

L'intérieur de l'île est très vallonné. Malheureusement, ses vastes forêts de pins ont été en grande partie détruites il y a quelques années par des incendies. Une route longe la côte de cette île pratiquement circulaire dont on peut facilement faire le tour dans la journée, en voiture ou en bus. Plusieurs routes partent vers l'intérieur, menant à travers les collines à des villages et à des monastères comme perdus dans les terres.

Limenaria, sur la côte sud, est une petite ville attirante, à la fois lieu de villégiature et centre d'affaires. Son charme tient essentiellement à ses demeures anciennes, et elle n'offre pas de très belles plages. Les plus agréables que l'on puisse trouver sont sur la côte sud, notamment à Potos, à 3 km à l'est de Limenaria. **Potos** est la seconde station balnéaire de l'île pour ce qui est de la fréquentation.

Si vous désirez le calme, allez à l'intérieur de Thassos. Beaucoup de stations de la côte correspondent à un village de l'arrière-pays, où les habitants se réfugiaient en cas d'attaques de pirates. La plupart de ces villages disposent de chambres à louer toutes simples et de tavernes. **Potamia** est l'un des plus gros villages, d'où l'on peut entreprendre l'ascension du point culminant de l'île, le **mont Ipsarion** (1 142 m). Il s'agit d'un trajet ardu de 3 heures 30, et il faut absolument être accompagné d'un guide ou disposer d'une bonne carte – on peut s'en procurer sur place.

Au-dessus de Potos, l'agréable vieux village de **Theologos**, fondé au XVIe siècle par des réfugiés venus de Constantinople, fut un moment la capitale de l'île.

Nager en toute sécurité

Nager dans les eaux grecques est agréable et relativement sûr, même si vous devez faire attention à certains pièges.

Les oursins sont très répandus, mais les habitants savent généralement où ils se trouvent ; demandez-leur afin de les éviter.

Méfiez-vous des méduses, qui sont parfois nombreuses dans les eaux chaudes de la mer Égée. Le contact avec leurs tentacules est douloureux mais pas dangereux, et les remèdes peuvent être achetés sans ordonnance.

Vous pouvez rencontrer aussi des poissons venimeux, comme la vive ou le poisson-scorpion, mais ils sont heureusement plutôt rares et ne présentent pas de danger tant que vous ne les approchez pas.

Lemnos (Limnos)

Lemnos produit un *retsina* de grande qualité ainsi que d'autres vins. Les vignobles sont situés dans la moitié occidentale de l'île, plus volcanique que l'autre. Lemnos est presque coupée en deux par la profonde échancrure de la baie de Moudros, l'un des ports naturels les plus vastes et les mieux

Musée archéologique
- Près de l'agora romaine, à Thassos
- 259/302-2180
- Fermé lun.
- €

Lemnos (Limnos)
- Cartes p. 117 et p. 129
- Hôtel de ville
- 225/435-0000

limnos.gov.gr
limnosguide.gr

Le relief accidenté de Lemnos fait place à la plage de sable d'Aktamarina.

Lesbos (Lesvos)
Cartes p. 117 et p. 129
Informations
À l'entrée du village
225/307-1347
Fermé dim. en mai, juin et sept.
en.mytilene.gr

situés de l'Égée. Pour cette raison, et à cause de sa proximité avec la Turquie, l'île compte plusieurs bases militaires; on entend d'ailleurs souvent le grondement des avions à réaction.

Contrastant avec l'Ouest rocheux, la partie orientale est plate et agricole, en dehors de quelques marécages. La côte offre de belles plages, mais peu d'équipements touristiques. De **Mirina**, la ville principale, sur la côte ouest, partent les ferries reliant Lemnos à d'autres îles et au continent.

Mirina est agréablement située, avec un front de mer attrayant, quelques belles plages à proximité et un pittoresque port de pêche. Les ruines de son **fort byzantin**, à l'emplacement de l'ancienne acropole, offrent un extraordinaire point de vue sur la ville et sur toute la côte ouest. La vieille ville a des rues pavées de galets et de superbes maisons ottomanes; le **Musée archéologique** (*Romaikos Gialos, Mirina, tél.: 254/102-2990, fermé mar., €*), installé dans une demeure du XIXe siècle, fait de son mieux avec des collections limitées. Plusieurs sites antiques parsèment l'île, notamment la ville fortifiée de Poliochni, datant de 3000 av. J.-C., la cité autrefois importante d'Héphaistia (Ifaistia), et le site du Kabirion, sanctuaire des dieux Cabires. Ils mériteraient que soient entreprises des fouilles de grande ampleur.

Lesbos

Lesbos (Lesvos) est de loin la plus grande île du nord-est de l'Égée. Aux yeux de nombreux étrangers, Lesbos est surtout fameuse pour avoir donné le mot «lesbienne». La poétesse Sappho (*voir p. 134*), née à Eressos au VIIe siècle av. J.-C., était bien lesbienne au sens originel: elle était native de Lesbos. Aux yeux des Grecs, l'île est avant tout un lieu de villégiature très prisé et l'endroit où l'on élabore le meilleur ouzo du pays.

La dimension même de l'île lui confère une grande diversité, de **Mytilène** (Mitilini), sa capitale très animée, aux paisibles villages de montagne, des stations balnéaires bruyantes aux calmes retraites permettant d'observer les oiseaux près de Skala Kalonis. Lesbos a été un centre de villégiature prisé dès la période romaine ; ses plages magnifiques, ses épaisses forêts et ses montagnes majestueuses ont toujours été appréciées. Ses deux sommets, le mont Olimpos, dans le sud de l'île, et le mont Lepetimnos, au nord, ont exactement la même altitude (967 m). Cela entraîne une inévitable rivalité entre les communautés locales, chacune affirmant que son sommet est le plus haut.

On emploie parfois le nom de la capitale, Mytilène, pour désigner l'île elle-même, et cette pratique courante en Grèce peut troubler les visiteurs qui prennent le ferry.

Les relations gréco-turques

Décrire les relations entre les Grecs et les Turcs comme turbulentes est un euphémisme. La Turquie reste un sujet sensible : il vaut mieux éviter d'évoquer le sujet avec les locaux, à moins que vous ne soyez avec des amis suffisamment proches pour leur parler librement.

Ces dernières années, les relations entre les Grecs et leurs voisins orientaux ont néanmoins connu quelques améliorations après un léger apaisement des tensions sur l'île contestée de Chypre, mais tout peut changer rapidement.

Mytilène (Mitilini) est un grand port animé, aux édifices modernes pour l'essentiel, mais cela vaut la peine de lui consacrer une journée avant de partir vers les villes et les villages plus attrayants du pourtour de l'île. La ville possède une **forteresse** (*Kastro, tél. : 225/102-7970, fermé mar., €*), ce qui est presque inévitable pour un port de cette région. Les ruines imposantes datent en grande partie du XIVe siècle, bien que l'on ait bâti un premier fort à cet emplacement sous le règne de l'empereur Justinien (527-565). La forteresse est un excellent site où flâner, apprécier le panorama et échapper un moment aux rumeurs de la ville.

La ville dispose de quatre musées. Le **Musée byzantin** (*Agios Therapon, tél. : 225/102-8916, fermé dim. et oct.-mai., €*) présente une belle collection d'icônes du XIIIe au XVIIIe siècle, tout à fait intéressante tant pour les spécialistes que pour les simples curieux.

Le **Musée archéologique** (*Argyris Eftaliotis 7, tél. : 225/104-0223, fermé lun., €*) est installé dans l'une des nombreuses demeures de style Belle Époque que comporte Lesbos. Il présente des mosaïques grecques et romaines, ainsi que de nombreux vestiges préhistoriques provenant du site de Thermi, situé juste au nord de la ville.

Le musée le plus intéressant se trouve à 3 km environ du centre-ville, à Varia. C'est la maison du peintre naïf grec Theophilos Hadzimichalis (1873-1934), né à Mytilène, qui a été ainsi aménagée. Ce **musée Theophilos** présente les œuvres du peintre, évoquant la vie populaire et l'âme grecques.

(Suite p. 136)

Musée Theophilos

- ✉ Mikras Asias, Varia
- ☎ 225/104-1644
- 🕒 Fermé sam.-dim.
- € €

LES GRANDS POÈTES GRECS

Pour un si petit pays, la Grèce a fourni un nombre incroyable de grands poètes, dont deux, à l'époque moderne, ont reçu le prix Nobel de littérature. Partout dans le monde sont connus les noms d'Homère, de Sappho et de Constantin Cavafy, pour ne citer que ceux-là.

À gauche : Homère qui, selon la tradition, était aveugle, narra ses récits épiques en vers. À droite : Sappho est honorée par une statue sur son île natale de Lesbos.

On peut à bon droit considérer Homère (*voir p. 226-227*) comme le père de la poésie. Mais il est loin d'être la seule grande figure grecque du monde de la poésie. Considérons la poétesse Sappho (vers 610-580 av. J.-C.), dont le nom est entré dans la langue à travers le terme *saphique*, qui désigne l'homosexualité féminine. Le mot *lesbienne* lui-même vient du fait que Sappho est née dans l'île de Lesbos, dans le nord de l'Égée. En fait, rien ne prouve que Sappho ait été elle-même lesbienne autrement que par son origine ; beaucoup de choses semblent même indiquer le contraire. On raconte qu'elle a aimé le poète Alcée (vers 620-580 av. J.-C.), qu'elle s'est mariée et a eu un enfant avec un autre homme, puis qu'elle s'est suicidée en se jetant du haut d'une falaise sur l'île de Leucade à cause de son amour non partagé pour un marin. C'est un autre poète, Anacréon (vers 582-485 av. J.-C.), qui est à l'origine de l'opinion selon laquelle Sappho était homosexuelle : il a affirmé qu'elle éprouvait une attirance amoureuse pour les femmes auxquelles elle enseignait la poésie. De son œuvre poétique, il ne subsiste que des fragments des neuf livres qu'elle a écrits, mais elle a été tenue en estime longtemps après sa mort. Le philosophe Platon (vers 428-347 av. J.-C.) voyait même en elle la dixième Muse.

Les poètes modernes

Parmi les poètes grecs modernes, l'un des plus célèbres est Constantin Cavafy (1863-1933). Bien qu'il soit né et ait passé la plus grande partie de sa vie en Égypte, à Alexandrie, Cavafy était grec et a fait référence à de nombreux mythes et épisodes historiques grecs dans son œuvre comprenant des poèmes comme *Ithaque, Retour de Grèce* et *À Sparte*. Il publia relativement peu.

Le poète et diplomate Georges Séféris (1900-1971), un admirateur de Cavafy, fut le premier poète grec à recevoir le prix Nobel de littérature, en 1963. Bien qu'aucun écrivain grec ne puisse ignorer la longue et riche histoire du pays, Séféris s'est plutôt intéressé à l'identité grecque moderne et à la question de l'aliénation. Il est né à Smyrne (aujourd'hui Izmir, en Turquie), alors peuplée par les Grecs avant les échanges de populations de 1923. Il a étudié à Athènes et à la Sorbonne, à Paris.

En 1979, Odysseus Elytis (1911-1996) fut le second poète grec couronné du prix Nobel de littérature. Elytis est né en Crète et, comme Séféris avant lui, il a étudié à Athènes et à Paris. Il a combattu les Italiens quand ils ont envahi la Grèce durant la Seconde Guerre mondiale et a évoqué cette expérience d'une manière saisissante et poignante, poursuivant la tradition de la poésie guerrière remontant aux poètes grecs inconnus qui, les premiers, ont narré l'épopée de la guerre de Troie. Elytis a commencé à écrire des poèmes en 1929, à l'époque où il a entrepris de visiter les îles grecques; il allait y retourner tous les étés. Ses poèmes des années 1930 célèbrent les îles tout en envisageant les conséquences de la guerre à venir. Cinquante ans après, à 70 ans passés, il était toujours aussi prolifique. Sa popularité a crû en Grèce quand certains de ses poèmes ont été mis en musique par Míkis Theodorákis.

À DÉCOUVRIR La poésie en mouvement

Étant donné que l'on connaît peu de choses sur la vie des anciens poètes et dramaturges grecs, un voyage basé sur leurs vies serait aussi difficile à mettre en place que décevant à réaliser. Mais si l'on veut se rapprocher d'Homère, de Sappho ou d'Euripide, une autre solution consiste à visiter les lieux qui les ont inspirés.

Vous pouvez passer une journée à vous promener dans Eressos, sur l'île de Lesbos (*voir p. 132-133 et p. 136*) : c'est ici qu'est née la poétesse Sappho. La ville et sa plage sont situées dans la partie sud-ouest de l'île, à environ 90 km de Mitilini.

Cette région de l'île est connue à la fois pour son ouzo, dont on dit qu'il est le meilleur de Grèce, et pour les cohortes de femmes qui viennent chercher l'inspiration sur les traces de la poétesse.

Vous pouvez aussi vous rendre sur les ruines de l'ancienne Corinthe pour voir le lieu de la vengeance de Médée, dans la pièce d'Euripide : rejetée par Jason, la femme y a tué le roi Créon, Glaucé (la fille du roi, nouvelle épouse de Jason), ainsi que ses propres enfants.

Les amateurs d'histoire ancienne peuvent choisir parmi de nombreux voyagistes qui proposent des itinéraires et des croisières sur les traces des héros des poèmes homériques.

Intermèdes (*10, rue de Mézières 75006 Paris, tél. : 01 45 61 90 90, info@intermedes.com, www.intermedes.com/voyages-culturels/grece*), agence spécialisée dans les voyages culturels, propose des voyages avec guides conférenciers à la découverte de la Grèce antique : l'itinéraire classique commence à Athènes avec l'Acropole de Phidias et Periclès. Il explore ensuite le Péloponnèse, Épidaure et son théâtre où l'on évoque Sophocle et Euripide, Olympie où se déroulaient les jeux sous l'égide de Zeus, Mycènes et le monde achéen de la guerre de Troie décrit par Homère, mais aussi Mystra et ses églises byzantines. Delphes, où officiait la Pythie, était comme Delos, consacrée à Apollon.

Enfin, le **musée bibliothèque Teriade** (*Varia, Lesbos, tél. : 22510/23372, €, museumteriade.gr/fr*) comprend des œuvres de Picasso, Chagall et Matisse. Le musée porte le nom de Stratis Eleftheriadis, artiste et critique d'art originaire de Lesbos, qui a changé son nom en Teriade lors de son déménagement à Paris.

À Lesbos, un dédale de rues parties du port de Mithimna gravit la colline, couronnée d'un château fort.

Chios (Hios)

Cartes p. 117, p. 129 et page ci-contre

Informations

Kanari 18, ville de Chios

227/135-1723

chios.gr
tourismos@chios.gov.gr

À la découverte de Lesbos

Pour le reste de l'île, la principale attraction, au sud, est la belle ville perchée d'**Agiasos**, avec ses maisons anciennes, ses rues pavées de galets et l'église de Panagia Vrefokratoussa, du XIIe siècle, où l'on vénère une icône qui, selon la légende, aurait été peinte par saint Luc.

Dans la partie occidentale de Lesbos, **Eressos** draine d'autres pèlerins, attirés par la poésie – ou juste par la réputation – de Sappho ; la superbe plage de Skala Eressos est l'une des plus belles de l'île. Encore plus à l'ouest, le charmant port de pêche de **Sigri** semble peu affecté par les rares touristes qui s'y aventurent chaque année.

Skala Kalonis, au fond du golfe de Kalonis, au centre de l'île, est une station balnéaire très fréquentée au plus fort de l'été. Mais, chaque printemps, les marais salants des environs attirent d'autres visiteurs, des milliers d'oiseaux migrateurs et des centaines d'ornithologues amateurs venus les observer. Les cigognes et les échassiers sont particulièrement nombreux, tandis que les sardines et les anchois figurent au menu à la fois des oiseaux et des restaurants.

Personne ne devrait visiter Lesbos sans se rendre dans la localité de **Mithimna** (également appelée Molivos) pour voir son port pittoresque sur la côte nord. Ses maisons aux toits rouges se serrent autour d'un fort génois, et ses rues pavées de galets sont à de nombreux endroits ombragées de vignes. Au sud de Mithimna, le village côtier en pleine expansion de **Petra** est connu pour ses couchers de soleil de toute beauté.

Le port de **Skala Sikaminias**, un peu plus loin sur la côte, est encore plus joli, avec son adorable chapelle dédiée à la Vierge Gorgona (une sirène) perchée sur les rochers, au bout de la jetée.

Chios

Malgré l'attrait incontestable de ses fertiles vallées verdoyantes et de sa partie nord, montagneuse – le mont Pellinaion atteint 1 297 m –, l'île de Chios, ou Chio (Hios) est étonnamment peu fréquentée par les touristes. C'est

donc un site idéal pour ceux qui veulent expérimenter un séjour original, découvrir un mode de vie authentique et la véritable hospitalité grecque. Cette dernière peut réserver des surprises, car les Grecs aiment traiter leurs hôtes avec libéralité.

La grande île de Chios – elle s'étend sur 47 km du nord au sud – est surnommée l'«**île au mastic**». En effet, elle doit en partie sa prospérité à la résine fournie par les lentisques, ou arbres à mastic. Cet ingrédient, très demandé autrefois pour la fabrication de peintures, de vernis et de cosmétiques, ainsi que de médicaments, entre toujours dans la composition des chewing-gums et de certaines liqueurs. Les orangers et les citronniers abondent également à Chios. Le commerce maritime de l'île ayant été très florissant, on y trouve de splendides demeures. Malheureusement, beaucoup ont disparu lors d'un tremblement de terre dévastateur, en 1881. Une vingtaine de villages du mastic, dans le Sud, constituent l'une des grandes curiosités de l'île. Anciens pôles du commerce de ce produit, ils sont uniques en leur genre,

À DÉCOUVRIR Aller à la pêche

Les premiers habitants de la Grèce se livrèrent de bonne heure à la navigation et à la pêche maritime. Quelques millénaires plus tard, la pêche est restée un véritable mode de vie pour de nombreuses familles grecques, et une grande partie des habitants de certains villages des îles sont encore des pêcheurs.

On trouve encore de nombreux petits ports de pêche « les pieds dans l'eau », animés et pittoresques, avec leurs tavernes qui servent du poisson frais grillé ou cuisiné, et leurs pêcheurs occupés à réparer des filets sur les quais pendant la journée.

Si vous rencontrez un pêcheur qui vous semble sympathique, demandez-lui de vous emmener pour une sortie en mer, la nuit.

Sur certaines îles, on pêche au lamparo, un héritage de la pêche au feu pratiquée dans l'Antiquité pour attirer le poisson bleu (les sardines et leurs alevins, les anchois et les maquereaux). Aujourd'hui, les embarcations partent aux alentours de 19 h pour gagner les lieux de pêche. Les pêcheurs posent sur la mer des projecteurs pour attirer les bancs de sardines qui se prendront dans les filets à mailles fines.

Musée Giustiniani
Plateia Frourio, ville de Chios
227/102-2819
Fermé mar.
€

Musée byzantin
Plateia Vounakiou, ville de Chios
227/102-6866
Fermé mar.
€

Monastère de Nea Moni
Carte p. 137
227/107-9370
Fermé mar.
€

avec leurs maisons serrées sur un très petit espace et entourées d'un cercle extérieur de bâtisses servant aussi de muraille défensive en cas d'attaque des pirates. De fait, sous la domination génoise, au Moyen Âge, Chios était considérée comme l'île la plus prospère de toute la Méditerranée; c'était donc une cible de choix pour les pirates. **Pyrgi** est connu pour ses maisons ornées de motifs noir et blanc. **Olimpi** a conservé sa tour défensive centrale et **Mesta**, le plus beau village, possède encore les tours de défense érigées aux quatre angles.

La ville de **Chios** (environ 50000 habitants), dont le port est très animé – comme il se doit dans la capitale d'une île grecque –, est dominée par une forteresse datant en partie de la période byzantine, mais considérablement rénovée et agrandie après que les Génois se furent emparés de l'île, en 1261. Elle abrite une mosquée turque, un cimetière, les vestiges d'un hammam et des maisons datant de plusieurs siècles. À l'entrée du fort, le **musée Giustiniani** expose une importante collection d'art religieux – icônes, fresques, mosaïques et sculptures sur bois.

Chios possède aussi un **Musée byzantin**, également voué aux collections archéologiques, et le **musée Philippe Argenti** (*Odos Korai, tél.: 227/104-4246, fermé dim., €*), dédié à l'art et à l'artisanat populaires, où l'on peut voir les portraits de plusieurs membres de l'importante famille locale des Argenti. Il y a aussi le magnifique **Musée archéologique** (*Odos Michalon 10, tél.: 227/104-4239, fermé lun., €*).

Nea Moni, monastère qui date du XIe siècle, est superbement situé dans la nature, à 15 km à l'ouest de la ville de Chios. Il est renommé dans toute la Grèce pour sa remarquable mosaïque, également du XIe siècle, qui rivalise avec celles d'Ossios Loukas, près de Delphes.

Samos

Fertile et verdoyante, avec des collines arrondies couvertes de forêts de pins et des vallées plantées de vignobles et d'oliveraies, Samos est l'une des plus belles îles de l'Égée, dotée de plages merveilleuses. Ce n'est donc pas étonnant qu'elle ait été appréciée au cours des siècles : même Antoine et Cléopâtre sont venus s'y détendre, et c'est aujourd'hui un lieu de villégiature très prisé. Quand les fleurs apparaissent, au printemps, puis en automne, lorsque les vignes sont chargées de raisin, Samos est une île de rêve. Ses vignobles fournissent un vin de dessert aussi doux que le miel, exporté dans le monde entier. Pour le découvrir, faites un tour au **musée du Vin**, situé au fond de la baie, au rond-point, en direction de Kokkari (*tél. : 227/308-7510, fermé dim., €*).

Les maisons blanches étincelantes de la capitale, **Samos** – également appelée Vathi – sont disséminées entre des collines vertes et un beau port en fer à cheval. Dans la ville haute, le dédale d'étroites ruelles pavées de galets semble à des années-lumière de l'effervescence du port (que l'on apprécie le soir).

Samos, dont l'histoire est longue et fascinante, fut habitée dès 3000 av. J.-C. Le remarquable **Musée archéologique** (*Plateia Dimarhiou, Vathi, tél. : 227/302-7469, fermé mar., €*) retrace une grande partie de cette histoire. Il possède l'une des plus importantes collections d'offrandes votives de Grèce, grâce à la popularité de l'Héraion, le sanctuaire de la déesse Héra. L'autre sujet de gloire du musée est un kouros (une statue archaïque de jeune homme) en marbre de 5 m de haut qui date du VIe siècle av. J.-C.

L'**Héraion** se trouve à 23 km au sud-ouest de Samos/Vathi. Un premier temple a été édifié à cet emplacement au VIIIe siècle av. J.-C. ; un autre le remplaça au VIe siècle av. J.-C., rapidement détruit par un tremblement de terre. On commença à en édifier un troisième, jamais achevé mais davantage fréquenté. Le site n'est guère parlant, même après d'importantes fouilles archéologiques, mais il éclaire en partie l'histoire de la Samos antique.

Des tomates accrochées aux façades sèchent au soleil.

Non loin, **Pithagoria**, la première capitale de l'île édifiée au VIe siècle avant notre ère, est devenue un centre touristique à la mode. Parmi ses attraits figurent les vestiges de plusieurs thermes romains et de l'étonnant tunnel d'Efpalidion, un aqueduc de près de 1 km creusé entre 539 et 524. Pithagoria doit son nom au philosophe et mathématicien Pythagore, né ici vers 580 av. J.-C. ■

Samos

Cartes p. 117 et p. 129

Héraion

Carte p. 129

227/309-5277

Fermé lun.

€

LES CYCLADES

Quand une photographie évoque les îles grecques, il y a de grandes chances qu'elle ait été prise dans les Cyclades (Kiklades). On y voit un ciel d'un bleu intense, des maisons blanches éblouissantes à flanc de colline et une église à coupole bleue. Dans l'esprit de beaucoup, c'est l'image archétypale d'une île grecque.

Sur ces îles singulières, des coquelicots poussent sur la roche dénudée, l'arôme des herbes sauvages embaume l'air et des plages idylliques miroitent au soleil. Pour couronner le tout, les localités aux rues pittoresques offrent une vie nocturne intense, des boutiques bien achalandées, de bons restaurants et des bars. Les Cyclades symbolisent un été réussi par excellence.

Le nom des Cyclades vient du mot *kyklos* (cercle), et un coup d'œil à la carte montre qu'effectivement ces îles sont disposées en cercle autour de l'île sacrée de Délos. Sur le plan historique, les Cyclades sont les plus importantes de toutes les îles grecques. Entre 3000 et 1000 avant notre ère a fleuri ici ce que l'on a appelé la civilisation cycladique, source d'extraordinaires œuvres d'art qui ont exercé une influence considérable sur le monde. C'est d'ailleurs la seule civilisation grecque à laquelle un musée soit entièrement consacré : celui de l'Art cycladique, à Athènes (*voir p. 74*).

La capitale administrative des Cyclades, Syros, est moins affectée par le tourisme que l'on pourrait le craindre.

Naxos, la plus grande île, et Paros, sa voisine, se situent précisément au centre géographique de l'archipel. Et bien qu'elles se trouvent au cœur du réseau de communication des Cyclades, aucune des deux n'a été défigurée par le tourisme. Malheureusement, on ne peut pas en dire autant des îles voisines, Ios et Mykonos, pratiquement submergées l'été par les touristes en quête de divertissement.

Mais il est facile d'échapper au bruit et à la foule si on le désire, car les Cyclades comptent 24 îles, dont certaines sont très peu peuplées. Et il est relativement aisé de passer de l'une à l'autre.

La plupart des voyageurs visitant une seule île de cet archipel choisissent l'extraordinaire Santorin (Thira), dont le cratère volcanique accidenté et les plages de sable noir offrent une image différente mais tout aussi forte des Cyclades.

Andros

Cartes p. 117 et p. 140-141

Informations

Police touristique, Andros

228/202-2300

andros.gr

Musée archéologique

Plateia Kairi, ville d'Andros

228/202-3664

Été : fermé lun. hiver : fermé dim.-jeu.

€

Musée d'Art moderne

Plateia Kairi, ville d'Andros

228/202-2444

Avr.-oct. : fermé mar. ; nov.-mars : fermé dim.-lun.

€

moca-andros.gr

Andros

Deuxième île par la superficie, Andros est la plus septentrionale des Cyclades. Comme elle est aisément accessible à partir de Rafina, en Attique, les Athéniens y installent volontiers leur résidence secondaire et les autres Grecs l'apprécient comme lieu de villégiature. Le tourisme va sûrement s'amplifier avec l'ouverture du nouvel aéroport d'Athènes : Rafina sera pour les étrangers le port le plus proche pour se rendre dans les Cyclades.

Mesurant plus de 34 km du nord au sud, Andros est assez vaste pour absorber ses nombreux visiteurs. L'île est montagneuse. Le **mont Petalo** (994 m), au centre, la divise en deux moitiés distinctes : le Nord accidenté et désert, le Sud fertile et vert. Les Ioniens s'y sont installés vers 1000 av. J.-C. Puis, au fil des siècles, Andros a vu se succéder les Romains, les Vénitiens et les Turcs.

La ville d'**Andros** (également dite Chora) compte de nombreuses demeures néoclassiques élégantes trahissant l'influence des riches Athéniens qui y ont vécu au cours des deux derniers siècles. La ville a un air prospère, avec sa grand-rue piétonne couverte de dalles de marbre. Andros a fourni des découvertes archéologiques particulièrement importantes ; beaucoup sont présentées au beau **Musée archéologique**. La plus belle pièce est une copie en marbre du IIe siècle av. J.-C. d'une statue de bronze, l'Hermès d'Andros. L'excellent **musée d'Art moderne**, une rareté dans ces îles, est installé dans deux bâtiments. Il présente en permanence des œuvres de Picasso et de Braque, ainsi que des expositions temporaires d'art contemporain ; il abrite aussi un superbe jardin rempli de sculptures.

N'oubliez pas **Moni Panachrantou**, le monastère situé dans les montagnes, au sud de la ville d'Andros. Fondé en 961, il est toujours parfaitement entretenu.

Le Moni Panahrandou

Tinos

Un étroit bras de mer sépare Andros de Tinos, sorte de version miniature de sa voisine : elle a plus ou moins la même forme, et une épine dorsale montagneuse la parcourt. Comme Andros, Tinos a été colonisée par les Ioniens, puis occupée successivement par les Romains, les Vénitiens et les Turcs. On voit à Tinos les mêmes colombiers vénitiens qu'à Andros.

La ville de **Tinos** ne possède pas la richesse de la ville d'Andros. Elle ressemble plus à un chef-lieu caractéristique des Cyclades, avec son petit port animé et ses rues étroites zigzaguant entre les maisons régulièrement blanchies à la chaux. Le **Musée archéologique** est extrêmement intéressant.

À SAVOIR

Tinos propose l'une des meilleures cuisines de Grèce. L'île possède en outre des plages tranquilles, des villages blanchis à la chaux et quelque 600 pigeonniers, dont la présence remonte à l'occupation vénitienne.

Le principal site de l'île, en ruine, est le **sanctuaire de Poséidon et d'Amphitrite**, du IVe siècle av. J.-C., situé à 4 km au nord-ouest de la ville.

Pour les Grecs, Tinos évoque avant tout l'**église de la Panagia Evangelistria** (l'Annonciation). Le 15 août, fête de l'Assomption – qui est un jour férié en Grèce –, Tinos est envahie de fervents pèlerins venus vénérer une icône miraculeuse de la Vierge. Beaucoup remontent à genoux la grand-rue conduisant à l'église afin d'aller se prosterner devant la représentation de Marie. La rue est alors bordée de stands et de boutiques vendant des cierges, des icônes et des offrandes votives. L'icône miraculeuse est portée dans les rues lors d'une procession solennelle; cette manifestation a également lieu le 25 mars, à la fois jour de l'Annonciation et fête de l'Indépendance grecque.

Le pèlerinage remonte à 1822: une religieuse de Moni Kehrovouniou, monastère dans les collines, vit apparaître en songe la Vierge Marie, qui lui révéla où était enterrée une icône. En suivant les indications de la religieuse, on découvrit une image représentant l'Annonciation. Enterrée depuis 850 ans, elle était toujours en parfait état. On lui attribue des pouvoirs curatifs, et Tinos est devenue l'équivalent grec orthodoxe du sanctuaire de Lourdes en France. Si vous voulez vous trouver à Tinos le 25 mars ou le 15 août, soyez prévoyant, car il faut toujours réserver les ferries et les chambres à l'avance.

Tinos

Cartes p. 117 et p. 141

Informations

Hôtel de ville

228/336-0100

tinos.gr
dimostinou.eu

Musée archéologique

Megalochori, ville de Tinos

228/302-9603

Fermé mar.

€

À DÉCOUVRIR La sculpture à Tinos

En plus d'être l'un des endroits les plus sacrés de Grèce, Tinos est réputé pour la qualité de son marbre, apprécié et convoité dès l'Antiquité par les sculpteurs. L'art de la sculpture, qui date de 5 000 ans dans les Cyclades, s'est perpétué à travers les siècles. Le marbre est toujours exploité à Tinos où il existe plusieurs ateliers. Aujourd'hui encore, beaucoup de tailleurs de pierre qui restaurent le Parthénon sont originaires de l'île.

Tinos propose plusieurs ateliers de sculpture où des artisans peuvent vous apprendre à travailler un bloc de marbre, ou tout du moins vous inculquer quelques notions. Il est possible d'organiser une journée avec l'un des sculpteurs grâce à l'École de sculpture en marbre Dellatolas (*tél. : 228/302-3644, www.tinosmarble.com*). Après un cours de géologie qui vous permettra de comprendre la formation du marbre de Tinos et de vous familiariser avec les procédés de son extraction, vous découvrirez les différents outils des sculpteurs que vous aurez l'occasion d'utiliser pour créer votre propre petite sculpture en marbre de Tinos.

Syros (Siros)

Cartes p. 117 et p. 141

Informations

Siège des îles Cyclades, Folegandrou 4, Ermoupoli 841 00

228/108-2375 ou 228/108-6725

syrosisland.gr

Syros

Bien que Syros (Siros) soit un endroit assez désolé et rocheux, cette île est le centre administratif des Cyclades. Elle doit ce statut à l'excellent port naturel d'**Ermoupoli**, qui fut jadis le plus grand de toute la Grèce. Au XIXᵉ siècle encore, c'était le port le plus actif de toute la mer Égée orientale, et on peut y admirer par conséquent nombre de belles demeures. Au dire de certains, Ermoupoli est la ville néoclassique la mieux préservée de Grèce et, avec ses 13 000 habitants, la plus grande localité des Cyclades.

Malgré son importance, Syros n'est pas submergée par le tourisme. Grâce à son statut de centre administratif des Cyclades, contrairement à certaines petites îles, elle prospère sans avoir besoin de séduire les visiteurs. Pourtant, les touristes y sont de plus en plus nombreux, attirés par les petites stations balnéaires, les minuscules villages de pêcheurs et les plages, assez belles pour contenter tout le monde. Certaines, comme celles d'Armeos et de Delfini, sont assez écartées pour satisfaire les nudistes (*voir encadré page ci-contre*).

Probablement peuplée d'abord par les Phéniciens, Syros a été un centre important de la civilisation cycladique vers 2800 av. J.-C. Plus tard, l'île fit partie de l'Empire romain, comme le reste de la Grèce. Ensuite, elle resta quasi abandonnée jusqu'au XIIIᵉ siècle. Elle fut alors occupée par les Vénitiens, qui fondèrent la ville d'**Ano Siros**, sur l'une des deux collines constituant maintenant Ermoupoli (la seconde est Vrondado). À cause de son origine vénitienne, Ano Siros présenta longtemps l'originalité d'être une ville catholique, avant l'apparition d'une communauté grecque orthodoxe à Vrondado.

Implantée sous et entre Ano Sirios et Vrondado, la ville

Le dôme aux tuiles bleues d'Agios Nikolaos domine le port de commerce.

La vérité nue

En Grèce, bronzer nu est illégal, sauf sur les quelques plages réservées au naturisme, comme la plage de Filaki en Crète, ou celle de Little Banana à Skiathos (elles sont signalées par des panneaux). Dans la pratique, le nudisme est toléré sur les plages isolées et dans les endroits éloignés. En général, le bon sens prévaut : ne vous déshabillez pas dans les endroits bondés ou sur les plages familiales. Bronzer seins nus n'est pas illégal, mais à éviter de préférence sur les plages familiales.

basse possède une grande place centrale dallée de marbre, la **plateia Miaouli**. Toute la zone adjacente a été inscrite au patrimoine historique national et jouit d'un statut protégé. De belles demeures et des cafés ombragés bordent la place, agrémentée d'un étonnant kiosque à musique en marbre. À une extrémité de la place, l'imposant hôtel de ville de 1876 a été conçu par l'architecte allemand Ernst Ziller, à qui l'on doit aussi plusieurs beaux bâtiments néoclassiques d'Athènes, y compris le palais présidentiel.

À côté de l'hôtel de ville se trouve le petit **Musée archéologique**, qui mérite une brève visite.

Le **théâtre Apollon** qui le jouxte a été construit en 1864 : ce fut le premier Opéra de Grèce. Copie de la Scala de Milan, il a été restauré dans les années 1990 pour retrouver en partie sa gloire d'antan. Non loin, l'église du XIXe siècle **Agios Nikolaos** possède une iconostase de marbre de toute beauté. À l'extérieur, on peut voir le premier monument du monde dédié à un soldat inconnu, érigé à la fin du XIXe siècle. Ermoupoli compte beaucoup d'autres églises intéressantes, notamment l'église byzantine d'Anastasi, au sommet de la colline de Vrondado, et la cathédrale baroque Saint-Georges couronnant celle d'Ano Siros.

La plus grande partie de la population de l'île vit dans des villages de la moitié sud, aisément accessibles en voiture ou en bus. Sur la côte ouest se trouvent les deux stations balnéaires les plus prisées, Kini et Galissas. Située dans une baie splendide, **Kini** est restée un charmant village de pêcheurs. Son principal avantage, pour les amateurs de soleil, est qu'elle se trouve à quelques pas de la plus belle et plus grande plage de Syros, celle de Delfini, dont le sable doux est fort apprécié des amateurs de bronzage intégral.

Quelques kilomètres plus au sud, **Galissas** se trouve au fond d'une longue baie, à proximité de la plage d'Armeos. On y trouve les deux seuls terrains de camping de Syros ; en été, ils attirent des foules de jeunes, et Galissas devient l'endroit le plus animé de l'île.

Dans le nord de Syros, des chemins de terre battue mènent à des villages comme Chalandriani et Syringa, où l'on voit peu de touristes – aussi les autochtones réservent-ils souvent un accueil chaleureux aux voyageurs qui s'aventurent à visiter cette région.

Musée archéologique

Plateia Miaouli, Ermoupoli

228/108-8487

Fermé lun. et jeu.

€

Mykonos (Mikonos)

Cartes p. 117 et p. 141

Informations

Front de mer, Mikonos

228/902-5250

mykonos.gr

Musée folklorique

Front de mer, ville de Mykonos

228/902-2591

Fermé nov.-avr. et dim.

Mykonos

Dans les années 1980 et 1990, Mykonos (Mikonos) avait acquis la réputation de paradis gay de l'Égée. Bien que ce ne soit plus vraiment le cas, Mykonos est restée l'une des îles où beaucoup de gens vont faire la fête durant l'été. Au printemps et en automne, quand les nuits sont plus tranquilles, les visiteurs peuvent profiter pleinement du charme de l'île.

L'intérieur de l'île, restreint et désert, ne vous occupera pas très longtemps. Mykonos doit une grande part de sa popularité à ses plages de sable doré. La principale se trouve à Platys Gialos. Les stations balnéaires sont au centre de l'activité touristique, avec les nombreuses discothèques animées et bruyantes.

La ville de **Mykonos** est l'une des capitales les plus séduisantes des Cyclades. On se perd facilement dans le dédale de petites rues sinueuses, entre les maisons d'un blanc immaculé, souligné du bleu vif des huisseries. Ces ruelles peuvent mener à de paisibles églises aux dômes azuréens caractéristiques ou s'achever en impasse. Si vous visitez l'île dans le cadre d'une croisière, prévoyez bien le temps de regagner le bateau. On peut acheter un plan de la ville dans une boutique ou dans un kiosque.

La ville possède d'autres attraits et mérite au moins qu'on lui consacre une journée, même si l'on veut profiter de la vie nocturne sans perdre un instant. Le **Musée folklorique** est l'un des meilleurs du genre en Grèce : Mykonos a une riche tradition locale, l'art et l'artisanat y ont toujours fleuri. Le **Musée archéologique** (*front de mer, tél. : 228/902-2325, fermé lun.*) offre un vaste choix de pièces intéressantes, dont beaucoup viennent de l'île sacrée voisine de Délos (où l'on peut se rendre à partir de Mykonos).

En outre, la petite ville possède un **Musée maritime** (*10 Enoplon Dynameon, tél. : 228/902-2700, fermé nov.-mars, €*). En dessous de la **forteresse** édifiée du XVe au XVIIe siècle se trouve le quartier des artistes, surnommé **Petite Venise** à cause de ses hauts édifices aux élégants balcons de fer forgé.

Les ruelles de Mykonos, très photogéniques

Délos

On ne peut visiter l'île sacrée de Délos (Dilos), aride et inhabitée, que dans la journée. Elle se trouve à 2 km environ au sud-ouest de Mykonos. Personne ne peut y passer la nuit. Cette mesure vise à protéger l'un des sites archéologiques les plus précieux de Grèce. Les Ioniens sont arrivés ici vers 1000 av. J.-C., mais Délos a probablement d'abord été peuplée par des colons venus d'Asie Mineure plus de 1 000 ans plus tôt.

Délos était la capitale religieuse des Ioniens, consacrée au dieu Apollon. On a instauré des festivités artistiques et sportives en son honneur vers 700 av. J.-C. Délos était un très important centre de pèlerinage et un port très prospère. Mais, à la chute de l'Empire romain, elle déclina et devint un repaire de pirates coupé du monde.

Les précieuses ruines de Délos s'étendent sur une vaste superficie. L'élément le plus célèbre est la **terrasse des Lions**, dominant et protégeant un **lac sacré**, aujourd'hui à sec, qui aurait été témoin de la naissance d'Apollon. À l'origine, il y avait neuf lions datant du VIIe siècle av. J.-C., en marbre provenant de l'île proche de Naxos, mais il n'en reste à présent que cinq. Les originaux se trouvent au musée local.

Parmi les principales curiosités figurent un **théâtre** de 300 av. J.-C., de belles **mosaïques** ornant des demeures telles la maison des Dauphins et celle de Dionysos, et le **sanctuaire d'Apollon**, avec les vestiges de trois temples attenants.

Ce site mérite tout le temps que vous pourrez lui consacrer. Des bateaux quittent Mykonos pour Délos en début de matinée et reviennent en début d'après-midi. Le site ferme à 15 h. Il y a un petit café sur l'île, mais il n'offre guère de choix, alors apportez vos provisions – surtout de l'eau.

Naxos

La verdoyante île de Naxos est la plus grande et la plus fertile des Cyclades ; des oliveraies et des vergers s'étendent à perte de vue dans les vallées. Elle est montagneuse – le mont Zas, au sud, atteint 1 001 m – et possède de belles plages, dont beaucoup sont désertes. En dépit de ces attraits, l'île n'a pas

Délos (Dilos)

Cartes p. 117 et p. 141
228/902-2259
Fermé nov.-avr.
€-€€

Naxos (Nasso)

Cartes p. 117, p. 141 et p. 149

Informations

Hôtel de ville de Naxos et petites Cyclades
228/536-0100

naxos.gr

À DÉCOUVRIR

Les plaisirs simples de Naxos

L'écotourisme est une industrie en pleine expansion dans la verdoyante Naxos, dont les nombreuses sources et la riche agriculture en font l'une des rares îles grecques autosuffisantes en eau et en alimentation. De ce fait, Naxos est une île qui dépend peu du tourisme de masse (à part sur la côte ouest) et offre beaucoup d'authenticité.

À Damalas, petit village pittoresque entouré de champs d'oliviers sur la route de Naxos à Halki, le moulin à huile traditionnel, qui a été rénové, se visite, tout comme l'atelier de poterie **Limpertas Manolis**, à l'entrée du village.

À Halki, vous pouvez visiter la **distillerie Vallindras**, fondée en 1896 (*tél. : 228/503-1220*), pour voir comment le kitron, une liqueur locale, est produit à partir de feuilles de cèdre.

Les vestiges de Portara, dans la ville de Naxos

La **ville de Naxos** est un port animé et une cité agréable, avec des bars et des restaurants très fréquentés autour du port et à proximité du kastro, la **forteresse vénitienne** ceinte de hautes murailles. En dessous, dans le quartier de Bourgos, l'imposante **cathédrale Zoödohou Pigis** a été bâtie au XVIIIe siècle en réutilisant les pierres d'églises antérieures et d'un temple antique.

L'un des monuments les plus anciens et les plus impressionnants de Naxos est le **portique** (**Portara**), sur l'îlot de Palatia uni à la terre par une route. C'était l'entrée du temple d'Apollon, commencé en 530 av. J.-C. mais resté inachevé. Aujourd'hui, cet imposant portique sert souvent de symbole à la ville et à l'île, et accueille de façon spectaculaire les voyageurs arrivant en ferry.

Musée archéologique

Naxos
228/502-2725
Fermé lun.
€

été bouleversée par l'essor du tourisme. Mais l'ouverture récente d'un aéroport risque d'altérer sa sérénité.

Naxos a été l'un des principaux centres de la civilisation cycladique, qui se développa aux alentours de 2800 av. J.-C., et l'un des premiers à utiliser le marbre pour la sculpture et l'architecture. Le marbre de Naxos a été utilisé pour sculpter certaines des plus belles statues de kouros, dont plusieurs actuellement présentées au Musée archéologique national d'Athènes (*voir p. 78-81*), ainsi que les lions de Délos (*voir p. 147*). Plus près de nous, Naxos fut dominée par les Vénitiens puis par les Turcs, qui l'ont marquée les uns et les autres de leur empreinte culturelle et architecturale.

À SAVOIR

Ne manquez pas la visite du site archéologique de Portara (les vestiges d'un ancien portique) sur l'île de Naxos. Les vues du coucher du soleil y sont extraordinaires.

Le passionnant **Musée archéologique** présente une vaste collection d'œuvres locales comportant naturellement un grand nombre de délicates sculptures de la période cycladique. L'intérêt du musée vient aussi de l'édifice qui l'abrite. Ce palais, édifié en 1627, devint par la suite l'École française – elle compta parmi ses élèves le romancier crétois Nikos Kazantzakis (*voir p. 178*).

Naxos est assez grande pour y séjourner longuement afin de découvrir ses charmes naturels. Dans la **vallée de Livadi**, on extrayait jadis le plus beau marbre de Naxos et, dans la **vallée de Melanes**, on trouve plusieurs tours de guet vénitiennes caractéristiques. La **vallée de Tragaia** est émaillée de merveilleux villages de montagne propices à de belles randonnées. Elle est particulièrement séduisante au printemps, quand les bourgeons et les fleurs apparaissent, et au début de l'automne, lorsque les arbres sont chargés de fruits. **Halkio** est l'un des villages les plus agréables, avec ses charmantes vieilles églises. Mais si vous voulez y séjourner pour faire de la randonnée, il faut trouver une chambre chez l'habitant – ce qui peut être une agréable manière d'expérimenter l'hospitalité grecque.

En ce qui concerne les localités en bord de mer, **Apollonas**, au nord-est, est l'une des plus prisées, en particulier pour son grand choix de restaurants de poisson. Dans les anciennes carrières de marbre, hors du village, on peut voir une énorme statue inachevée de plus de 10 m de long, qui représente, croit-on, le dieu Apollon. Elle est couchée là depuis l'an 600 av. J.-C. environ.

Les plus belles plages se trouvent à **Ormos Avraam** sur la côte nord, ou à **Moutsouna**, à l'est. Les produits locaux de Naxos les plus prisés des touristes sont les tissages, les broderies, le miel et le fromage.

Paros

Paros, la troisième île des Cyclades par la superficie, est encore plus célèbre que Naxos pour son marbre. C'était le matériau le plus prisé des meilleurs sculpteurs et architectes, et, à l'époque classique, on l'acheminait dans toute la Grèce. Deux chefs-d'œuvre du musée du Louvre, à Paris, la *Vénus de Milo* du IIe siècle av. J.-C. (*voir p. 150*) et la célèbre *Victoire de Samothrace* (vers 200 av. J.-C.), ont été sculptées en marbre de Paros.

Conséquence de cette générosité naturelle et de la grande fertilité de l'île, Paros a toujours été prospère et n'a pas eu besoin de recourir au tourisme autant que certaines de ses voisines. Elle a beaucoup

Paros

Cartes p. 117 et p. 141

Informations

Police touristique, Plateia Mando Mavroyenous, Paroikia

228/402-1673

paros.gr

Musée archéologique
- Paroikia (ville de Paros)
- 228/402-1231
- Fermé lun.
- €

Milos
- Cartes p. 117 et p. 140

Informations
- Front de mer, Adamas
- 228/702-2445

milos.gr

Catacombes chrétiennes
- Tripiti, Milos
- 228/702-1625
- Fermé lun.
- €

catacombs.gr

mieux préservé ses coutumes et sa culture authentiques que, par exemple, Ios ou Mykonos.

Cela ne veut pas dire que l'île ne soit pas fréquentée, surtout au cœur de l'été, quand les vents forts qui y soufflent attirent des surfeurs du monde entier. Les meilleures plages se trouvent dans le Nord, autour de Langeri.

La **ville de Paros**, ou Paroikia, dans une rade abritée de la côte occidentale, est un nœud central des lignes de ferries dans les Cyclades. On y trouve toute l'activité, les bars et les restaurants auxquels on peut s'attendre. Mais, à l'écart du front de mer, les rues et les maisons du style typique des Cyclades, avec de jolies cours ornées de fleurs suspendues, ont tout pour séduire.

La **cathédrale de la Panagia Ekatondapiliani**, byzantine (xe siècle), est un splendide exemple d'édifice construit en marbre local. À proximité, le **Musée archéologique** présente d'autres œuvres en marbre de Paros et un fragment extrêmement précieux de la Chronique de Paros, une sorte de compte-rendu gravé dans le marbre de l'histoire grecque depuis le xvie siècle av. J.-C.

Milos

C'est en marbre de Paros qu'a été sculptée l'une des œuvres les plus célèbres du monde, la *Vénus de Milo*, découverte dans l'île éponyme (en grec, Milos). Elle fut mise au jour le 8 avril 1820, après qu'un paysan de l'île eut repéré une cavité dans un champ : il eut la surprise d'y trouver une moitié de statue. On exhuma vite la seconde moitié, et l'ensemble fut acheté pour en faire présent au roi de France Louis XVIII (1795-1824). Ainsi peut-elle aujourd'hui participer à la gloire du musée du Louvre, à Paris.

Une plaque signale l'endroit où l'on a trouvé la première partie de la statue, à Tripiti, à côté des **catacombes chrétiennes**. Ce sont les seules catacombes de Grèce. Les 291 tombes découvertes renfermeraient, semble-t-il, au moins 8000 corps.

Tripiti est presque un faubourg du chef-lieu de l'île, Plaka, bien que parler de faubourg soit quelque peu abusif : l'île tout entière compte moins de 5000 habitants. Cet effectif est renforcé en été par les visiteurs, bien qu'ils ne soient pas nombreux. **Plaka** est bâti sur ce que l'on croit être l'ancienne

À DÉCOUVRIR
Apprivoiser les vents à Paros

Battu par le meltémi, le vent chaud des Cyclades, Paros est l'un des meilleurs spots au monde pour la planche à voile, au point que la PWA (Professional Windsurfing Association) y a organisé entre 1992 et 2000 son championnat du monde, sur la New Golden Beach.

Si vous voulez profiter des vents de Paros pour vous essayer à la planche à voile, contactez le Golden Beach Sunwind Surf Club (*tél. : 228/404-2900, www.sunwind.gr*) ou le Paros Surf Club (*tél. : 228/404-1778, parosphiloxenia.com*), deux opérateurs fiables et réputés. Les prix des leçons destinées aux débutants et niveaux intermédiaires sont raisonnables. Mais soyez prévenu : c'est beaucoup moins facile qu'il n'y paraît !

Comme Santorin, Milos est une île volcanique.

acropole, fondée entre 1100 et 800 av. J.-C. Le **Musée folklorique** présente de passionnantes photographies anciennes, des costumes traditionnels et des productions artisanales qui évoquent l'histoire plus récente de l'île.

Au **Musée archéologique**, une copie de la *Vénus de Milo* accueille les visiteurs à l'entrée. Le musée présente notamment des vestiges provenant du site le plus important de Milo, en grande partie recouvert par la mer, Filakopi, au nord de l'île. Deux des plus belles pièces provenant de ce site se trouvent au Musée archéologique national d'Athènes (*voir p. 78-81*) : la célèbre statue de Poséidon du IVe siècle av. J.-C. et un *kouros* (une statue de jeune homme) du VIe siècle av. J.-C.

Ios

Si l'une des Cyclades présente des contrastes, c'est bien la minuscule Ios. Sa population permanente, qui ne dépasse pas 2 000 habitants, est multipliée plusieurs fois en été par les jeunes visiteurs attirés par sa vie nocturne et ses plages de sable doré.

En août, dans la **ville d'Ios**, il est impossible d'être tranquille la nuit : les bars et les discothèques font du vacarme jusqu'à l'aube. Pourtant, ce n'est pas la première impression qui se dégage de cette petite ville des Cyclades toute pimpante, aux maisons immaculées régulièrement badigeonnées de chaux, aux églises couvertes de dômes bleus avec, dans les hauteurs, 12 moulins à vent (*voir encadré p. 155*). Il y en avait bien plus autrefois, et ils ne

Musée folklorique

Plaka, Milos

228/702-1292

Fermé lun.

€

Musée archéologique

Place principale, Plaka, Milos

228/702-8026

Fermé lun. et jeu.

€

Ios

Cartes p. 117 et p. 141

Informations

228/109-1222 (police touristique)
228/636-0400 (hôtel de ville)

ios.gr

Amorgos
Cartes p. 117 et p. 141
Informations
228/507-1210 (police touristique)
228/536-0200 (hôtel de ville)
amorgos.gr

sont pas tous en très bon état, mais ils sont pittoresques, même s'ils ne fonctionnent plus. Ici aussi, tout en haut de la ville, on voit les vestiges d'une forteresse vénitienne construite en 1400.

On dit qu'Homère est enterré à Ios (*voir p. 226-227*). On avance parfois que sa mère était originaire de l'île et que le grand poète est revenu y mourir. Ou encore qu'il se trouvait simplement à bord d'un bateau faisant route vers Athènes quand la mort l'a surpris. On montre sa tombe à **Plakotos**, une petite localité du nord vallonné de l'île (il ne reste que la roche sur laquelle son tombeau aurait été érigé). Chaque année, le 15 mai – un moment plus favorable pour visiter l'île que le milieu de l'été –, a lieu la fête d'Homère. Les habitants de Ios portent en procession une flamme sur 10 km, du port où Homère est mort à l'endroit où on le dit enterré.

On prétend que l'île abrite près de 400 chapelles, en plus de ses superbes plages de sable – désertes ou envahies de jeunes récupérant après avoir passé la nuit en ville. Pour être au calme, choisissez les plages de Psathi ou de Kalamos, ou allez à pied visiter les monastères de Kalamos ou du mont Pirgos.

Amorgos

Le paysage de montagne d'Amorgos la distingue de la plupart des autres îles des Cyclades. Comme elle ne dispose pas de plages accessibles, elle n'a pas succombé au tourisme de masse. Elle attire les visiteurs à la recherche de pittoresque.

Amorgos est une île longue et étroite. Les montagnes façonnent tellement le paysage que l'on a attendu les années 1990 pour construire une route décente afin de faciliter les communications entre le nord-est et le sud-ouest de l'île. Jusque-là, il était tout aussi rapide, et souvent plus confortable, de faire le trajet en bateau.

Le paysage rude d'Amorgos n'a nullement entravé l'essor culturel. L'île a été peuplée dès 3300 av. J.-C. Elle fut l'un des centres les plus influents de la civilisation des Cyclades et compta trois cités importantes : Minoa, Arkessini et Egiali. Les Romains l'utilisèrent ensuite comme lieu de bannissement. Par la suite, l'île subit, comme ses voisines, les dominations vénitienne puis turque. Sous le régime des colonels

Petit guide du café grec

La tradition du café grec vient de la culture ottomane. Traditionnellement, le café grec (appelé *ellinikos*) se sert dans une toute petite tasse. Il se prépare dans un *briki*, une minuscule casserole dans laquelle on verse du café et de l'eau (éventuellement un peu de sucre). Une fois porté à ébullition, le café est versé dans la tasse : il faut donc attendre que le marc de café se dépose au fond de la tasse. On peut ensuite déguster cette boisson au goût si particulier.

Le café se consomme sans sucre (*sketo*), moyennement sucré (*metrio*), ou très sucré (*glyko*).

(voir p. 36), on y exila à nouveau des prisonniers politiques. L'image de l'île reçut un coup de fouet quand Luc Besson y tourna *Le Grand Bleu* (1988) : cette publicité inattendue entraîna l'essor du tourisme.

La principale ville, **Amorgos**, dite aussi Chora, est une merveilleuse petite cité, avec des maisons blanchies à la chaux blotties sous un fort vénitien du XIIIe siècle, plusieurs moulins à vent et plus de 40 églises et chapelles. **Agios Fanourios**, la plus petite chapelle de Grèce, ne peut pas accueillir plus de trois personnes à la fois.

Katapola, le principal port, est une petite ville grecque typique très animée ; en fait, elle est constituée de trois petits villages distincts. On y trouve toute une série d'excellents hôtels et restaurants, et tous les services que l'on peut désirer.

Si vous cherchez de belles plages, vous en trouverez de plus agréables ailleurs, telle celle d'Ormos Egiali, la seule plage de sable de l'île, dans le Nord ; elle est petite et demeure immaculée.

Santorin

Formée des restes d'un cratère volcanique, Santorin (Thira, ou Thera) est un endroit spectaculaire et unique. Les ferries s'engagent dans le cratère envahi par l'eau et accostent au port de Skala Thira, en contrebas de la ville de **Thira**. Un sentier en zigzag, très raide, relie le port à la ville. On trouve toujours des ânes à louer pour faire le trajet, mais il y a aussi un téléphérique.

Le nom qui désigne l'île en grec, *Thira*, est aussi celui de la capitale. Dévastée par un tremblement de terre en 1956, elle a été rebâtie et accueille un grand nombre de touristes. La saison touristique y dure plus longtemps qu'ailleurs, car les bateaux de croisière et les ferries amènent des visiteurs pour la journée, du printemps à l'automne, y compris quand d'autres îles sont plus paisibles.

Mais il y a des endroits tranquilles à Santorin, comme le village d'**Oia**, spectaculairement perché au bord de la caldeira, à la pointe nord de l'île. À l'autre extrémité, on trouve les vestiges remarquablement bien conservés d'**Akrotiri**,

Santorin (Thira)

Cartes p. 117 et p. 141

Informations

228/602-7199 (office de tourisme)
228/602-2649 (police touristique)

santorini.gr

Akrotiri

Carte p. 141

228/608-1939
Fermé lun.
€-€€

Le monastère de Panagia Hozoviotissa, fondé en 1088, est construit à flanc de montagne.

Le blanc et le bleu crus d'une église s'estompent au coucher du soleil.

Musée préhistorique
Fira
228/602-3217
€

une cité minoenne dévastée par l'éruption volcanique de 1625 av. J.-C., qui détruisit aussi l'ancienne île et créa l'actuelle. Le cataclysme a peut-être aussi déclenché un raz-de-marée qui peut avoir causé la ruine de la civilisation minoenne en Crète. Le site des fouilles a été recouvert d'un nouveau toit en 2009, après que le précédent s'est effondré. Il est rouvert au public depuis 2012. Le **musée préhistorique** de Thira, construit sur le site de l'ancienne église Ypapanti, également détruite lors du tremblement de terre de 1956, abrite un grand nombre d'objets anciens provenant de diverses fouilles réalisées à Santorin, mais aussi à Akrotiri. Le **Musée archéologique** de Thira présente lui-aussi des découvertes faites à Akrotiri. Sur la côte orientale, les vestiges d'**Arkhea Thira** (Ancienne Thira) dominent la mer.

Santorin produit un très bon vin. À première vue, on pourrait penser qu'il y a trop de vent, qu'il fait trop chaud et trop sec, mais un cépage, l'assurtiko, se plaît ici. Les vignes les plus anciennes ont au moins 200 ans. On les fait pousser tout près du sol, à l'abri du vent, et on les couvre de paniers en rotin. Sec ou doux, le vin blanc de Santorin est plus fort que le vin de table courant.

Nichées à l'intérieur et autour de la caldeira de Santorin, plusieurs petites îles sont accessibles en bateau depuis Thira. La plus grande, **Thirassia**, était rattachée à l'île principale jusqu'à ce qu'un tremblement de terre l'en écarte, en 236 av. J.-C. Comme Santorin, son sol volcanique est fertile. À **Manolas**, le port de l'île, on trouve des endroits où se restaurer et des chambres à louer. La deuxième île par la superficie, **Nea Kameni**, n'est apparue qu'en 1720 et elle est inhabitée, car il s'y produit encore des éruptions : la plus récente a eu lieu en 1950. ■

Musée archéologique

Thira, Santorin
228/602-2217
Fermé lun.
€

Ancienne Thira (Arkhea Thira)

Carte p. 141
228/602-3217
Fermé lun.
€

Les moulins à vent

Les moulins à vent font partie du décor de carte postale des Cyclades, aux côtés des petites maisons blanchies à la chaux et du bleu infini de la mer. Il faut dire que l'archipel est battu par de forts vents saisonniers qui lui garantissent un approvisionnement énergétique abondant et gratuit. En revanche, les sols ne sont pas assez fertiles pour développer la culture du blé. Cette céréale était donc importée du continent : les meuniers des îles s'occupaient de la moudre grâce aux moulins très performants, en échange de 10 % de la farine obtenue. Lors de la Seconde Guerre mondiale, pendant l'occupation de la Grèce, les meuniers des îles ont broyé secrètement la nuit pour approvisionner les Grecs.

Malheureusement, la vitalité que ces moulins incarnaient autrefois, en temps de paix comme de guerre, s'est affaiblie. Aujourd'hui, la plupart des moulins, inutilisés, ne sont plus qu'un sujet figurant sur les cartes postales emblématiques des îles grecques.

On trouve à **Mykonos** certains des plus beaux moulins à vent des Cyclades. Perché sur un promontoire surplombant la ville de Mykonos, accessible depuis le port où les navires à blé étaient amarrés, un groupe de moulins immaculés se détache sur le bleu intense du ciel égéen. Du point de vue architectural, les moulins des Cyclades sont de simples structures construites dans une position fixe, car la direction du vent change rarement. La structure principale est un cylindre blanchi à la chaux surmonté d'un toit de chaume, et les lames sont de fines poutres en bois rappelant les aiguilles d'une horloge.

Certains moulins transformés en maisons ou chambres d'hôtes connaissent aujourd'hui une nouvelle vie. C'est le cas du magnifique moulin en pierre de **Milo**, situé au sommet de la colline de la ville de Tripiti, un endroit mémorable pour passer des vacances. Les prix pratiqués sont raisonnables (*tél. : 228/702-2147, www.marketoswindmill.gr*).

LE DODÉCANÈSE

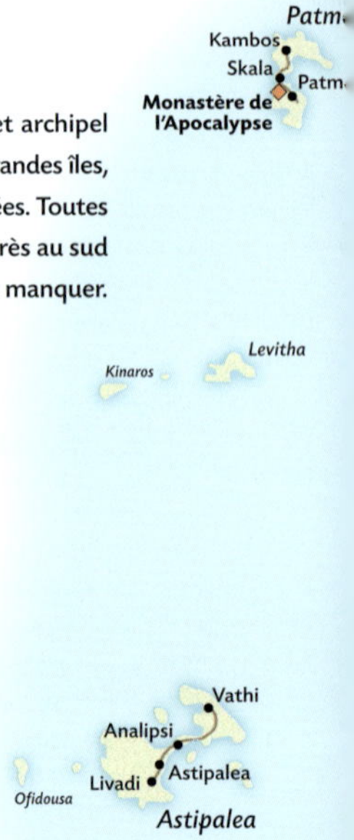

Le mot grec *Dodekanissa* signifie « douze îles ». En réalité, cet archipel – également appelé « Sporades du Sud » – compte quatorze grandes îles, trois petites qui sont habitées et des dizaines d'autres inhabitées. Toutes sont très fréquentées par les touristes, car elles se trouvent très au sud et il y fait très chaud en été, au point que l'eau vient parfois à manquer.

Sur Karpathos, des moulins à vent produisent encore la farine qui servira à faire des pains.

Si l'on veut voir de la verdure et des fleurs sauvages, mieux vaut venir au printemps. À l'automne, ces îles paraissent parfois complètement arides.

En gros, l'archipel épouse le contour de la côte turque ; Kastellorizo, qui compte moins de 300 habitants, en est éloignée de 3 km à peine. En revanche, la plus grande de ces îles, Rhodes, compte 100 000 résidents permanents et bien plus en été car c'est elle qui est la mieux équipée pour le tourisme. L'île de Cos, beaucoup plus petite, vient tout de suite après.

Entre les deux, on citera, entre autres, Tilos et Halki, où le tourisme est arrivé mais reste limité, et où l'accueil est encore amical. À ce groupe, il faut ajouter Patmos, où saint Jean aurait eu la vision qu'il décrit dans l'Apocalypse, ainsi que la petite Nissiros, île volcanique dont le cratère n'émet guère que des bulles sulfureuses. À 2 heures de ferry de Rhodes, Simi est l'une des perles de la mer Égée, avec un port presque trop parfait pour être vrai – il suffit, pour le comprendre, d'y pénétrer en bateau à la nuit tombante lorsque scintillent ses lumières.

Bien que le Dodécanèse soit proche de la Turquie, l'influence turque n'y est pas plus grande que dans les autres archipels. L'atmosphère est plutôt italienne ; ces îles furent d'ailleurs occupées

Agathonisi
Lipsi
Farmakonision
TURQUIE
Agia Marina
Xirokambos
Kalimnos
Emborio
Mirties
Telendos
Vathi
Pothia
Pserimos
Kos
Marmari
Asclépiéion
Mastihari
Asfendiou
Pylion
Cos (Kos)
Kardamaina
Kefalos
Giali
Cap Krikellos
Pali
Mandraki
Nissiros
Nikia
DODEKANISSA
(DODÉCANÈSE)
Nimos
Emporeio
Simi
Simi
Panormitis
Monastère Taxiarchis
Michael Panormitis
Seskli
Megalo
Chorio
Tilos
Livadi
Rodos
(Rhodes)
Kremasti
Paradeision
Ialyssos
Faliraki
Kamiros
Petaloudes
Afandou
Alimia
Salakos
Kritinia
Embonas
Halki
1215 m
Halki
Archangelos
Trianisia
Monolithos
Akropoli
Kastello
Lardos
Lindos
Apolakkia
Gennadion
Kattavia
Rodos
(Rhodes)
Cap Prasonisi
Astakida
Saria
Diafani
Olimbos
Karpathos
Spoa
0
30 kilomètres
Lefkos
1215 m
Aperi
Karpathos
Arkasa
Menetes
Armathia
Fri
Kassos
Cap Kastellos

Un cerf et une biche montent la garde à l'entrée de Mandraki, le port de la ville de Rhodes.

Rhodes (Rodos)

Cartes p. 117, p. 157 et p. 161

Informations

224/104-4335 (office de tourisme), 224/104-4330 (office régional du tourisme)

rodosisland.gr

Palais des Grands Maîtres

Kleovoulou Square, ville de Rhodes

224/136-5270

Fermé lun. en hiver

€

par les Italiens pendant la Seconde Guerre mondiale et rendues à la Grèce en 1948. Depuis lors, le tourisme a permis de relancer une économie autrefois fondée sur lsa construction navale ainsi que sur la pêche de poissons et d'éponges.

Rhodes

Le nom de Rhodes (Rodos) désigne à la fois la plus grande île du Dodécanèse et le chef-lieu de l'archipel. Au nord de l'île, la plus grande partie de la côte est consacrée au tourisme, les agglomérations finissant par se rejoindre, ce qui donne une longue suite d'hôtels, de tavernes et de boutiques de souvenirs. On y trouve aussi des plages magnifiques : c'est le lieu idéal pour passer la journée au soleil sur la plage et la nuit dans les bars et les discothèques. Mais l'île est assez grande pour proposer d'autres centres d'intérêt.

La **ville de Rhodes** (Rodos) est un mélange de très ancien et de très moderne. La vieille ville médiévale, ceinte de remparts, est l'une des perles de la mer Égée, et elle a été inscrite au patrimoine mondial de l'humanité par l'Unesco en 1988. De nombreux paquebots y font escale, donnant aux passagers quelques heures pour explorer la vieille ville – et les boutiques de la ville nouvelle.

Si la vieille ville date de l'arrivée des chevaliers de Saint-Jean, en 1306, la première cité fut en fait fondée en 408 av. J.-C., et l'île a joué un rôle dans l'histoire dès le Vᵉ siècle av. J.-C. Néanmoins, ce sont bien les chevaliers de Saint-Jean qui ont donné son identité durable à la cité, dont ils furent les maîtres jusqu'en 1519. Au sommet de la colline, l'imposante forteresse, appelée **palais des Grands Maîtres**, ainsi que la **rue des Chevaliers** (**Ippoton**) sont d'une beauté sans équivalent dans le Dodécanèse. Plusieurs auberges des chevaliers de Saint-Jean bordent cette rue pavée, sans cesse restaurée au cours des siècles. C'est là que se retrouvaient les chevaliers selon leur nationalité – ainsi a-t-on l'auberge d'Italie, l'auberge de France, etc. Bien entendu, ce quartier est devenu un bazar pour touristes, mais cela ne vaut que pour les quelques grandes artères. Il suffit de se promener dans les ruelles des alentours pour se trouver plongé dans l'atmosphère authentique des petites communautés grecques typiques.

Le **Musée archéologique** se trouve près de l'entrée principale de la vieille ville. D'un point de vue purement historique, le bâtiment est intéressant : c'est l'ancien hôpital des Grands Maîtres, construit entre 1440 et 1481. De nombreuses découvertes archéologiques ont été effectuées dans l'île de Rhodes et l'on en trouve ici un certain nombre de spécimens, qui proviennent de sites tels que Kamiros, Ialyssos et Lindos. La plus belle pièce, dite Aphrodite de Rhodes, est une sensuelle statue de marbre datant du Ier siècle av. J.-C.

Entre autres musées intéressants à découvrir à l'intérieur des remparts, on citera le musée de l'**église Notre-Dame-du-Château** du XIIIe siècle, devenue mosquée d'Enderoum sous l'occupation turque. Le **musée des Arts décoratifs** propose quant à lui une belle collection de productions typiques de l'île, notamment des tuiles décoratives de Lindos, ainsi que la reconstitution d'une maison d'habitation où l'on voit les lits traditionnels en surélévation ainsi qu'une cour de style local, dont le sol est fait de cailloux noirs et blancs alternés.

Musée archéologique

- Megalou Alexandrou Square, ville de Rhodes
- 224/136-5257
- Fermé lun.
- €

Église Notre-Dame-du-Château

- Megalou Alexandrou Square, ville de Rhodes
- 224/136-5252
- Fermé lun.
- €

Musée des Arts décoratifs

- Plateia Argyrokastrou, ville de Rhodes
- 224/136-5200
- Fermé lun.
- €

À DÉCOUVRIR Visiter les vignobles de Grèce

Berceau de la diffusion de la viticulture vers l'occident durant l'Antiquité, la Grèce vit aujourd'hui une véritable révolution viticole, portée par une nouvelle génération de vignerons inspirés. Ces hommes et femmes de talent, qui ont parcouru le monde, ont rapporté en Grèce les techniques les plus modernes et sont déterminés à produire des vins de qualité en appliquant aux cépages locaux ce qu'ils ont appris en France, en Espagne ou en Italie.

Bien que des tentatives aient été faites dans certaines régions, le tourisme viticole reste peu organisé. Si de nombreux vignerons ouvrent leurs portes aux visiteurs, rares sont ceux qui disposent de salles de dégustation. Une approche informelle qui ne manque pas de charme mais dont l'issue est incertaine. Si vous arrivez lorsque le domaine est en pic d'activité, la visite risque d'être courte, mais si c'est un moment calme et que le propriétaire est sympathique, vous pouvez bénéficier d'une visite privilégiée.

La culture de la vigne est présente dans toutes les régions du pays et s'étend sur 130 000 ha : en Macédoine, Thessalie, Thrace, Épire, Péloponnèse, Grèce centrale, îles Égéennes et Ioniennes. Vous pouvez trouver des renseignements sur les principales régions de production sur le site *www.greekwine.gr*.

Lindos
Cartes p. 117, p. 157 et p. 161

Acropole et site archéologique
Lindos
224/136-5200
Fermé lun. en hiver
€-€€

Petaloudes
Cartes p. 157

Au centre de la ville nouvelle, on remarquera le marché de la **Nea Agora**, juste en face de la rue principale qui vient du port. Quoique petit, il est toujours plein de vie, avec ses nombreux cafés et restaurants, simples mais bons.

Lindos

Au sud de la ville de Rhodes, sur la partie orientale de l'île, les anciens villages ne constituent plus guère qu'une seule agglomération, puis, progressivement, ils retrouvent leur identité propre. Lindos est particulièrement original : s'il est très fréquenté à cause de son excellente plage, les rues de la vieille ville, avec leurs maisons blanchies à la chaux, ont conservé tout leur charme.

Les premiers habitants de Lindos s'y sont installés vers 3000 av. J.-C., et les vestiges que l'on distingue sur l'**acropole**, qui se dresse à 116 m au-dessus de la ville et de la plage, datent du IVe siècle avant notre ère.

Le **temple d'Athéna Lindia** était l'un des sites les plus sacrés de la Grèce antique, et même Alexandre le Grand y vint en pèlerinage. S'il n'en reste que quelques colonnes, ce site, sur lequel est érigée l'église Saint-Jean (Agios Ioanis), demeure superbe. Les remparts fortifiés qui entourent le rocher de l'acropole furent ajoutés au XIIIe siècle par les chevaliers de Rhodes.

Le vieux village d'**Akra Lindos** est d'une beauté presque indicible, et l'interdiction de la circulation lui permet de préserver son atmosphère d'antan. Bien entendu, il y a beaucoup de boutiques de souvenirs et parfois bien trop de monde, mais il arrive que l'on puisse y flâner tranquillement en admirant les vieilles demeures. La plupart de celles-ci furent construites par des marins qui amassèrent d'incroyables fortunes entre le XVe et le XVIIIe siècle, grâce en particulier aux chevaliers, qui contribuèrent à faire de Rhodes une puissante base navale.

Au pied de l'acropole, en face de la plage de Lindos, se trouve la **baie de Saint-Paul**, où l'apôtre débarqua en l'an 43, apportant le christianisme sur l'île. Une petite chapelle lui est dédiée. Non loin de là se trouve une plage très fréquentée par les nudistes.

À SAVOIR
Prenez un ferry jusqu'au splendide Kastellorizo, près de la côte turque, et visitez la grotte bleue (à 30 minutes du port en caïque), dont les eaux turquoise sont baignées par la lumière extérieure. Détendez-vous ensuite en dînant dans l'un des restaurants du port.

À la découverte de l'île de Rhodes

Sur la côte ouest, le lieu le plus fréquenté se trouve à l'extrémité d'une route secondaire qui, au-delà de l'aéroport, mène à **Petaloudes**, surnommée la « vallée des Papillons ». En fait, elle devrait plutôt s'appeler la « vallée des Mites », mais c'eût été moins poétique : en effet, entre juin et septembre, des millions d'arcties de Jersey y vivent, attirées par les styrax (aliboufiers) ; la résine de ces arbres, dont l'odeur rappelle celle de la vanille, sert à la fabrication de l'encens. Malheureusement, les guides qui y conduisent des touristes par autocars entiers les encouragent à claquer des mains, ce qui fait s'envoler les insectes. De ce fait, leur nombre diminue d'année en année.

Plus au sud se trouve le site absolument fascinant de **Kamiros**. C'est l'un des exemples les mieux conservés d'une cité grecque classique, et son importance a été comparée à celle de Pompéi. De nombreux vestiges remontent au VIᵉ siècle avant notre ère – en particulier, une citerne qui alimentait en eau quelque 400 familles et le temple d'Athéna. Kamiros fut détruite par un tremblement de terre en 142 av. J.-C. et ne fut redécouverte qu'en 1859.

Monolithos est la principale agglomération du sud-ouest de l'île, et l'on comprend sans peine pourquoi elle se nomme ainsi : la plaine est surplombée par un énorme monolithe, qui se dresse à 236 m au-dessus des forêts environnantes et plonge presque directement dans la mer. Son sommet est dominé par un château du XVᵉ siècle, construit par le grand maître Pierre d'Aubusson ; à l'intérieur des remparts se trouvent deux chapelles du XVᵉ siècle qui ont conservé leurs fresques d'origine. La montée à pied est pénible, mais cela n'empêche pas les visiteurs de se presser au sommet pour admirer le coucher de soleil sur la mer.

(Suite p. 164)

Kamiros

Cartes p. 157 et p. 161

224/136-5200

Fermé lun. en hiver

€

Monolithos

Cartes p. 157

UNE PROMENADE DANS LA VIEILLE VILLE DE RHODES

Si la vieille ville de Rhodes est inscrite au patrimoine mondial de l'humanité, beaucoup de visiteurs n'en voient pourtant guère que les artères principales, bordées de boutiques de souvenirs. Pourtant, on y trouve aussi de beaux monuments et des ruelles tranquilles, sans parler des impressionnantes fortifications. C'est là que nous allons nous promener.

D'imposantes portes d'entrée percent les remparts de la ville de Rhodes.

À NE PAS MANQUER

Porte Eleftherias • Rue des Chevaliers • Palais des Grands Maîtres • Remparts

Partez de l'un ou de l'autre côté de l'entrée du port de **Mandraki** ❶ : c'est là, dit-on, que se dressait dans l'Antiquité l'une des Sept Merveilles du monde : le colosse de Rhodes, une gigantesque statue de bronze enjambant le chenal, un pied sur chaque môle. Sur le front de mer, laissant la ville à droite, vous vous dirigerez vers les remparts de la vieille ville. Traversez l'avenue à la hauteur des premiers feux et poursuivez dans la même direction, sous les arbres, jusqu'à atteindre la **porte Eleftherias** ❷, ou porte de la Liberté : elle rappelle la fin de la domination turque et l'indépendance de la Grèce. Franchissez les remparts, qui datent de 1330 et mesurent jusqu'à 12 m d'épaisseur.

Dans la rue Apellou, vous verrez, à gauche, les vestiges du temple d'Aphrodite et, à droite, le **musée des Arts décoratifs** ; en face se trouve l'**église** (*voir p. 159*). Après le musée des Arts décoratifs, prenez à droite dans **Ippoton**, ou **rue des Chevaliers** ❸. Construite au XIVe siècle, cette rue pavée est bordée des deux côtés par les auberges des chevaliers de Saint-Jean, établissements qui servaient autrefois de restaurants et de résidences temporaires aux dignitaires en visite ; chaque façade est ornée de détails architecturaux qui évoquent les différents pays. À droite se trouvent les auberges d'Italie et de France ; à gauche, celle d'Espagne. Aujourd'hui, elles abritent des bureaux et des ambassades.

Au bout de la rue, à droite, s'ouvre le **palais des Grands Maîtres** ❹, d'où les 19 grands maîtres de l'ordre de Saint-Jean dirigeaient les activités de l'ordre. Le palais d'origine,

À SAVOIR

Promenez-vous au pied des remparts de la vieille ville pour y découvrir ses musées et ses boutiques.

construit au XIVe siècle, fut détruit par une explosion accidentelle en 1856. Ce que l'on en voit aujourd'hui est une reconstitution fidèle réalisée par les Italiens – qui occupaient alors Rhodes – dans les années 1930 pour servir de résidence estivale au dictateur Benito Mussolini (1883-1945), qui n'y a en fait jamais séjourné. Ce palais mérite une visite, ne serait-ce que pour la merveilleuse cour centrale et les beaux sols de mosaïque.

Après le palais, allez jusqu'au bout d'Ippoton et prenez à gauche dans Orfeos; après les boutiques de souvenirs, les cafés et les restaurants, la rue tourne à la hauteur de la **mosquée de Soliman** (Souleiman), face à la Bibliothèque turque. Prenez à droite et descendez Ippodamou jusqu'au bout, tournez à gauche puis, à la première intersection, à droite vers les **remparts**, que vous franchirez par la **porte Saint-Athanase** (**Agiou Athanasiou**) **5**. Prenez à gauche sur le boulevard, puis de nouveau à gauche pour revenir dans la vieille ville par le Koskinou, ou **porte Saint-Jean** **6**. Au premier embranchement, tournez à gauche et suivez Pithagora, qui mène à la **plateia Ippokratous**, oùse trouvent plusieurs excellents cafés.

Voir carte p. 156
Port de Mandraki
2 km
1 heure
Plateia Ippokratous (place Hippocrate)

Patmos

Cartes p. 117 et p. 156

Informations

Dimou, Skala, Patmos

224/703-1666

patmos.gr

Patmos

Selon les Écritures, Jean l'évangéliste arriva à Patmos en l'an 95 et c'est là qu'il eut la vision décrite dans le livre de l'Apocalypse, qu'il dicta à un disciple. Cette vision eut lieu dans la **grotte de l'Apocalypse**, que l'on peut visiter et qui est située dans l'**église Agia Anna** (Sainte-Anne), érigée en 1090, deux ans après la fondation du monastère de l'Apocalypse. Cette grotte et ce monastère font de l'île de Patmos un lieu spirituel important, en particulier pour l'Église orthodoxe grecque. Aussi, bien qu'elle accueille volontiers les visiteurs, cette île a-t-elle conservé dans une large mesure son charme d'origine et sa paix spirituelle.

Patmos est une très belle île; on y trouve de magnifiques plages, de nombreux villages dispersés dans les collines et de splendides paysages de montagne qui attirent les randonneurs. Son point culminant est le mont Prasino, tout au sud, qui s'élève à 775 m et plonge directement dans la mer Égée. La plage de **Psili Ammos**, un peu plus à l'ouest, est la plus belle de Patmos: c'est une longue bande de sable bordée de dunes, que surplombent les montagnes.

La **ville de Patmos** est en deux parties: en bas, le port de **Skala** a un front de mer beaucoup plus chic que bien d'autres. La montée vers la haute ville, ou **Chora**, est à la fois ardue et spectaculaire; on y rencontre de superbes demeures anciennes ainsi qu'une quarantaine d'églises, de chapelles et de monastères.

Le plus célèbre est le **monastère Saint-Jean** (*tél.: 224/703-1398 ou 224/702-0800*). Édifié en 1088, il fut doté de fortifications afin de pouvoir résister aux attaques des pirates; des moines y vivent encore, et

Le monastère Saint-Jean domine la ville de Patmos.

seules certaines parties sont accessibles aux visiteurs.

Dans le **monastère de l'Apocalypse** (*tél.: 224/703-1276*), situé entre Skala et Chora, on peut admirer des fresques et des icônes, et, dans la grotte, voir la fissure dans le rocher d'où la voix de Dieu aurait parlé à saint Jean.

Kalimnos

Kalimnos est par excellence l'île des pêcheurs d'éponges, qui doivent lutter durement pour sauver leur gagne-pain. En effet, leur activité traverse des temps difficiles : la maladie a ravagé les meilleurs champs d'éponges, d'autres ont été victimes d'une pêche excessive et certains (tels ceux de la Libye) ne sont plus accessibles pour raisons politiques. Si l'activité de Kalimnos s'est diversifiée, avec les transports maritimes et le tourisme, quelques flottes de pêcheurs d'éponges demeurent, dont les campagnes durent plusieurs mois.

À **Pothia**, grand centre de pêche, on trouve des éponges par centaines dans les boutiques, et les commerçants vous expliquent comment choisir les meilleures. À la **N S Papachatzis Sponge Factory** (*Potami Kalimnou, tél.: 224/302-8501*), vous assisterez à une démonstration du processus de transformation de blocs noirs et puants en éponges moelleuses et dorées si agréables pour le bain.

Les ruelles de l'arrière-port de Pothia ont gardé leur caractère typique, et la vie s'y déroule à l'identique depuis des siècles. La cathédrale **Agios Christos**, du XIXe siècle, arbore un dôme argenté caractéristique. On visitera aussi le **Musée archéologique**, qui est en fait le musée général de l'île.

Les principales stations de vacances dotées de belles plages sont **Mirties** et **Massouri**, sur la côte nord-ouest. De là, on peut aller en bateau à l'île de **Telendos**, où les plages sont plus calmes, avec aussi quelques restaurants et hôtels. Au nord-est de Pothia, **Vathis** est une sorte de fjord : la mer Égée avance en profondeur dans les terres et se prolonge par une luxuriante vallée, avec de beaux villages traditionnels ; c'est l'un des plus beaux sites de l'île.

Cos

Après Rhodes, Cos (Kos) est la deuxième île en importance de

Pêcheurs d'éponges

Les vases grecs anciens prouvent que les Hellènes pratiquaient la pêche aux éponges il y a déjà plusieurs milliers d'années. Les îles de Kalimnos et de Simi en sont les principaux centres ; on y voit parfois des hommes aux jambes torses : ce sont des pêcheurs qui sont remontés du fond trop rapidement.

Les champs d'éponges, touchés par des maladies, ne sont plus aussi riches qu'autrefois. Le déclin de cette activité a été aggravé par l'invention des éponges synthétiques, moins chères mais d'une qualité inférieure. Lorsque l'on achète une éponge, il faut savoir que plus elle présente de trous, meilleure est sa qualité.

Kalimnos

Cartes p. 117 et p. 156

Informations

224/302-9301 (Police touristique)
224/302-9299 (office de tourisme)

kalymnos-isl.gr

Musée archéologique

Près de plateia Kyprou, Pothia
224/302-3113
Fermé lun. en hiver
€

Cos (Kos)

Cartes p. 117, p. 157 et p. 167

Informations

Office régional du tourisme, Artemissias Groung Floor 2, Kos
224/202-9910

kos.gr

Panorama sur l'île de Cos depuis une taverne à flanc de colline

Château des Chevaliers

Plateia Platanou, ville de Cos

224/202-4776

Fermé lun.

l'archipel du Dodécanèse, tant par ses dimensions que par son activité touristique. En effet, avec une longueur de 45 km, elle est assez grande pour que l'on puisse échapper aux foules, bien que, en plein été, ce ne soit pas toujours facile. Aussi devez-vous vous informer à l'avance et réserver votre logement.

Cette île est l'une des plus fertiles du Dodécanèse, avec des vergers, des oliveraies et des vignobles très productifs. Elle n'est pas très accidentée, quoique son point culminant, le mont Dikeos, au sud-est, s'élève à 847 m. On trouve sur Cos quelques très belles plages, ce qui explique pourquoi elle est si fréquentée. La **ville de Cos** est un charmant mélange de culture ancienne et d'hédonisme moderne.

Malheureusement, le séisme de 2017 de magnitude 6,5 a fait de nombreux dégâts, notamment sur les sites historiques. Des rénovations ont été entreprises, dont certaines sont déjà achevées.

C'est à Cos que naquit Hippocrate (460-357 av. J.-C.), le père de la médecine moderne. Sur la plateia Platanou se dresse le platane éponyme dont on raconte qu'Hippocrate le planta et qu'il s'y abritait pour enseigner – en fait, il s'en faut de 2000 ans pour que ce soit plausible ! Non loin de là se dresse la principale attraction de la ville : le **château des Chevaliers**, qui date de l'époque où les chevaliers de Saint-Jean régnaient sur la ville. Sa construction dura, en gros, du XIVe au XVIe siècle ; le marbre que l'on y trouve vient du principal site archéologique de l'île : l'Asclépéion (*voir ci-après*).

Cos est riche en vestiges tant grecs que romains, et son **Musée archéologique** en possède une belle collection, en particulier une statue en marbre d'Hippocrate qui daterait du IVe siècle av. J.-C. et qui aurait pu être réalisée de son vivant. Il y a aussi les splendides vestiges de la **Casa romana** (avenue Grigoriou), grandiose villa romaine restaurée dans les années 1930, où l'on voit de superbes mosaïques et des murs peints, ainsi qu'un tronçon de voie romaine. Située non loin de là, l'**Agora romaine** fait partie du site de l'ancienne agora, où coexistent plusieurs périodes historiques, avec en particulier le temple d'Héraclès (IIIe siècle av. J.-C.).

À 4 km au nord de la ville de Cos, sur un joli flanc de colline, se trouve l'**Asclépiéion** (Asclepio), construit au IVe siècle av. J.-C. : consacré à Asclépios, le dieu de la Médecine, c'était l'équivalent, pour la Grèce antique, d'une clinique. On trouvait des établissements de ce genre dans toute la Grèce et, ici, on voit encore les vestiges de bains et de plusieurs temples.

La principale plage de Cos est à **Kardamaina**, sur la côte sud. Autrefois village de pêcheurs, c'est devenu un rendez-vous cosmopolite pour les jeunes qu'attirent des bars, des discothèques et de longues et belles plages de sable. Pourtant, les plus belles plages sont plus à l'ouest, avec en particulier Paradise Beach et son sable blanc. Ces plages sont relativement éloignées des stations balnéaires proprement dites, mais beaucoup de touristes y arrivent directement par bateau. Pour trouver un peu de calme, mieux vaut aller dans les villages

Musée archéologique
Plateia Eleftherias, ville de Cos
224/202-8326
Fermé lun.
€

Asclépiéion
Cartes p. 157 et p. 167
224/102-5500 ou 224/202-8326
Fermé lun. en hiver
€

Astipalea
Cartes p. 117 et p. 156

d'Asfendiou, sur les pentes du mont Dikeos. Pourtant, même là, le calme est parfois troublé par l'arrivée d'autocars d'agences de tourisme qui y font régulièrement halte ; pour apprécier ces villages dans toute leur authenticité, mieux vaut aller se promener dans les bois en attendant leur départ.

Astipalea

À l'ouest, le Dodécanèse se termine par la très belle île d'Astipalea, en forme de papillon. Avec ses maisons blanchies à la chaux dispersées sur le flanc de la colline et que surplombe le château vénitien, elle évoque le monde cycladique. Très accidentée, elle possède néanmoins nombre de belles plages, d'autant que sa forme particulière lui donne une côte beaucoup plus longue que d'autres îles de superficie égale. La ville d'**Astipalea** est très animée l'été, mais l'île ne manque pas de lieux où trouver le calme. À l'origine, la cité d'Astipalea se trouvait au sommet de la colline. Édifié au XIIIe siècle sur le site de l'acropole, le château a été remarquablement conservé. Deux églises du XIVe siècle et des maisons d'habitation sont incorporées dans les remparts. Le château abrite une belle collection d'objets d'arts.

On trouve les ruines d'un château byzantin à **Agios Ioanis**, sur la côte occidentale, site doté d'une plage remarquable ainsi que d'une chute d'eau, chose rare dans ces îles.

C'est aussi sur l'« aile » ouest que se trouve la principale station touristique : **Livadi**, qui est cependant moins fréquentée que des stations identiques situées sur d'autres îles. On y parvient facilement à pied depuis Chora. Les adeptes du nudisme iront un peu plus loin, à Tzanaki, où une plage leur est officieusement réservée.

Vers l'est, la route d'Astipalea franchit l'isthme qui relie les deux moitiés de l'île et mène à la principale station touristique : **Analipsi** (ou Maltezana). Encore

À DÉCOUVRIR Dormir chez l'habitant

Voyager sans réserver a toujours été une pratique courante dans les îles grecques et ne pose généralement aucun problème, à condition toutefois d'éviter les périodes les plus chargées : le mois d'août (en particulier aux alentours du 15) et la semaine de Pâques. Les ferries qui arrivent sur les îles, en particulier les plus petits, sont habituellement attendus par des habitants qui vous aborderont en brandissant des pancartes *« rent a room »*. Cela peut sembler un peu intimidant, mais les gens sont le plus souvent accueillants ; ils vous montreront des photos de leur maison ou de leur chambre ainsi que des commentaires laissés par les précédents clients.

Dans certains cas, il s'agira de propriétaires de petits hôtels ou de chambres d'hôtes, mais vous trouverez surtout des personnes qui cherchent un petit revenu complémentaire en louant leur chambre d'amis. Vous ne disposerez pas de l'intimité et du confort qu'offre un hôtel, mais vous serez probablement accueilli comme des membres de la famille, conviés aux repas, aux sorties et aux célébrations. Et il y a généralement toujours quelque chose à fêter en Grèce...

relativement calme, elle est en plein développement. Tout au nord de l'« aile » est, on trouve les grottes de **Drakospilia**, auxquelles on n'accède que par bateau; elles ne sont pas encore incluses dans les itinéraires touristiques.

Simi

Quand on arrive à Simi par ferry depuis Rhodes – ce que font la plupart des touristes –, on a du mal à croire que, autrefois, la population de cette île minuscule, qui ne compte qu'une ville et quelques rares villages, était plus importante que celle de Rhodes. Au temps de sa splendeur, du XVIIe au XIXe siècle, lorsque la construction navale et la pêche aux éponges faisaient sa fortune, l'île a compté jusqu'à 30 000 habitants, dont beaucoup vivaient dans un luxe relatif. Aujourd'hui, elle a à peine 3 000 résidents.

Si la pêche aux éponges a quasi cessé, on vend encore beaucoup d'éponges dans les boutiques du port de Simi. Quant à la construction navale, le peu qu'il en reste se trouve sur la route qui relie le port de **Ghialos** à sa minuscule plage rocheuse.

Pour se faire une idée de la richesse passée de la ville, on gravira les 375 marches de la ruelle en escalier qui mène du port à **Chora**, la ville haute, d'où la vue est superbe; en montant, on verra quelques-unes des demeures néoclassiques qui faisaient autrefois l'orgueil de la ville. Elles sont souvent en fort mauvais état, mais on remarque que certaines d'entre elles sont en cours de restauration. À Chora, vous pourrez visiter le **Musée archéologique** (*tél.: 224/607-1114, fermé lun., €*), dans un bel édifice restauré, qui illustre son passé glorieux.

Les villages et les plages sont dispersés sur le pourtour de l'île. Le **monastère Taxiarchis Michael Panormitis** (*ouvert à l'arrivée des ferries et pour des visites organisées, tél.: 224/607-1581, monastiria.gr*) se trouve dans la baie de Panormitis, tout au sud. La plupart des bateaux d'excursion partant de Rhodes amènent les touristes d'abord

Simi

Cartes p. 117 et p. 157

Une vue plongeante sur le port de Ghialos, depuis la ville haute

Longtemps isolé, le village d'Olimbos est resté très traditionnel.

Karpathos

Cartes p. 117 et p. 157

au monastère, et certains services de ferries font halte à proximité du bourg.

Le monastère lui-même ne date que du XVIIIe siècle et il a été agrandi par la suite. On y trouve un petit musée et une église, avec surtout une icône de l'archange saint Michel, patron de l'île et des marins : nombreux furent ceux qui y firent pèlerinage pour le remercier d'être rentrés au port sain et sauf.

Karpathos

Troisième île du Dodécanèse par la superficie, Karpathos est celle qui a le plus conservé son allure traditionnelle, malgré la récente ouverture d'un aéroport (pour les lignes intérieures). Auparavant, on y accédait depuis Rhodes en ferry : on était alors accueilli par le splendide spectacle d'une île accidentée, longue et étroite, parcourue de bout en bout par une chaîne montagneuse dont le point culminant, le mont Kali Limni (1 215 m), se dresse presque exactement au centre.

Le chef-lieu, **Karpathos** (Pigadia), se trouve au sud, au fond d'une longue baie bien abritée et dotée d'une plage de sable de 3 km de longueur. On voit encore les pêcheurs réparer leurs filets dans le petit port de pêche, qui n'est pas encore envahi par les yachts luxueux. C'est l'endroit idéal pour acheter du poisson tout frais pêché.

On ne manquera pas d'aller voir l'un des villages typiques perchés sur les flancs de la montagne, dont le plus beau est **Olimbos**, tout au nord-ouest de l'île. Il fut fondé en 1420 et, jusqu'à récemment encore, il était presque complètement coupé du reste de l'île. Le seul moyen de l'atteindre était d'aller par bateau jusqu'au village de Diafani, puis de grimper jusqu'au village, situé à 600 m d'altitude, où les maisons s'agglutinent autour d'un éperon rocheux. Cet isolement a permis à Olimbos d'échapper presque complètement à la modernisation. Aujourd'hui encore, de nombreuses femmes – et quelques hommes – portent des costumes traditionnels. Depuis la ville de Karpathos, on peut faire cette excursion dans la journée.

Plus proches de la ville se trouvent d'autres villages de montagne, qui ont chacun leur originalité. S'il est moins haut perché qu'Olimbos, **Menetes** se trouve quand même à 350 m d'altitude. Plusieurs de ses rues sont ombragées par des vignes : c'est un lieu de promenade des plus agréables à la fin de l'été, lorsque les lourdes grappes sont prêtes à être cueillies.

Aperi, situé dans les collines au nord de la ville de Karpathos, mérite également une visite. Ce fut la capitale de l'île jusqu'en 1896, et ce serait, dit-on, le plus riche village de Grèce par tête d'habitant. En effet, nombreux sont ceux qui s'y sont installés après avoir fait fortune aux États-Unis : c'est en particulier le cas de Teddy Savalas (1924-1994), un célèbre acteur de cinéma et de télévision (*Kojak*). ■

Kastellorizo

Kastellorizo est en quelque sorte une anomalie linguistique. En effet, cette île a pour nom officiel Megisti, ce qui signifie « la plus grande ». Or, si c'est bien le plus vaste des quelques îlots que l'on trouve dans cette partie de la mer Égée, c'est la plus petite des îles du Dodécanèse ! On notera en outre que Kastellorizo se trouve à 118 km de sa voisine grecque la plus proche, Rhodes, mais à 2,5 km seulement de la côte turque.

Cette île est restée pratiquement ignorée aussi bien des Grecs que des touristes jusqu'en 1987, lorsqu'y fut construit un aéroport qui l'ouvrit au reste du monde. Cela dit, elle ne compte plus que 450 habitants, alors qu'il y en avait environ 15 000 il y a un siècle. À l'époque, les villes les plus proches étaient encore grecques (elles sont turques à présent), et l'île jouait un rôle important dans les transports maritimes, grâce en particulier au remarquable port de la ville de Kastellorizo, considéré comme le plus beau port naturel de la Méditerranée orientale. Aujourd'hui, l'île demeure un refuge au calme bienvenu et, même en plein été, les touristes ne sont pas très nombreux.

Il n'y a pas de plage, le logement est rudimentaire, et les restaurants sont plus chers qu'on pourrait le penser.

Autres îles à visiter dans le Dodécanèse

Halki

Proche de Rhodes, la petite île de Halki connaît depuis quelque temps une certaine renaissance grâce à un développement touristique bien pensé. Elle en avait terriblement besoin : jusqu'au début du XXe siècle, elle vivait essentiellement de la pêche d'éponges, mais la maladie qui a ravagé les champs d'éponges a pratiquement mis fin à cette activité. La population a alors beaucoup diminué, mais elle recommence à augmenter, et certaines de ses élégantes maisons sont en cours de restauration. Les touristes y viennent maintenant plus nombreux et les restaurants locaux les accueillent volontiers. L'été, mieux vaut réserver si l'on veut être sûr de trouver une chambre dans l'un des nombreux hôtels.

Cartes p. 117 et p. 157

Nissiros

Si l'on cherche vraiment la solitude, c'est sur cette île volcanique qu'on la trouvera. Bien qu'il y ait quelques hôtels où envisager un séjour, c'est une belle excursion réalisable en une journée depuis Cos. La principale attraction est le cratère, d'où sortent des vapeurs sulfureuses et dont la chaleur est intensifiée par le soleil estival. On trouvera des loisirs plus traditionnels dans le port de **Mandraki**, où, dans un lacis de ruelles bordées de maisons chaulées, quelques chambres sont à louer.

Cartes p. 117 et p. 157

Pserimos

Minuscule point perdu sur la carte entre Cos et Kalimnos, Pserimos, qui ne possède qu'une seule agglomération et où les résidents permanents sont moins d'une centaine, est envahie, l'été, par les touristes qui viennent des îles voisines pour la journée. Après leur départ, le village et sa jolie plage reviennent à leur tranquillité coutumière ; les rares visiteurs qui y passent la nuit peuvent ainsi profiter de son charme paisible, de ses logements simples et de l'accueil amical de ses tavernes.

Cartes p. 117 et p. 157

Tilos

C'est la destination idéale pour ceux qui se contentent de plaisirs simples et veulent découvrir une île grecque où le développement touristique est réduit au minimum. Elle a été préservée d'un développement excessif par son éloignement : la traversée en hydroglisseur depuis Rhodes, le port le plus proche, prend 2 heures. Mais l'accueil y est chaleureux, et les habitants n'hésitent pas à vous saluer dans la rue.

Livadi en est le port et la principale agglomération ; on n'y trouvera guère que quelques logements et bons restaurants, ainsi qu'une plage de galets. Des chemins mènent à des petites criques dispersées le long de la côte. Un bus relie Livadia à l'autre agglomération de l'île : **Megalo Chorio** (« la grande ville » !), située au pied des ruines d'un ancien château vénitien et qui, malgré son nom, est encore plus léthargique que Livadi.

Cartes p. 117 et p. 157

Une fillette revêtue d'un costume traditionnel pour la fête de Pâques à Olimbos, Karpathos

La Crète est plus un pays qu'une île, et ses habitants s'affirment crétois avant d'être grecs. Avec ses hautes chaînes de montagnes, c'est un lieu à la beauté impressionnante, empreint d'une atmosphère farouchement indépendante.

LA CRÈTE

Les *komboloï*, sortes de chapelets passe-temps traditionnels, sont massivement proposés aux touristes.

LA CRÈTE

La Crète (Kriti) est la plus grande île grecque et, par ses dimensions, la cinquième de la Méditerranée (après la Sicile, la Sardaigne, Chypre et la Corse). Longue et étroite, elle mesure 250 km de bout en bout, mais 12 km seulement dans sa partie la plus étroite.

On y trouve des hautes chaînes montagneuses mais aussi la plus longue gorge d'Europe, des centaines d'excellentes plages et l'un des plus importants sites de la Grèce antique : Cnossos. Certes, Cnossos n'est que l'un des innombrables sites historiques de l'île ; pourtant, celle-ci ne satisfera pas uniquement l'amoureux de l'histoire mais aussi l'adepte du bronzage, l'archéologue, le botaniste amateur et le photographe. Si, sur la côte nord, le développement touristique fait ressembler de vastes secteurs à n'importe quelle station balnéaire du monde, en revanche, l'accès – et donc le développement – est plus limité sur la côte sud. À l'intérieur de l'île, les villages de montagne n'ont guère changé depuis des siècles, et c'est là que l'hospitalité est la plus généreuse. Après tout, la Crète est le pays de Zorba le Grec et de son créateur, Nikos Kazantzakis. Le personnage de Zorba est une brillante synthèse du caractère fier, ardent mais aussi hédoniste du Crétois.

Le climat de la Crète est tout aussi ardent que ses habitants. La petite île de Gavdos est le

point le plus méridional de l'Europe et la Crète elle-même est à une latitude inférieure à celles d'Alger ou de Tunis, par exemple. En plein été, la température peut frôler les 40 °C ; aussi, si l'on supporte mal la chaleur, mieux vaut y aller au printemps ou à l'automne. Cependant, même en été, on peut trouver de la fraîcheur dans les montagnes, et l'on adoptera la coutume grecque de faire la sieste en attendant que la canicule s'atténue. Les précipitations sont rares entre la fin mai et la mi-septembre ; les hivers sont plus humides, quoique la température reste agréable.

Quelle que soit l'époque de l'année où on la visite, la Crète laisse une impression inoubliable. Dans certaines stations balnéaires, par exemple à Agios Nikolaos, le mercantilisme rampant s'associe à une grande beauté. La Canée est l'une des plus charmantes villes de la mer Égée. S'il est rare que la première impression que l'on reçoit de la capitale, Héraklion, soit bonne – comparée aux villes des autres îles grecques, elle est particulièrement bruyante –, on y découvre parfois, avec un peu de patience, le charme crétois. Où qu'aille le visiteur, la Crète ne manque pas de séduction. ■

À NE PAS MANQUER

Le palais royal de Cnossos 180-183

La grotte de Zeus dictéen, lieu de naissance du dieu 187

La vue depuis le palais de Phaistos 194-195

Le parc national des gorges de Samaria 196-197

Une journée sur la plage à Elafonisos 200

Une visite à Maleme sur les traces de la bataille de Crète 201

Dîner sur le port de La Canée 202

Un circuit en voiture au monastère de Moni Arkadiou 205

Le méconnu palais minoen de Zakros 206

HÉRAKLION

Cinquième ville de Grèce, Héraklion (Iraklio), l'ancienne Candie, présente beaucoup d'intérêt mais, comme pour Athènes, il faut prendre le temps de la découvrir. Pendant la Seconde Guerre mondiale, elle a énormément souffert des bombardements, aussi y voit-on nombre de hideux bâtiments en béton. Mais elle n'en a pas moins du caractère, et son Musée archéologique possède quelques-unes des plus célèbres pièces antiques du monde.

Le site d'Héraklion fut occupé dès l'époque néolithique et, à l'époque minoenne, il connut une grande prospérité comme débouché sur la mer de la cité royale de Cnossos (*voir p. 180-183*), située à 5 km plus au sud. Au XIIIe siècle, les Vénitiens s'emparèrent de la ville et en firent la capitale de la mer Égée. Le premier **fort** fut détruit par un tremblement de terre et celui que l'on voit aujourd'hui, du XVIe siècle, joua un rôle important dans l'histoire de la ville. C'est là que se concentra la résistance contre les Turcs qui assiégèrent la ville ; ce siège, qui dura de 1648 à 1669, coûta la vie à 30 000 Crétois et Vénitiens, et à 118 000 Turcs, ce qui donne une idée de la férocité des combats ; puis les Vénitiens abandonnèrent l'île aux Turcs.

La forteresse trapue de Rocco al Mare, également appelée le Koulès

À l'extrémité méridionale du port se dresse une autre construction vénitienne, l'**arsenal**, du XVIe siècle ; c'est là qu'étaient construits et réparés les navires qui sillonnaient la mer Égée. Les magnifiques **remparts** sont de la même époque ; ils entourent la vieille ville sur 3 km, et on peut les suivre de bout en bout en passant par plusieurs portes et bastions impressionnants, telle la porte Kornarou, où la muraille atteint 18 m de haut et 40 m d'épaisseur. C'est près du bastion Martinengo que se trouve la tombe de Nikos Kazantzakis (*voir p. 178*).

Le Musée archéologique

Ce musée, fortement rénové de 2006 à 2014, est certainement l'un des endroits les plus intéressants d'Héraklion. De riches découvertes ont été faites sur cette grande île au passé prestigieux, et la plupart d'entre elles sont exposées ici. On y voit donc une abondante collection d'objets remarquables qui méritent même deux brèves visites plutôt qu'une longue. La foule est parfois dense, certaines agences combinant la visite du musée avec une excursion à Cnossos. Ceux qui le peuvent y viendront de préférence en milieu de journée, à l'heure du déjeuner.

À l'entrée, on peut acheter de bons guides et plans du musée. Les salles sont disposées plus ou moins par ordre chronologique. Les visiteurs dont le temps est limité doivent absolument voir la *Mosaïque de la ville*, dans la salle II, qui remonte à l'époque de l'Ancien Palais (2000-1700 av. J.-C.), ainsi que la surprenante Halle des fresques, à l'étage, dans les salles XIV-XVI. La plupart de ces ouvrages minoens, sérieusement restaurés, proviennent de Cnossos et ont été réalisés entre 1600 et 1400 avant notre ère. On prendra aussi le temps d'admirer l'élégant prêtre-roi, ou *Prince aux lis*, ainsi que les gracieux dauphins des appartements de la reine. Mais les clous de cette collection sont sans doute la fresque de *La Parisienne* – prêtresse ou déesse ? –, ainsi nommée à cause de ses lèvres rouges et de son élégant

Héraklion (Iraklio)

Carte p. 175 et plan ci-dessous

Informations

Plateia Nikiforou Foka

281/340-9777, -80

heraklion.gr

Musée archéologique

Plan ci-dessous

2, rue Xanthoudidou

281/027-9000

€

heraklionmuseum.gr

vêtement, et les statuettes des *Déesses aux serpents*, dont la robe ajustée laisse les seins dénudés. Autres temps, autres mœurs...

Non loin du musée, la **plateia Eleftherias** (place de la Liberté) constitue le cœur d'Héraklion. C'est un carrefour où la circulation ne s'interrompt jamais, mais dont le centre, planté d'arbres, est réservé aux piétons. L'ambiance de la place s'humanise en fin de journée, lorsqu'ouvrent les bars et les restaurants, et que la moitié de la ville semble s'y retrouver pour la *volta* (promenade) vespérale.

Autre grande place de la ville, la **plateia Venizelou** (dite aussi place de la Fontaine), n'est qu'à quelques minutes de marche. La fontaine fut construite au

Nikos Kazantzakis (1883-1957)

S'il est un personnage qui, plus que tout autre, résume bien l'idée que la plupart des gens se font du caractère exubérant et sensible des Grecs, c'est bien Zorba. Ce personnage est tiré d'une œuvre de Nikos Kazantzakis, le plus grand romancier grec moderne. Né à Héraklion, il voyagea beaucoup en Europe, en Afrique et en Asie avant de commencer à écrire. Connu en particulier par des ouvrages tel *Le Christ recrucifié* (1948), il a également écrit des essais, de la poésie et des pièces de théâtre. Son roman *La Dernière Tentation du Christ*, porté à l'écran en 1988 par Martin Scorsese et dans lequel il essaie de présenter la nature humaine de Jésus-Christ, a provoqué de sérieuses controverses.

Vous pouvez visiter le tombeau de Kazantzakis à Héraklion (voir plan p. 177).

Le film *Zorba le Grec*, de Michael Cacoyannis (1964), avec Antony Quinn dans le rôle-titre, a fait connaître Kazantzakis dans le monde entier.

À SAVOIR
Au Musée archéologique d'Héraklion, partez à la découverte des fresques minoennes de Cnossos, notamment *La Parisienne* et le *Prince aux lis* qui vous plongeront dans la vie des palais minoens.

XVIIe siècle par le gouverneur vénitien, Francesco Morosini, et une restauration récente lui a rendu toute sa splendeur.

Non loin de là, sur la plateia Kallergon, on voit une fontaine turque ainsi que la **Loggia**, du XVIIe siècle. C'était autrefois le lieu de rendez-vous de la noblesse crétoise, et ce bâtiment, joliment restauré, abrite maintenant l'hôtel de ville. Tout à côté, le verdoyant **Parko Greko** permet d'échapper un temps au bruit et à la chaleur.

Derrière la Loggia se dresse l'église **Agios Titos**. Bâtie au Xe siècle et reconstruite en 1878, elle est dédiée au patron de l'île, saint Tite, qui apporta le christianisme en Crète et où ses reliques sont conservées. C'est donc un lieu sacré pour les Crétois, aussi faut-il le visiter avec tout le respect nécessaire.

Les autres musées

Depuis la plateia Venizelou, la rue Chandakos mène au front de mer; à droite se trouve le **Musée historique de Crète**. Plus petit que le Musée archéologique, il n'en donne pas moins une bonne idée de la vie crétoise au cours des siècles. On y trouve des œuvres artistiques de la période vénitienne ainsi qu'une intéressante collection d'art byzantin. Le chef-d'œuvre en est la seule peinture du Greco (1541-1614) que possède l'île où est né l'artiste: le tableau *Vue du mont Sinaï et du monastère Sainte-Catherine* (vers 1570) mérite bien d'occuper une pièce à lui tout seul.

Aucun musée consacré à l'histoire de la Crète ne saurait ignorer la Seconde Guerre mondiale, et en particulier la sanglante bataille de Crète (*voir p. 203*). Le Musée historique évoque longuement les souffrances de l'île, avec des détails parfois cruels, illustrés de photos de l'époque. On aura un autre aperçu de la vie crétoise dans la reconstitution du bureau de Nikos Kazantzakis, qui montre à quel point il est apprécié sur son île natale.

Le **musée d'Art chrétien Sainte-Catherine du Sinaï** est situé, comme il se doit, à proximité de la cathédrale Agios Minas (XIXe siècle) et possède une vaste collection de fresques et d'icônes byzantines ainsi que de beaux spécimens de manuscrits. Le bâtiment lui-même est une église du XVIe siècle construite par les Vénitiens en l'honneur de sainte Catherine; à l'origine, c'était un monastère qui était en même temps un centre artistique et culturel. Le Greco y a étudié.

Le **musée d'Histoire naturelle** présente des expositions sur la flore et la faune non seulement de l'île – incroyablement riche –, mais aussi de toute la mer Égée. ■

Musée historique de Crète
- Plan p. 177
- Boulevard Sofokli Venizelou 27, Iraklio
- 281/028-8708 ou 281/028-3219
- Fermé dim.
- €

historical-museum.gr

Musée d'Art chrétien Sainte-Catherine du Sinaï
- Plan p. 177
- Plateia Agias Aikaterinis
- 281/033-6316
- €

Musée d'Histoire naturelle
- Plan p. 177
- Université de Crète, Av. Knossou
- 281/032-4366
- €

nhmc.uoc.gr

CNOSSOS

Le site le plus fréquenté de la Crète est celui du palais royal minoen de Cnossos (Knossos), au sud d'Héraklion. Pour se faire une bonne idée du palais et de la ville qui l'entourait, il faut prévoir une visite d'au moins 2 heures. L'été, mieux vaut emporter une bouteille d'eau, car il peut faire très chaud et sec.

Le bain lustral, remarquablement reconstruit, servait aux bains collectifs.

Cnossos (Knossos)

Carte p. 175
5 km au sud d'Héraklion
281/023-1940
€-€€

En été, les visiteurs sont très nombreux, aussi faut-il plutôt arriver en tout début de matinée ou en fin d'après-midi (le site est ouvert en été jusqu'au coucher du soleil). Il est conseillé d'acheter un guide du site et, si l'on veut participer à une visite guidée, le prix sera fonction du nombre de personnes et de la durée de la visite.

Les vestiges que l'on voit aujourd'hui ne sont pas – et de loin – les plus anciens du site: celui-ci fut occupé dès l'ère néolithique, vers 6000 av. J.-C. Le premier palais y fut construit vers 2000 av. J.-C., mais détruit par un tremblement de terre vers 1700 av. J.-C. Reconstruit, il fut à nouveau détruit par un incendie en 1380 av. J.-C. Le dernier palais en date était très vaste: à l'apogée de la civilisation minoenne, il comptait jusqu'à 1 300 pièces. On estime que 12 000 personnes y vivaient, et quatre fois plus dans les environs immédiats. Si le site est très vaste (il couvre 75 hectares), seule une partie en est ouverte au public.

C'est ici qu'est née l'une des plus célèbres légendes de la Grèce antique : celle du Labyrinthe et de son monstrueux gardien, le Minotaure. Pasiphaé – femme de Minos, roi de Cnossos – avait donné naissance à un enfant dont le corps était surmonté d'une tête de taureau. Ce Minotaure (mot qui signifie *taureau de Minos*) fut emprisonné par le roi dans un labyrinthe construit sous son palais. Pour le nourrir, on lui offrait des victimes humaines, qui devaient être fournies par Athènes, vaincue par Minos. Thésée, le héros de l'Attique, aidé d'Ariane, la fille de Minos, affronta le formidable Minotaure et le tua, libérant ainsi Athènes de son terrible tribut.

On a longtemps cru que Minos était un roi mythique, jusqu'à ce que l'archéologue britannique Sir Arthur Evans (*voir p. 184-185*) découvre son palais, à Cnossos. De plus, le mot *labyrinthe* est proche de *labrys*, hache à deux tranchants et éminent symbole minoen, qui se retrouve d'ailleurs dans tout le palais, aux côtés de taureaux et de symboles tauriques.

Les bâtiments que l'on visite sur le site de Cnossos sont des reconstitutions dues à Arthur Evans. Si les travaux de reconstruction et de restauration de l'archéologue, à l'aide de matériaux modernes, font encore l'objet de controverses, il n'en est pas moins fascinant de voir revivre certaines pièces du palais.

À l'entrée du site, après un buste d'Evans lui-même, se trouvent trois grandes fosses qui servaient probablement à stocker des céréales. Plus loin, à droite, on voit l'un des célèbres symboles de Cnossos : les **Cornes sacrées**. Cette représentation, bien restaurée, évoque le taureau sacré qui se dressait au sommet du palais. À gauche, presque en face des cornes, des marches mènent au **premier étage** – dit aussi étage noble –, où sont présentées quelques belles pièces et d'où l'on jouit d'une belle vue sur tout le site.

Non loin de là se trouve la **salle du trône**. Lorsque Evans la découvrit, elle était dans un état chaotique, aussi pensa-t-il qu'elle avait été détruite par une catastrophe, peut-être un tremblement de terre, qui aurait ravagé le palais tout entier. On y

À DÉCOUVRIR Explorer la Crète à cheval

La randonnée équestre est sans doute l'un des meilleurs moyens de découvrir les beautés de la Crète. Le cheval fait partie de la vie quotidienne, de nombreux habitants possédant un cheval crétois, une race parfaitement adaptée aux terrains accidentés de l'île.

Sur la plage de Karteros, près de Knossos, la **Riding Academy of Crete** (*tél. : 281/038-0511, www.ridingacademy.gr*) propose des excursions allant de 1 heure à plusieurs jours, avec des promenades sur la plage ou à travers les sites archéologiques minoens. **Odysseia Stables** (*tél. : 289/705-1080, www.horseriding.gr*), dans le village d'Avdou propose le Lassithi Trek, une randonnée de six jours et 160 km le long de la chaîne de montagnes Dikti, jusqu'à la mer de Libye.

voit une copie du trône peut-être le plus ancien du monde ; tout autour, une fresque remarquablement restaurée montre des griffons, symboles sacrés de Minos.

Bien d'autres fresques ornent les murs du palais, mais ce sont toutes des copies. Les originaux sont en effet conservés au Musée archéologique d'Héraklion (*voir p. 177*). La plus belle est celle du roi-prêtre, non loin des Cornes sacrées. Également appelée *Le Prince aux lis*, cette fresque représente avec délicatesse un personnage couronné de lis et de plumes. Au centre du site s'ouvre une vaste cour centrale où se déroulaient notamment des jeux tauromachiques : des « acrobates sur taureaux » affrontaient des bêtes fauves et, leur agrippant les cornes, sautaient par-dessus. En arrière de cette place se trouve la partie principale du palais, avec en particulier les appartements royaux. Le mégaron de la reine s'orne d'une copie de la célèbre fresque aux dauphins. ■

Cnossos

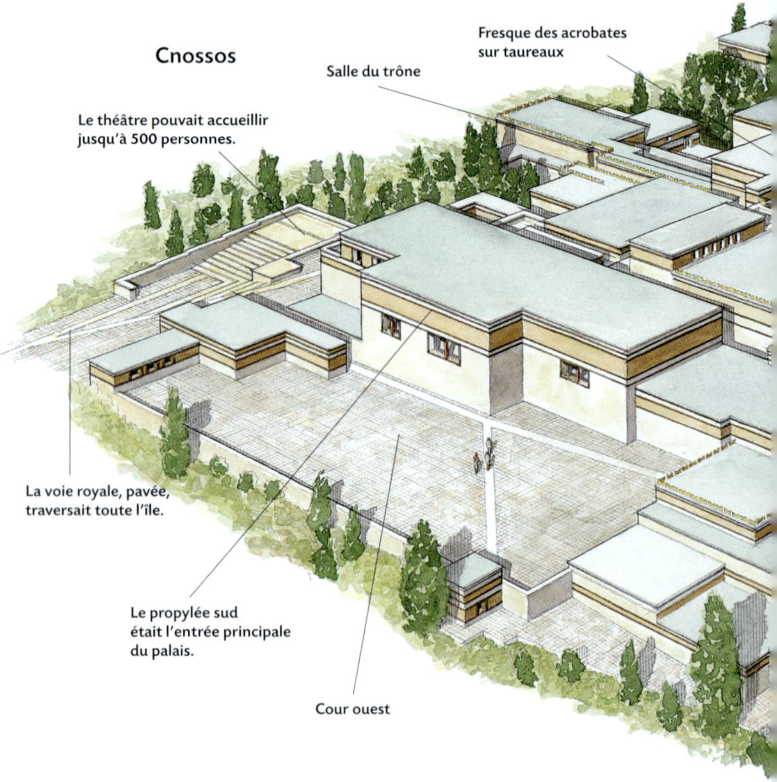

Des fresques stylisées – ici une procession de jeunes gens portant des vases rituels – ont été copiées sur le site et restaurées.

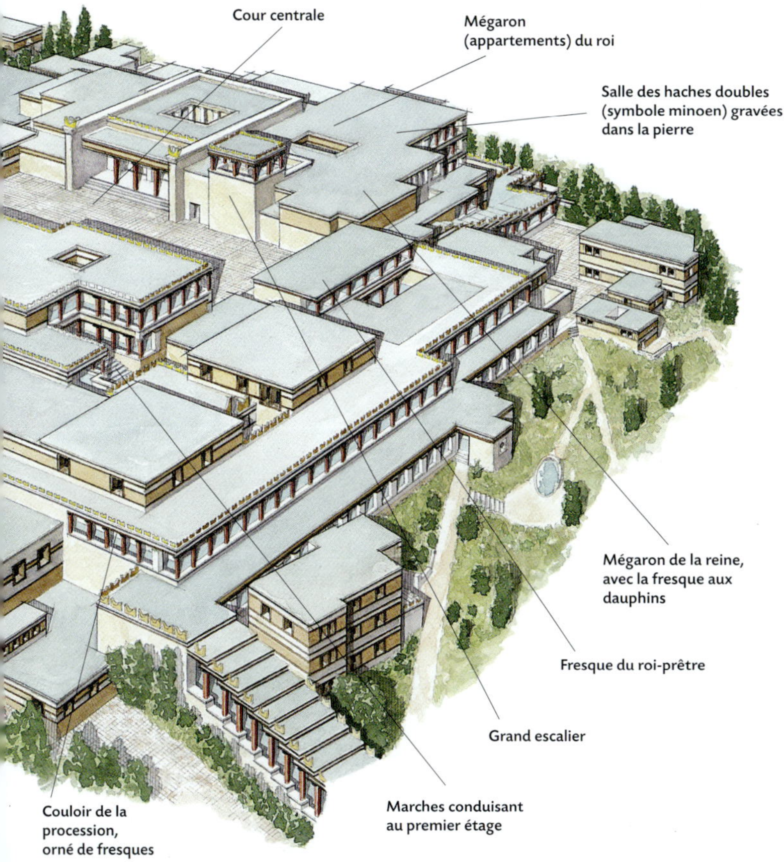

SIR ARTHUR EVANS

C'est l'archéologue britannique Sir Arthur John Evans (1851-1941) qui a fait connaître Cnossos au monde. Né dans le Hertfordshire (Angleterre), il fut formé à la célèbre école Harrow avant de faire ses études supérieures à Oxford. Puis il étudia à l'université de Göttingen (Allemagne) et devint enfin conservateur de l'Ashmolean Museum d'Oxford, poste qu'il obtint à l'âge de 33 ans et qu'il occupa pendant 24 ans.

Portrait d'Evans à Cnossos, par Sir William Blake Richmond (1842-1921), avec, à l'arrière-plan, une fresque du palais

C'est alors qu'il commença à s'intéresser aux monnaies et aux sceaux de la Grèce antique, et en particulier aux inscriptions étranges et indéchiffrables que portaient ceux de la Crète. Il fit une première visite sur cette île en 1894 pour approfondir ses connaissances et consacra presque le reste de sa vie à déterrer ses secrets.

En 1899, Evans entreprit ses premières fouilles à Cnossos, où il découvrit bientôt une cité de l'âge du bronze ainsi qu'un palais royal, qu'il estima être celui de Minos, le légendaire roi crétois, fils de Zeus : le plan de ce palais lui apparaissait comme une sorte de labyrinthe ; et il donna le qualificatif de « minoen » à cette civilisation. S'il termina l'essentiel des fouilles dans les premières années du XXe siècle, Evans continua à y travailler jusqu'en 1935 ; il avait alors 84 ans.

L'aspect le plus controversé de son œuvre est la reconstruction du palais royal et les peintures qu'il y fit réaliser afin de donner une idée de l'allure que présentait le palais il y a quelque 3 600 ans. Selon certains spécialistes de l'Antiquité, ce fut un sacrilège ; pour d'autres, une audacieuse tentative de ressusciter le passé et d'en faire profiter le plus large public. On ne peut s'empêcher de partager cette idée après avoir vu, par exemple, le portique d'Attale, dans l'ancienne Agora d'Athènes, remarquablement reconstitué, selon la même démarche, par l'École américaine d'archéologie.

En outre, Evans découvrit sur le site de Cnossos quelque 3 000 tablettes couvertes de signes indéchiffrables appartenant à deux écritures syllabiques distinctes. L'une, désormais appelée « linéaire A », est considérée comme la langue des Minoens et n'a pas encore été déchiffrée. L'autre, le « linéaire B », est demeurée un mystère jusqu'en 1952 : on démontra alors que c'était une forme primitive du grec, remontant à la période 1500-1400 avant notre ère environ. Il apparut ainsi que les Hellènes avaient connu l'écriture beaucoup plus tôt qu'on ne le pensait, ce qui permit de mieux comprendre l'histoire de la Grèce antique.

L'une des raisons pour lesquelles Arthur Evans a pu faire tant de trouvailles archéologiques sur un site demeuré intact est peut-être due au fait que celui-ci était considéré comme tellement sacré que les pilleurs se refusaient à y pénétrer (alors qu'il en est allé autrement pour les tombes égyptiennes...). Selon une théorie, les scènes de tauromachie n'étaient pas une démonstration de virilité, mais un prélude à des rites sanglants au cours desquels étaient sacrifiés des enfants et des adolescents des deux sexes. Selon cette théorie, le palais aurait été détruit non par une catastrophe naturelle (tel un raz-de-marée), mais par ses propres gardiens, horrifiés par la débauche de leurs dirigeants. Par la suite, l'atmosphère sinistre du lieu aurait tenu les gens à distance.

Evans n'approuvait pas les théories de ce genre. Dans un sens, la Crète lui appartenait et il rejetait les théories qui ne coïncidaient pas avec les siennes. Il rédigea lui-même des ouvrages dans lesquels il essayait de déchiffrer les deux écritures, mais son plus grand mérite demeure d'avoir découvert le palais minoen de Cnossos.

On sait moins que, dans sa jeunesse, il fut correspondant de guerre dans les Balkans et que, dans les années 1880, il écrivit un ouvrage qui n'a malheureusement pas perdu de son actualité plus d'un siècle plus tard : il traitait de la dramatique situation des Slaves et des Albanais en Bosnie et en Herzégovine qui, à l'époque, luttaient pour se libérer de l'occupation turque.

Arthur Evans fut nommé chevalier de l'Empire britannique en 1911 et mourut en 1941, à l'âge de 91 ans.

La fresque des acrobates sur taureaux suggère un usage de la grande cour centrale du palais.

KASTELLI PEDIADOS

Kastelli Pediados est la principale agglomération de la Pediada, région située au sud-est d'Héraklion. On y trouve des logements simples et un accueil chaleureux. Mais la plupart des touristes ne font qu'y passer en allant visiter les deux principaux sites de la région : le plateau de Lassithi et la grotte du mont Dikti (*voir p. 187*).

Dans la Pediada, la distillation du raki – alcool typique de la Crète – reste une industrie familiale.

Kastelli Pediados
Carte p. 175

On trouve dans cette région maints villages typiques où les gens vivent de la terre comme depuis des milliers d'années. Le paysage est parsemé d'églises anciennes ; on citera en particulier celle consacrée à Isodia Theotokon, près de Sclaverochori, qui date du XVe siècle et où l'on voit de belles peintures murales. **Agios Pandeleimon** (Saint-Pantaléon), près du village de Pigi, est, pour l'essentiel, du XIIIe siècle, mais sa structure inclut des éléments d'une basilique du Xe siècle.

À l'est de Kastelli, la route grimpe vers le **mont Dikti**, haut de 2 148 m, en passant par le **plateau de Lassithi**. Dans cette région fertile se seraient trouvées jadis, dit-on, quelque 10 000 éoliennes. Ces structures simples et élégantes aux ailes blanches servaient à pomper l'eau pour arroser les champs, mais la plupart sont maintenant électrifiées ou purement décoratives.

Sur ce plateau se trouvent d'autres sites intéressants, en particulier la **grotte de Trapeza** ; c'est le site habité le plus ancien découvert en Crète, avec des tombes qui datent de 7000 av. J.-C.

Non loin de là, sur le site de **Karphi**, la religion et la culture minoennes ont survécu jusqu'en 1000 av. J.-C., alors que cette civilisation s'était éteinte ailleurs depuis des siècles. La plupart des touristes n'y font qu'une halte avant d'aller à la plus grande attraction de la région : la grotte du mont Dikti. ■

LA GROTTE DE ZEUS DICTÉEN

Selon la légende, l'histoire de la grotte de Zeus dictéen (Dikteon Andron) serait plus ancienne encore que les vestiges néolithiques découverts dans la grotte voisine de Trapeza. C'est là que la déesse Rhéa aurait donné naissance à Zeus. Un devin avait appris à son époux, Chronos, qu'il serait un jour supplanté sur le trône par l'un de ses fils; aussi dévorait-il ses enfants dès leur naissance. Rhéa cacha son dernier-né, Zeus, dans cette grotte et fit avaler à Chronos une pierre à la place.

Effectivement, Zeus finit par régner sur l'univers et devint le père de tous les autres dieux. Selon certains, cependant, le Zeus qui naquit ici ne serait pas le même que celui qui, par la suite, résida sur le mont Olympe; ce serait un Zeus crétois, adoré comme un dieu de la Fertilité, qui mourait et renaissait chaque année.

Ceux qui n'ont jamais visité de grotte seront surpris par les dimensions de celle-ci et par les formes extraordinaires des stalactites et des stalagmites. Mieux vaut être équipé d'une lampe torche et de chaussures à semelles de caoutchouc. On peut se faire accompagner d'un guide (disponible sur place), mais ce n'est pas indispensable.

Pour atteindre cette grotte, il faut s'arrêter au village de Psychro et suivre la piste qui serpente entre les chênes; l'entrée de la caverne est à environ 15 minutes de marche. Il faut être prudent en entrant dans la grotte: les marches sont raides et parfois glissantes. La torche sera utile à ce stade de la visite pour éclairer les formations rocheuses.

La **salle principale**, de 70 m de hauteur, est très impressionnante; d'autres salles plus petites s'ouvrent autour et, au fond, se devine un petit lac. À gauche de celui-ci: la petite salle dans laquelle aurait été caché Zeus – ou du moins *un* Zeus.

Comme presque partout en Grèce, mieux vaut venir ici en début de matinée ou en fin d'après-midi si l'on veut éviter les foules de touristes; l'été, il faut même parfois faire la queue. ■

L'âne crétois

Vous pouvez partir explorer la grotte de Zeus dictéen à pied, mais ceux qui rechignent à cet effort peuvent aussi louer un âne. Les locaux se feront un plaisir de vous accompagner, et il est fort probable que l'âne affronte la descente abrupte bien mieux que vous.

Bêtes de somme traditionnelles de la Crète (on les y trouve depuis le néolithique), les ânes sont une source de fierté pour les Crétois. Plus intelligents et plus tenaces que les chevaux, ces animaux se déplacent avec aisance sur les routes non carrossables. Après avoir observé certaines rues étroites et escarpées, vous comprendrez la préférence des locaux pour leur pied sûr, bien que l'âne soit parfois récalcitrant.

Grotte de Zeus dictéen (Dikteon Andron)

Carte p. 175

Psychro

€

MALIA

Malia est une station très animée, qui attire une clientèle plutôt jeune. On y trouve l'un des sites minoens les plus évocateurs et les moins visités. C'est aussi l'un des meilleurs postes, en Crète, pour observer les oiseaux qui passent au large des côtes au printemps et à l'automne, au cours de leur migration.

Les ruines du palais minoen, à l'est de Malia

Malia

Carte p. 175

Palais minoen

3 km à l'est de Malia

289/703-1597

Fermé lun.

€

La foule estivale se rassemble dans le centre-ville, où bars et discothèques restent ouverts jusqu'au petit matin. Dans la journée, les longues et superbes plages de sable sont idéales pour bronzer, bien qu'elles soient très encombrées. Pour ceux qui ont du mal à trouver de la place sur la plage principale, il y en a une excellente à proximité du site minoen, à 3 km de la ville; elle est parfois même presque déserte, car peu de gens prennent la peine d'aller jusque-là.

Des équipes d'archéologues français travaillent sur ce site. Les travaux avancent lentement, mais on peut en visiter une grande partie. Des panneaux d'information sont disposés un peu partout, ce qui permet de se faire une bonne idée des lieux, où figure également un cimetière, appelé Chryssolakos. Les objets découverts dans les tombes sont exposés au Musée archéologique d'Héraklion.

Le **palais minoen**, très intéressant, fut construit en 1900 av. J.-C. et détruit vers 1450 av. J.-C., lorsque la civilisation minoenne fut complètement balayée par une catastrophe naturelle. Depuis la cour centrale, on peut essayer d'imaginer les somptueux bâtiments qui l'entouraient: ceux qui auront d'abord visité Cnossos comprendront mieux ce à quoi pouvait ressembler Malia. On y trouve des vestiges d'entrepôts ainsi que les ruines d'un vaste bâtiment administratif, ce qui permet de penser que le palais était aussi peuplé et bien approvisionné qu'une ville moderne. ■

Les Grecs et la mer

Les Grecs ont toujours été parmi les marins les plus habiles au monde. Il faut dire qu'avec environ 2 000 îles et 13 755 km de côtes, la mer occupe depuis les temps anciens une place primordiale dans la culture grecque, et il n'est pas surprenant que de grandes dynasties d'armateurs aient vu le jour ici.

ELOUNDA

Comme Malia, Elounda est un mélange d'ancien et de moderne. Cette ville a une longue et riche histoire mais, aujourd'hui, elle est surtout connue pour sa plage. On y trouve plusieurs bons hôtels ainsi qu'un joli petit port de pêche. Elle réserve quelques surprises – mais il faut aller les chercher dans la mer

La ville actuelle d'Elounda occupe le site d'une ancienne cité gréco-romaine, Olonte. Du haut du pont qui relie Elounda à l'île de Spinalonga, on en distingue les ruines sous la surface de l'eau. Le port d'**Olonte** était l'un des plus importants de la Crète orientale, et il en reste au moins deux temples. On pense que la cité fut détruite au IIe siècle avant notre ère: à la suite d'énormes glissements de terrain, plusieurs secteurs de la côte orientale ont disparu sous les eaux, alors que certaines parties de la côte occidentale s'élevaient.

Des deux côtés du pont, on voit les vestiges de salines vénitiennes. Ce furent en effet les colons de la cité des Doges qui créèrent un port à Elounda en 1579. Sur la péninsule qui le protège – et où l'on peut échapper aux foules – se dresse une église qui faisait partie de l'ancienne ville d'Olonte et qui a conservé certaines de ses fresques d'origine. De là, lorsque la lumière est bonne, on aperçoit les ruines de l'ancien port – sous les eaux.

L'**île de Spinalonga** contribue à protéger la baie, et les Vénitiens y construisirent une forteresse pour défendre le port. Elle était si puissante que ce fut l'ultime réduit des Vénitiens contre les Ottomans: ils ne l'abandonnèrent qu'en 1715, une quarantaine d'années après le reste de la Crète. De 1903 à 1957, cette île fut une colonie de lépreux, ce qui n'empêcha pas l'agglomération de se développer. Évoquant tous ceux qui y vécurent dans l'isolement forcé, ses ruines sont impressionnantes. ■

Elounda

Carte p. 175

À Elounda, les tavernes les plus fréquentées sont groupées autour du port.

AGIOS NIKOLAOS

Le port d'Agios Nikolaos est sans doute l'un des sites les plus séduisants – et des plus visités en été – de toute la Crète. Remarquablement situé dans le golfe de Mirabello, il a conservé un certain nombre de belles demeures anciennes et possède en fait deux ports : un, très pittoresque, voué à la pêche et, en pleine ville, un port intérieur qui est en réalité un lac.

Le pittoresque port intérieur d'Agios Nikolaos a suscité de bien curieuses légendes : il serait sans fond ; il communiquerait avec Santorin (à 100 km de distance !) ; ici se baignait Athéna…

Agios Nikolaos

Carte p. 175

Informations

Hôtel de ville, région de Xirokambos

284/134-0125

agiosnikolaoscrete.com

Malgré son succès touristique, la ville a su conserver son caractère et n'a pas été submergée par le développement incontrôlé qui a défiguré une bonne partie de la côte nord de l'île.

Dans l'Antiquité, Agios Nikolaos était le port prospère de la cité-État de Lato, située à l'intérieur des terres. Ce furent les Vénitiens qui l'appelèrent Agios Nikolaos (San Nicolo), du nom du saint patron d'une église construite aux XIe et XIIe siècles. En outre, ils donnèrent au golfe le nom de Mirabello (en italien : « belle vue »).

Sous la domination ottomane, la forteresse vénitienne fut détruite et la ville déclina mais, à la fin du XIXe siècle, elle reprit vie grâce aux voyageurs qui y faisaient volontiers escale. Agios Nikolaos est régulièrement desservi par des ferries en provenance de l'archipel du Dodécanèse, des Cyclades et du Pirée.

À SAVOIR
Si vous voulez grignoter entre Agios Nikolaos et Sitia, arrêtez-vous à la boulangerie crétoise traditionnelle à Kavousi ; demandez Marcella et dégustez ses kalitsounia frais (des feuilletés au fromage).

Le port est bordé de bars, de magasins, de cafés et de tavernes qui profitent de leur emplacement pour afficher des prix élevés, même pour la Grèce. Pour trouver une nourriture plus raffinée et une ambiance plus typiquement crétoise, mieux vaut tourner le dos à la « belle vue » et s'aventurer dans les ruelles du cœur de la ville.

Au sud d'Agios Nikolaos se trouvent une plage et une marina, ainsi que des restaurants – plutôt chers. Près de la gare routière, à l'extrémité occidentale de la marina, se dresse l'église de la Panagia Vrefotrofou, qui date du XIIe siècle : ici encore, l'ancien et le moderne se rencontrent… et se marient.

Le lac Voulismeni, qui sert de port intérieur, est surnommé le « lac sans fond » en raison de ses berges très escarpées, et il est effectivement très profond : il atteint 64 m. Il est relié au port extérieur par un chenal construit entre 1867 et 1871.

Surplombant le chenal, le **musée d'Art populaire** mérite une visite pour ses expositions de costumes crétois ainsi que d'objets d'artisanat et d'art populaire typiques.

Le **Musée archéologique** d'Agios Nikolaos, au nord-ouest du centre-ville, est remarquable. Au moment d'écrire ces lignes, le musée accueille uniquement des expositions temporaires pour cause d'entretien, mais sa belle collection d'objets provenant de divers sites minoens devrait être à nouveau accessible très rapidement. En particulier, dans la salle II, s'impose au regard le vase dit de la *Déesse de Myrtos*. Il a été découvert à Mohlos, non loin de Gournia (*voir p. 192*). C'est une poterie d'argile qui date du début de la période minoenne. Il servait probablement à un culte de la fertilité ; manifestement, le col et la tête sont phalliques alors que le corps du vase est orné de deux seins.

La pièce la plus curieuse, assez lugubre d'ailleurs, est un crâne humain dont on pense qu'il appartenait à un athlète. Découvert intact, il était accompagné de la couronne de lauriers en or attribuée aux vainqueurs de jeux ainsi que d'une pièce d'argent : selon les croyances grecques, celle-ci était destinée à payer le voyage dans l'au-delà à Charon, le nautonier qui faisait traverser le fleuve Styx aux défunts. Ce crâne fut découvert à proximité de la ville, et, d'après la date de la monnaie, on sait qu'il remonte au Ier siècle de notre ère.

Autour de la ville, les plages ne sont pas particulièrement séduisantes, ce qui ne les empêche pas d'être bondées une bonne partie de l'été. On en trouve de plus agréables à Elounda (*voir p. 189*) à Ammoudara et à Almyros, sur la route qui mène à Sitia. ■

Musée archéologique
Palaiologou 74
284/102-4943
Fermé lun. (exposition temporaire uniquement)

Musée d'Art populaire
Palaiologou 1
284/102-5093
Fermé le matin

GOURNIA

À moins de 20 km au sud-est de la bruyante et moderne Agios Nikolaos, la magique Gournia, l'une des cités minoennes les mieux préservées, nous rappelle ce que l'histoire peut réserver aux communautés les plus florissantes. Le site de cette antique cité était déjà occupé il y a 5 000 ans.

Sur le site de la petite cité minoenne de Gournia, les premières fouilles furent réalisées en 1904.

Gournia
Carte p. 175
284/209-3028
Fermé lun.
€

Aujourd'hui, c'est une ville fantôme au sommet de la petite colline qui surplombe le superbe golfe de Mirabello. Rares sont les touristes qui, entre Agios Nikolaos et Sitia, prennent le temps de faire le détour, et pourtant, le site en vaut vraiment la peine.

Au centre de la ville de Gournia subsistent les ruines d'un palais, bien moins important que celui de Cnossos – il n'en représente que le dixième – et pourtant, c'est peut-être leurs modestes dimensions qui rendent ces vestiges, bien conservés, particulièrement intéressants. On y découvre un lacis de ruelles bordées de fondations de petites maisons, ruelles qui rappellent beaucoup celles des vieux quartiers actuels des villes crétoises. Leur pavage est resté en place, et on marche donc sur des pierres que foulaient déjà des habitants de l'île entre 1550 et 1450 av. J.-C. La plupart des ruines que l'on peut voir datent en effet de cette époque.

Comme d'autres sites minoens, Gournia fut détruite par un incendie causé par le cataclysme – probablement un tremblement de terre – qui anéantit la civilisation minoenne vers 1450 av. J.-C. On voit encore les marches qui mènent à l'entrée du palais, ainsi qu'une massive dalle de pierre, percée d'un seul trou, où étaient probablement attachés des animaux avant d'être sacrifiés. Ou peut-être était-ce simplement un étal de boucher ?...

On sait que Gournia était un centre commercial important : on y a trouvé des traces d'activités – menuiserie, poterie, ferronnerie, pêche et tissage – que pratiquent aujourd'hui encore les Crétois. ■

SITIA & IERAPETRA

Sitia n'est pas incluse dans les itinéraires touristiques; aussi est-ce une bonne base à partir de laquelle on peut découvrir la vraie Crète. Tout est meilleur ici, en particulier la nourriture, nettement plus authentique que celle que l'on trouve dans les stations touristiques. Ierapetra, principale agglomération de la côte sud-ouest, se vante d'être la ville la plus méridionale d'Europe.

Sitia

Ici, la principale source d'argent reste les raisins secs: chaque année, en août, la ville abrite le festival des Raisins secs, avec de la musique, des danses traditionnelles et du vin – attention, il est plutôt fort! Il y a cependant bien d'autres choses à voir à Sitia, en particulier la **forteresse vénitienne**, dont une partie fait office de théâtre en plein air. Un petit **Musée folklorique** présente des spécimens de l'artisanat régional. Au **Musée archéologique** (*Piskokefalou, 3, tél.: 284 / 302-3917, fermé lun., €*), très intéressant, vous ne manquerez pas d'admirer la statue minoenne d'un kouros en ivoire; elle porte les traces de l'incendie qui ravagea les cités minoennes en 1450 av. J.-C.

Ierapetra

Ierapetra était à l'origine une colonie dorienne, et sa situation en faisait une escale idéale pour le commerce avec l'Afrique du Nord et le Proche-Orient. Aujourd'hui, elle vit du tourisme: ses belles plages sont bordées de bout en bout d'hôtels, de restaurants et de villas. On y visitera le petit **Musée archéologique** (*Adrianou Koustoula, tél.: 284/202-8721, fermé lun., €*), ainsi que les ruines d'une **forteresse** du XIIIe siècle. ■

Sitia

Carte p. 175

Informations

Porto
284/302-8300
Fermé en hiver
cretesitia.gr

Musée folklorique

Kapetan Sifi 28, Sitia
284/302-2541
Fermé nov.-mars
€

Ierapetra

Carte p. 175

À DÉCOUVRIR La Pâques orthodoxe

La Pâques orthodoxe, célébrant la résurrection du Christ, est la fête la plus importante du calendrier religieux grec. Elle est célébrée partout et part tous avec enthousiasme pendant plusieurs jours. C'est donc un moment privilégié pour visiter la Grèce.

Si vous prévoyez une visite de la Grèce à Pâques, réservez les transports et les hébergements bien à l'avance et assurez-vous des dates car la Pâques orthodoxe peut tomber quelques semaines avant ou après la fête catholique. Dans presque toutes les villes, les célébrations commencent le Jeudi saint, consacré aux préparatifs et à la confection des œufs rouges qui serviront à décorer et à fêter la résurrection (les œufs symbolisent la vie tandis que le rouge représente le sang du Christ). Vendredi soir, l'épitaphe décorée de fleurs qui symbolise le tombeau du Christ est portée en procession dans les rues, les prêtres en tête suivis des fidèles.

Les célébrations culminent le samedi à minuit, juste après la veillée pascale, lorsque le prêtre annonce la résurrection « Christos Anesti » et fait passer la lumière à tous les fidèles: chacun allume sa bougie à la flamme de celle de son voisin. Commencent alors les feux d'artifice. Rentrés chez eux, les fidèles marquent l'embrasure de leur porte d'une croix faite avec la bougie.

Le dimanche est l'occasion de partager un grand repas en famille autour de l'agneau, cuisiné en méchoui.

PHAISTOS

Le palais de Phaistos (Festos), qui se trouve dans la région centre-sud de la Crète, ne le cède en dimensions et en importance qu'à celui de Cnossos, mais il occupe un site beaucoup plus spectaculaire sur un plateau qui surplombe la vaste et fertile plaine de Messara. Au nord, on aperçoit les pentes du mont Psiloreitis – mieux connu sous le nom de mont Ida –, le point culminant de la Crète (2 456 m). Le cadre est incomparable.

Les marches sont légèrement bombées pour permettre à l'eau de pluie de s'écouler – c'est un exemple du système très élaboré d'évacuation des eaux du palais de Phaistos.

Phaistos (Festos)
Carte p. 174
289/204-2315
€

L'histoire de Phaistos est identique à celle de bien d'autres sites minoens. Le premier palais y fut construit vers 1900 av. J.-C. mais fut détruit par le même tremblement de terre qui ravagea l'île et ses cités vers 1700 av. J.-C. Un second palais fut rapidement construit, à son tour emporté par la catastrophe qui anéantit les Minoens en 1450 av. J.-C. Pourtant, on trouve encore à Phaistos des vestiges du premier palais; ils furent découverts par l'archéologue italien Frederico Halbherr, qui entama ici les premières fouilles sérieuses en 1900.

Sur ce site, à la différence de Cnossos, les ruines ont simplement été dégagées et nettoyées, et les reconstructions sont rares; on s'est surtout contenté de redresser des murs écroulés.

Le **Grand Escalier** du palais suit la pente sur laquelle Phaistos fut construit: large de 14 m, il se compose de 12 marches, en partie creusées directement dans le sol. Comme souvent en Grèce, elles sont légèrement incurvées pour faciliter l'évacuation des eaux mais, ici, elles sont bombées, ce qui rehausse leur grandiose beauté.

Au sommet du Grand Escalier se trouve l'entrée occidentale du second palais et, à droite, s'ouvre la **cour centrale**, tout aussi imposante – c'est un élément caractéristique de tous les palais minoens. Les colonnades qui en bordaient deux côtés ont disparu, mais, sur son côté nord, la vue sur le mont Ida est aujourd'hui tout aussi magnifique qu'il y a 4000 ans. Pour les habitants du palais, ce panorama était particulièrement important parce que, de cet endroit comme depuis certaines pièces du palais, on pouvait apercevoir, sur le flanc de la montagne, la grotte de Kamares, lieu sacré des Minoens.

Au nord de la cour centrale se trouve l'entrée des appartements royaux et, de chaque côté, subsistent des vestiges de guérites dans lesquelles s'abritaient les sentinelles. Dans le couloir, on notera la rigole qui court au milieu et qui servait à évacuer les eaux de pluie, car ce couloir était à ciel ouvert. Au bout se trouvaient les **appartements royaux**, entourés d'une barrière car c'est l'un des endroits le plus importants du site. On y voit des chambres séparées pour le roi et la reine, les vestiges d'un bain lustral et même d'un cabinet de toilette. Un peu plus loin, sur la droite, il y avait la **salle des Archives**, où fut découvert le disque de Phaistos (*voir encadré*).

À l'occasion de la visite de ce site, on ne manquera pas de faire un léger détour (3 km) vers l'est pour visiter les ruines d'**Agia Triada**, villa ou palais construit vers 1600 av. J.-C.; c'était peut-être une résidence d'été de la famille royale ou d'un notable de Phaistos. On y voit encore de superbes fresques, et de nombreux objets intéressants y ont été découverts, qui sont maintenant exposés au Musée archéologique d'Héraklion (*voir p. 177*). Selon les historiens, cette construction se trouvait, à l'origine, beaucoup plus proche de la mer, mais celle-ci, au cours des siècles, a progressivement reculé. Il se peut que la rampe qui descend depuis la villa ait mené à un petit port privé. ■

Le disque de Phaistos

C'est en 1908 que fut découvert le disque de Phaistos, en terre cuite, de 16 cm de diamètre, exposé au Musée archéologique d'Héraklion (*voir p. 177*). Réalisé entre 1700 et 1600 avant notre ère, il porte, sur ses deux faces, des signes et symboles qui sont longtemps restés une énigme. En 2018, deux linguistes grec et britannique ont proposé une interprétation qui semble crédible, mais reste encore à valider : les inscriptions reproduiraient une prière destinée à la déesse mère, divinité principale de la civilisation minoenne.

Agia Triada

Carte p. 174

289/209-1564

€

UNE PROMENADE DANS LES GORGES DE SAMARIA

Une excursion dans les gorges de Samaria (Farangi Samarias), les plus longues d'Europe, est certainement à faire. C'est d'ailleurs, après Cnossos, le lieu le plus visité de l'île : chaque année, un demi-million de visiteurs les parcourent de bout en bout.

En début de saison, la gorge est parsemée de fleurs.

Au plus fort de l'été, les gorges voient défiler plusieurs milliers de visiteurs par jour. Mieux vaut donc, si on le peut, prévoir cette visite à la fin du printemps ou au début de l'automne afin de mieux apprécier ce site grandiose dans une solitude digne de lui. Pourtant, même lorsque l'on n'y est pas seul, cette randonnée vaut largement la peine.

La plupart des touristes mettent entre 5 et 7 heures pour parcourir les 18 km de sentiers. Le chemin est parfois rude et pénible mais, comme il descend la plupart du temps, un marcheur en bonne forme le parcourra sans difficulté. Il faut simplement être équipé de bonnes chaussures de marche, emporter quelques provisions et de l'eau, quoique l'on puisse toujours se rafraîchir aux sources qui ponctuent le parcours.

À NE PAS MANQUER

La vue depuis Omalos • Le *xyloskalo* • Samaria • Sidiroportes

La randonnée commence sur un parc de stationnement bien indiqué, au sud du village d'**Omalos** ❶, où l'on peut d'ailleurs loger si l'on a réservé. Cela permet de partir tôt, avant l'arrivée de la foule : la gorge ouvre dès 6 h du matin. Gardez votre ticket, il vous sera demandé plus tard.

Depuis le parc de stationnement, descendre tout droit jusqu'au ***xyloskalo*** ❷, ou « escalier de bois ». En fait, c'est un sentier abrupt creusé dans le rocher, mais bordé d'une rambarde de bois. C'est l'un des passages les plus spectaculaires : sur 3 km, on descend de près de 700 m. Au bas se trouve la minuscule chapelle d'**Agios Nikolaos**. Et il a été heureusement prévu des bancs, pour ceux qui éprouvent le besoin de se reposer.

À SAVOIR

Si vous êtes dans les montagnes Blanches, vous pouvez vous rendre à pied ou en voiture au refuge de Kallergi, où vous profiterez d'un panorama unique sur la gorge de Samaria et les hauts sommets.

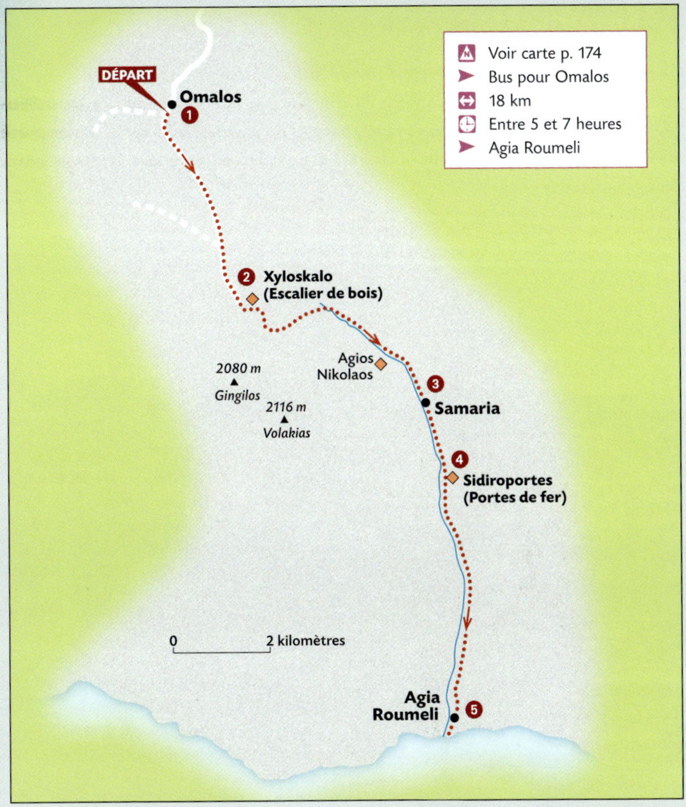

À partir de là, le sentier s'élargit et devient plus plat, franchissant à plusieurs reprises le torrent. Au printemps, la fonte des neiges fait gonfler le cours d'eau, aussi la gorge est-elle fermée jusqu'en mai. L'été, ce n'est plus qu'un ruisselet agréable et rafraîchissant.

Au bout de 6,5 km environ, on laisse, sur la gauche, l'ancien village de **Samaria** 3, qui a été abandonné par ses habitants en 1962, lorsque les gorges sont devenues un parc national.

Ensuite commence la partie la plus spectaculaire de la gorge : sa largeur se réduit à 3 m à **Sidiroportes** 4, nom qui signifie « Portes de fer » ; ici, la falaise est haute de 300 m. Puis les parois s'écartent à nouveau, et l'on pénètre dans une autre vallée, où se trouve un autre village abandonné, Agia Roumeli. C'est là que vous rendrez votre ticket – pour des raisons de sécurité : il faut s'assurer que vous avez bien quitté les gorges.

Vingt minutes de marche plus loin, c'est l'arrivée au village moderne d'**Agia Roumeli** 5 et à la mer, fraîche et accueillante aux pieds échauffés. On peut y loger ou prendre un bateau pour d'autres villages de la côte (*en particulier Sfakia, voir p. 199*), d'où l'on peut rentrer à Réthymnon ou à La Canée par bus. L'été, des correspondances sont assurées tout l'après-midi, mais les bus sont parfois bondés.

PALEOCHORA & LA CÔTE SUD

La côte méridionale de la Crète présente une succession spectaculaire d'échancrures où les montagnes et les gorges plongent directement dans la mer. Il faudrait des travaux gigantesques pour relier entre elles toutes les stations côtières, aussi cette région est-elle beaucoup moins développée que la côte nord. Mais, en été, les foules se pressent dans les agglomérations.

Agia Galini, sur la côte sud de la Crète, est une station touristique animée.

Agia Galini
Carte p. 174

Agia Galini, à l'ouest de Phaistos, en est un bon exemple : cet ancien village de pêcheurs est devenu une ville touristique grecque typique. Ce qui reste de la vieille ville est charmant, et les tavernes sont nombreuses autour du port.

Depuis Agia Galini, on pourra rejoindre la belle **vallée d'Amari**, à l'ombre du mont Ida. Nous sommes ici au cœur de la Crète, où certains hommes portent encore le costume traditionnel, avec de larges pantalons noirs et de hautes bottes de montagne. Cette région abonde en villages pittoresques, vallées fertiles et gorges spectaculaires.

Un peu plus à l'ouest, traversant un cadre splendide, la gorge de Kourtaliotiko mène au **monastère de Preveli**, construit et réaménagé du XVIIe siècle jusqu'au XIXe siècle. On peut le visiter et, comme des moines y vivent, on s'habillera correctement et on respectera le silence.

À **Plakias**, située à l'extrémité de la gorge de Kotsifou, tout aussi spectaculaire, une plage de sable de 2 km de long attire en masse les bronzeurs; mais bien d'autres plages sont accessibles le long de la côte. Plus à l'ouest encore, la principale ville, Sfakia, est proche de la **gorge d'Impros**, presque aussi belle que celle de Samaria mais moins fréquentée.

Sur l'une des rares plaines côtières, entre Plakias et Sfakia, se dressent les vestiges d'une forteresse vénitienne: **Frangokastello**, édifiée en 1371, dont les remparts sont remarquablement préservés. Il ne reste pas grand-chose de l'intérieur mais son cadre remarquable et la vue superbe dont on jouit depuis l'extérieur valent la visite. La forteresse fut construite à la fois pour protéger cette partie de la côte des incursions des pirates et pour maintenir l'ordre dans la population: les habitants de la ville voisine de Sfakia étaient bien connus pour leurs manifestations d'indépendance.

C'est à **Sfakia** (**Chora Sfakion**) que viennent le plus souvent ceux qui veulent voir de beaux paysages et découvrir le mode de vie traditionnel des Crétois. Du fait que la ville est bordée, à l'ouest, par une chaîne montagneuse abrupte, on ne pouvait guère y accéder, jadis, que par la mer. Aujourd'hui, la route est obligée de faire une série d'épingles à cheveux spectaculaires. Sfakia a été bien moins touchée que d'autres cités par la vie moderne. Certes, les touristes sont nombreux, mais les habitants s'accrochent plus qu'ailleurs à leur histoire et à leurs traditions. Si la vendetta existe encore, l'hospitalité est chaleureuse. Ici aussi, les hommes d'un certain âge portent encore des costumes traditionnels.

Il y a quelques années déjà que le tourisme a atteint **Paleochora**, tout à l'ouest, devenue une station balnéaire très développée. On y trouve deux belles plages, une de chaque côté d'un promontoire au sommet duquel se dresse une forteresse vénitienne; c'est un site idéal pour pratiquer la planche à voile et autres sports nautiques. C'est aussi une bonne base pour ceux qui veulent allier la détente à la découverte. ■

Tenue appropriée

Si vous souhaitez visiter des monastères, n'oubliez pas que ces lieux de méditation et de prière requièrent un comportement respectueux. Même si les moines sont habitués à recevoir des visiteurs étrangers, en particulier l'été, il est très important de revêtir une tenue appropriée. Les femmes doivent se couvrir les épaules et porter des jupes ou des pantalons. Certains endroits se montrent plus tolérants que d'autres et ne refouleront pas un homme vêtu d'un short, d'autres vous prêteront des vêtements à revêtir par-dessus vos habits, quelques-uns, enfin, vous refuseront tout simplement l'entrée. Mieux vaut donc prévoir de vous habiller avec des vêtements longs.

Sfakia (Chora Sfakion)
Carte p. 174

Paleochora
Carte p. 174

LA CÔTE OUEST

La côte occidentale de la Crète a ceci de remarquable qu'elle n'a pas encore été modernisée. Bien sûr, on y trouve quelques stations balnéaires fréquentées, mais plus nombreux sont les villages traditionnels où les hommes passent leur temps au café comme ils le font depuis des siècles. Les plages sont superbes et relativement isolées.

Elafonisos
Carte p. 174

Kastelli Kissamos
Carte p. 174

La magnifique plage d'**Elafonisos** est située à 13 km de Paleochora; avec son sable blanc-rose et le bleu profond de ses eaux, ce site évoque les paysages des Antilles. Les températures estivales nous rappellent que cette partie de la Crète n'est guère qu'à 300 km de l'Afrique du Nord. La mer est peu profonde, et l'on peut marcher jusqu'aux îlots qui bordent la côte, dont les plages sont idylliques. Si la foule est nombreuse sur la plage principale, le développement est pour l'instant limité: il faut emprunter une route très cahoteuse qui décourage les automobilistes.

La principale ville de la région, **Elos**, se trouve un peu à l'intérieur des terres, au pied du mont Agios Dikeos (1 182 m). Toute cette région s'appelle **Kastanochoria** – «les villages des châtaignes», en raison de la culture principale. La récolte s'effectue naturellement à l'automne et se termine, fin octobre, par la fête des Châtaignes.

Entre les collines et la mer Égée, la route côtière, parfois vertigineuse, traverse de vastes champs d'oliviers et d'agrumes. **Kastelli Kissamos** se trouve à l'extrémité nord de cette côte; c'est le lieu idéal pour ceux qui se contentent de quelques hôtels et restaurants. Kastelli a la réputation de ne pas faire d'embarras: on y accueille volontiers les visiteurs, dont on ne se préoccupe pas trop. C'est là qu'il faut s'asseoir, le soir, sur la grand-place, et s'attarder pour boire un café ou un ouzo, et regarder les gens passer. ■

À DÉCOUVRIR La culture crétoise

L'économie liée au tourisme est très bénéfique pour certaines petites communautés qui parviennent, grâce aux revenus générés, à maintenir la vie dans les villages et à préserver les traditions.

Alors que les stations balnéaires d'Almerida et de Kalives, dans le nord-ouest de la Crète, ont bien changé depuis l'époque où elles n'étaient que de simples villages de pêcheurs, la communauté de Vamos, village de l'intérieur des terres, a mis en avant ses traditions et son mode de vie pour développer son attractivité. Les habitants ont commencé par rénover quelques vieilles maisons pour offrir aux voyageurs un confort moderne tout en conservant le charme d'un village traditionnel. En plus de séjourner dans l'une de ces belles demeures, les touristes qui séjournent à Vamos ont la possibilité de s'initier à la culture crétoise en suivant des cours de danse, des cours de cuisine et en participant (selon la période de l'année) à la récolte des olives, à la vendange et au pressurage du raisin. Pour plus de détails, contactez **Vamos Village** (*Apokoronou 73008, Chania, tél.: 282/502-2190, www.vamosvillage.gr*).

MALEME

La bataille de Crète, qui fit rage pendant dix longues journées, en mai 1941, a laissé de profondes traces dans l'histoire de l'île. Si l'on veut se faire une idée de ce que fut, dans la réalité, cet épisode sanglant, il est indispensable de visiter le lieu où s'est déroulé l'essentiel de cette bataille : Maleme, sur la côte, à l'ouest de La Canée, où se trouve le cimetière militaire allemand.

Malgré les douloureux souvenirs laissés par l'occupation, les tombes du cimetière militaire allemand sont soigneusement entretenues.

En 1941, pendant l'offensive allemande pour prendre pied en Crète, les parachutistes attaquèrent l'aérodrome de Maleme, tenu par les Alliés. Ceux-ci, pour qui la Crète constituait une base essentielle en Méditerranée, firent retraite au travers de l'île, et la plupart furent évacués par mer depuis la côte sud. Beaucoup de Crétois participèrent, au risque de leur vie, à cette opération extraordinaire. La résistance crétoise se poursuivit ensuite avec acharnement jusqu'en 1945.

Le cimetière de guerre allemand se trouve au sommet de ce qui était la colline 107. Au centre d'information, une carte présente le déroulement des combats. Cette colline est couverte de rangées de tombes : les Allemands perdirent 6 580 hommes. Aujourd'hui, au printemps, le bas des pentes est parsemé de fleurs sauvages qui donnent une certaine sérénité à ces lieux. Depuis le sommet de la colline, on voit la piste de l'aérodrome de Maleme, sur laquelle portait l'assaut et dont il fallait s'emparer à tout prix. C'est aujourd'hui encore une base militaire.

Pour plus de détails, on visitera le cimetière de guerre du Commonwealth, à l'extrémité de la péninsule d'Akrotiri, au nord de La Canée, où sont enterrés 1 522 des 2 000 soldats alliés qui périrent pendant la bataille de Crète : des Britanniques, des Australiens et des Néo-Zélandais qui, avec le soutien actif des Crétois – hommes, femmes et enfants –, défendirent l'île jusqu'à la mort. ■

Maleme

Carte p. 174

LA CANÉE

Avec son cadre de rêve, son port actif, ses vestiges historiques, son marché animé, ses musées intéressants et ses belles plages, La Canée (Khania ou parfois Chania), principale agglomération de la Crète occidentale, est l'une des villes les plus séduisantes de l'île. Si dense que soit la foule des touristes, la cité conserve son charme et son originalité.

La mosquée des Janissaires, qui évoque curieusement l'ère spatiale, se dresse sur le front de mer où affluent les touristes.

La Canée (Chania)

Carte p. 174

Informations

Police touristique, Irakleiou 24

282/102-5931

Hôtel de ville, Kydonias 29

282/134-1665

chaniatourism.com

Suffisamment grande pour être une véritable ville, La Canée a néanmoins conservé une dimension humaine, et l'on s'y sent vite chez soi. Il est vrai que le cadre y contribue : au nord scintillent les eaux bleues de la mer de Crète ; au sud se dressent, dans le lointain, les Lefka Ori, les montagnes Blanches, épine dorsale de cette partie de l'île. Depuis certains cafés du front de mer, on peut voir à la fois les sommets couverts de neige et la mer azurée. C'est l'endroit idéal pour prendre un petit déjeuner fait de yogourt agrémenté de miel et de fruits frais – mais on peut aussi bien y déjeuner ou peut-être même y faire un dîner romantique au soleil couchant.

Les hautes maisons qui bordent le **front de mer** lui donnent une atmosphère un peu vénitienne. Mais les Vénitiens ne sont pas les seuls à avoir laissé leur empreinte sur ce lieu enchanteur. C'était à l'origine une importante cité minoenne, Kydonia, qui est relativement peu connue dans la mesure où la ville moderne s'est bâtie, strate après strate, sur ses ruines. Des fouilles ont été entreprises au cœur même de la cité, mais le site n'est pas encore ouvert au public.

Au **Musée archéologique** sont exposés les plus beaux objets trouvés à Kydonia ainsi que sur d'autres sites de la Crète occidentale. On y voit en particulier une belle collection de poteries et plusieurs magnifiques sculptures et mosaïques. Le bâtiment lui-même n'est pas sans intérêt, plus à l'intérieur qu'à l'extérieur d'ailleurs : c'était à l'origine une église vénitienne dédiée à saint François, qui fut transformée en mosquée par les Ottomans. On y voit encore les restes d'un minaret ainsi que, dans une jolie cour, la fontaine servant aux ablutions rituelles.

L'influence turque se retrouve en particulier dans la **mosquée des Janissaires** qui se dresse sur le port. Construite en 1645, elle est le plus ancien monument ottoman subsistant en Crète. Elle fut gravement endommagée pendant la Seconde Guerre mondiale, puis, restaurée, elle a longtemps abrité l'office de tourisme.

Pour l'essentiel, le port est un reflet de l'ère vénitienne, avec en particulier la forteresse de **Firkas**, très restaurée, d'où l'on a une vue magnifique sur le port. L'une des tours du fort abrite le **Musée maritime de Crète**, qui présente une collection de modèles réduits et de maquettes des batailles navales qui se déroulèrent au large de la côte. Même ceux qui ne sont pas particulièrement portés sur les choses de la mer ne pourront s'empêcher d'être fascinés par la reconstitution très détaillée de la ville et du port de La Canée au XVIIe siècle, avec en particulier l'arsenal vénitien, qui existe encore. C'est aussi dans ce musée que l'on trouve la présentation la plus intéressante de la bataille de Crète (1941).

Le Musée historique, niché dans le quartier sud-est de La Canée, vaut également la visite. Sur le chemin, on ne manquera pas de s'arrêter dans les **halles centrales** : outre du poisson frais, de la viande, des légumes et de délicieux fromages, on peut aussi y acheter maints petits souvenirs.

Manifestement, le bâtiment qui abrite le **Musée historique** était jadis une élégante demeure familiale, à l'époque où ce quartier était à la mode, à la fin du XIXe siècle et au début du XXe. Outre des objets ayant appartenu à des notabilités locales, ce musée présente des informations très intéressantes sur le mouvement crétois de résistance pendant la Seconde Guerre mondiale ainsi que pendant la lutte d'indépendance contre les Turcs. ■

À SAVOIR

Le spectaculaire plateau d'Omalos donne lieu à une splendide excursion au départ de La Canée. Sur la route, vous traverserez le magnifique village de Lakki, un véritable paysage de carte postale. Arrêtez-vous pour le photographier !

Musée archéologique
✉ Chalidon 28
☎ 282/109-0334
€ €

chaniamuseum.culture.gr

Musée maritime de Crète
✉ Akti Kountourioti
☎ 282/109-1875
🕒 Fermé dim. et 1er nov.-30 avr.
€ €

mar-mus-crete.gr

Musée historique
✉ Sfakianaki 20
☎ 282/105-2606
🕒 Fermé sam.-dim.

RÉTHYMNON

Avec quelque 25 000 habitants, Réthymnon (Rethimno) est la troisième ville de Crète. Par son port pittoresque, son architecture soumise aux influences vénitienne et turque et sa solide culture traditionnelle, elle rappelle La Canée, mais en plus petit et plus touristique.

Le port intérieur est encombré de cafés et de restaurants.

Réthymnon (Rethimno)
Carte p. 174
Informations
E. Venizelou, Paralia
283/102-9148
rethymno.gr

Fortezza
Katechaki
283/102-8101
€

La ville actuelle s'est bâtie autour de l'ancienne cité gréco-romaine de Rithymna, et l'on sait que ce site était habité dès l'époque minoenne. Si l'on n'y voit pas trace de palais de ce temps-là, il reste en revanche de nombreux vestiges de l'époque gréco-romaine : Réthymnon était alors un centre commercial et un port très actifs.

Au XVIe siècle, la ville, occupée par les Vénitiens, se développa et acquit, dans les domaines des arts et de la culture, une réputation qu'elle a su préserver.

La principale curiosité est la **Fortezza** qui, selon les spécialistes, serait la plus grande forteresse construite par les Vénitiens. Elle fut bâtie dans les années 1570 pour défendre la ville contre les incursions des pirates ainsi que pour faire pièce à la puissance croissante des Ottomans. Mais elle ne tint pas longtemps : en 1645, l'armée de la Sublime Porte l'emporta au bout d'un siège de 23 jours.

À l'intérieur de la forteresse, on voit les vestiges de certains bâtiments administratifs, une caserne, des citernes, l'église Sainte-Catherine et la mosquée du sultan Ibrahim, ainsi qu'un petit théâtre où des spectacles sont donnés au cours de l'été. À elle seule, la vue que l'on a sur la côte et la ville depuis les puissants remparts vaut la visite.

En face de l'entrée de la forteresse, le **Musée archéologique** est installé dans l'ancienne prison. La conversion a été soigneusement réalisée, et les salles sont disposées autour d'un atrium central. Bien que les vestiges minoens soient rares dans la ville elle-même, ils abondent dans les environs, et on en trouve une belle collection dans ce musée, en particulier une superbe sélection de *larnakès*, qui sont des sarcophages peints. On peut y admirer aussi de belles statues, en particulier de la période gréco-romaine.

Dans la vieille ville, au sud du Musée archéologique, on peut, en déambulant parmi beaucoup d'anciens bâtiments intéressants, oublier un temps la foule des touristes qui se pressent dans les tavernes du port et sur les plages de la ville. La vie tourne ici autour de la **fontaine Rimondi**, qui se dresse à l'extrémité d'une grande artère bordée de cafés et de magasins. Cette fontaine fut érigée en 1629 par le gouverneur vénitien (à ce que l'on raconte, il était jaloux de la fontaine Morosini d'Héraklion) ; l'eau jaillit de la gueule de lions, fauves emblématiques de Venise.

À une cinquantaine de mètres plus au sud se dresse un bâtiment encore plus ancien, la **Loggia**, du XVIe siècle, qui servait de marché aux Vénitiens. Le bâtiment, qui abritait autrefois le Musée archéologique, accueille aujourd'hui une bibliothèque.

Au sud-est de la Loggia se trouve le **port vénitien**, qui ne peut accueillir que des navires de petite taille ainsi que des caïques (bateaux de pêche locaux). Les grands ferries qui font la liaison avec les autres îles et avec Le Pirée doivent mouiller au large. On y voit des pêcheurs réparer leurs filets et, le matin, vendre ce qu'ils ont pris la nuit. Le phare, du XVIe siècle, fut également construit par les Vénitiens. À la nuit tombée, la scène se transforme : tout le monde vient au port pour voir et être vu, et pour manger et boire toute la nuit.

À 23 km au sud-est de Réthymnon, on ne manquera pas de visiter **Moni Arkadiou**, monastère édifié au XVIe siècle dans un cadre spectaculaire, à l'entrée d'une gorge, et entouré de vergers. Son plus bel ornement est l'église à nef double, dotée d'une façade de style « Renaissance crétoise ». ■

Musée archéologique

Agios Frangiskos, 4
283/102-7506
Fermé lun.
€

archmuseumreth.gr

Moni Arkadiou

Carte p. 174
283/108-3136
€

www.crete-kreta.com/arkadi-monastery

Autres sites à visiter

Archanes

Ce site minoen se partage entre les villages de Kato et d'Arhanes, au sud de Cnossos ; c'est une région fertile où abondent les oliveraies ainsi que les vignobles, d'où provient une bonne partie du vin de Crète. En 1979, on découvrit quatre squelettes sur le site du temple d'Anemospilia, dans ce qui devait être une grande cité. De leur position, on a déduit que les Minoens pratiquaient un sacrifice humain lorsque le temple fut détruit par un tremblement de terre. Aujourd'hui, le lieu est beaucoup plus paisible.

Carte p. 175

Gavdos

La petite île de Gavdos, à laquelle on peut accéder par bateau depuis Paleochora ou Sfakia, a pour principale caractéristique d'être le point le plus méridional de l'Europe. Ses habitants affirment que c'est l'île sur laquelle vivait la nymphe Calypso, dont Homère relate la passion pour Ulysse dans *L'Odyssée*.

Kastri fait fonction de capitale, et l'on trouve quelques chambres à louer à **Korfos**. La côte offre quelques belles plages. Ceux qui veulent la visiter devront vérifier s'il y a des chambres libres et se faire confirmer l'horaire des ferries : hors saison, les deux ferries hebdomadaires sont parfois annulés.

Carte p. 174

Limenas Hersonisou

À Limenas Hersonissou, l'une des principales stations balnéaires de la Crète, il ne subsiste presque rien du village de pêcheurs d'antan ni de l'Antiquité, excepté une fontaine romaine ornée d'une mosaïque du IIe ou IIIe siècle. Les rues abondent en bars et discothèques mais, en fait, l'essentiel de l'activité tourne autour de l'Aqua Splash Water Park (acquaplus.gr, €€-€€€), l'une des attractions les plus fréquentées de Crète ; aussi cette station est-elle idéale pour des vacances en famille.

Carte p. 174 **Informations** Hôtel de ville 289/734-0000

La gorge de Therissos

Ceux qui ne se sentent pas suffisamment en forme pour faire la randonnée des gorges de Samaria (*voir p. 196-197*) pourront admirer le site spectaculaire de cette gorge – au sud de La Canée – depuis la voiture. Sur la route en lacets, les véhicules semblent bien petits au pied des falaises.

Zakros

À l'extrémité orientale de l'île, le palais minoen de Zakros, le quatrième par ses dimensions, n'est guère fréquenté. Son port jouait un rôle important dans le commerce de la Méditerranée orientale et du Proche-Orient, mais le palais a moins bien résisté au temps que les maisons alentour.

Carte p. 175 284/302-6897

Fermé lun. et 1er nov.-31 mars

Escarpements de la côte méridionale, près de Sfakia

Géographiquement et culturellement, les vertes îles Ioniennes sont les plus proches de l'Italie et du reste de l'Europe occidentale, dont elles ont fortement subi l'influence.

CORFOU & LES ÎLES IONIENNES

Les grottes de Melissani, dans l'île de Céphalonie

CORFOU & LES ÎLES IONIENNES

Par la mer Ionienne, il n'y a pas loin de l'Italie à Corfou (Kerkira) et aux autres îles Ioniennes où, dès l'époque romaine, on venait en villégiature. De nos jours, les visiteurs sont plus nombreux, en particulier dans des stations balnéaires telles Kavos et Benitses, qui attirent une clientèle plutôt jeune. Mais l'aspect touristique des îles se limite en général à quelques stations spécifiques, et le reste de la région reste relativement paisible.

Un îlot couvert d'arbres en face de Gaios, sur l'île de Paxi

Les attraits de cet archipel sont nombreux. Ceux qui connaissent les îles chaudes et sèches de la mer Égée seront surpris de voir à quel point les îles Ioniennes sont verdoyantes. Extrêmement fertiles, elles sont couvertes de vastes oliveraies, de champs d'agrumes et de vignes. Cela s'explique par le fait qu'elles reçoivent plus de précipitations que les Cyclades, les Sporades ou le Dodécanèse. Même en été, il y a parfois des averses, et les tempêtes d'automne y sont plus fréquentes qu'en mer Égée. Mais, une fois l'hiver terminé, le printemps est superbe et ne peut qu'attirer ceux qui aiment se promener parmi les champs de fleurs sauvages et rechercher les multiples espèces d'orchidées qui poussent ici.

On ne manquera pas de goûter la nourriture locale, en particulier le *sofrito*, un plat parfumé à base de veau, et le *bourdetto*, un mets de poisson épicé. Le miel doré de Céphalonie est excellent, de même que sa pâte de coing et ses pralines aux amandes. On peut aussi recommander les vins de Theotaki et de Liapadikito.

Les îles Ioniennes sont extrêmement variées, et la plus grande de leurs villes, Corfou, est plus cosmopolite que bien d'autres capitales insulaires. Les Français, les Vénitiens et les Britanniques qui l'ont occupée depuis le XIe siècle en ont fait une cité qui ressemble beaucoup à d'autres villes européennes de la Méditerranée.

Située à une heure de la pointe sud de Corfou, la minuscule île de Paxi ne compte que trois bourgades et une poignée de communautés insulaires. C'est la plus petite des principales îles de la mer Ionienne, et, à en croire certains, c'est là que l'on produit la meilleure huile d'olive de Grèce. Plus au sud, sur Antipaxi,

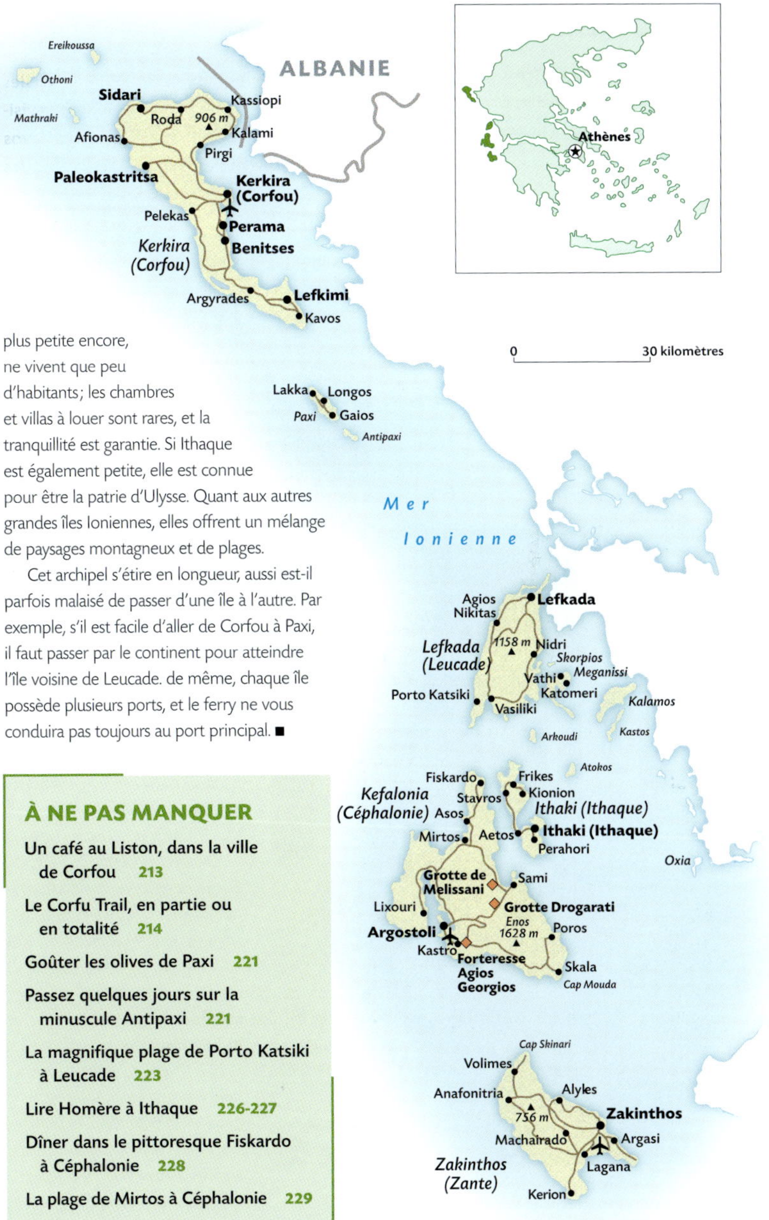

plus petite encore, ne vivent que peu d'habitants; les chambres et villas à louer sont rares, et la tranquillité est garantie. Si Ithaque est également petite, elle est connue pour être la patrie d'Ulysse. Quant aux autres grandes îles Ioniennes, elles offrent un mélange de paysages montagneux et de plages.

Cet archipel s'étire en longueur, aussi est-il parfois malaisé de passer d'une île à l'autre. Par exemple, s'il est facile d'aller de Corfou à Paxi, il faut passer par le continent pour atteindre l'île voisine de Leucade. de même, chaque île possède plusieurs ports, et le ferry ne vous conduira pas toujours au port principal. ■

À NE PAS MANQUER

Un café au Liston, dans la ville de Corfou **213**

Le Corfu Trail, en partie ou en totalité **214**

Goûter les olives de Paxi **221**

Passez quelques jours sur la minuscule Antipaxi **221**

La magnifique plage de Porto Katsiki à Leucade **223**

Lire Homère à Ithaque **226-227**

Dîner dans le pittoresque Fiskardo à Céphalonie **228**

La plage de Mirtos à Céphalonie **229**

CORFOU

Corfou, la plus septentrionale des îles Ioniennes, est la plus proche à la fois de l'Italie, à l'ouest, et de l'Albanie, à l'est. Au cours des siècles, l'influence de plusieurs autres cultures européennes lui a donné un charme certain. C'est le seul endroit en Grèce où l'on joue au cricket, introduit du temps du protectorat britannique (1814-1908).

Corfou (Kerkira)

Cartes p. 209 et p. 211

Le nom grec de cette île est Kerkira – et mieux vaut s'en souvenir pour ne pas s'égarer, lorsque l'on s'y rend en ferry ou en autocar. (Des lignes d'autocars relient Corfou à Athènes et même à Thessalonique, en Macédoine. Ce n'est pas un bras de mer qui va arrêter les autocars grecs : ils embarquent sur le ferry et poursuivent leur route de l'autre côté.)

Avec leurs balcons et leurs arches de pierre, les rues étroites de la ville de Corfou rappellent un peu Venise.

Ce nom de Kerkira (l'antique Corcyre) vient de Korkura, la fille d'Asôpos, dieu d'un fleuve de Béotie. Poséidon, dieu de la Mer, tomba amoureux d'elle et l'amena sur cette île, à qui il donna son nom. Leur fils Phéakas fonda le peuple des Phéaciens, qui accueillirent Ulysse après la victoire des Grecs à Troie (*voir p. 226-227*). Le nom de Corfou est une adaptation italienne de l'ancien mot grec *koryphaï*, qui signifie « collines » ; ce terme évoque non pas le relief du nord de l'île, mais les deux élévations qui se dressent à Corfou et où furent bâties l'Ancienne et la Nouvelle Forteresse.

Dans la Corfou moderne, on a trouvé des traces d'une occupation humaine remontant à 40000 ans ; à cette époque, l'île était encore reliée au continent. La fertilité de l'île, ses dimensions et sa beauté naturelle contribuèrent à son développement et, à l'époque des guerres médiques (520-448 av. J.-C.), elle était si puissante que seule Athènes put envoyer une flotte plus importante que la sienne pour soutenir les armées grecques qui affrontaient les Perses. Corfou a toujours été une solide place forte grecque, aussi

n'est-il pas surprenant que, au cours des siècles, elle ait été convoitée par les Romains et par d'autres puissances.

Ce sont les Vénitiens qui, culturellement et architecturalement, ont le plus marqué Corfou, qu'ils ont occupée de 1386 à 1797. Cela explique que l'influence turque, très forte dans le reste de la Grèce, soit ici négligeable. De fait, les rues de Corfou, bordées de hautes maisons aux balcons de fer forgé, évoquent plutôt une ville italienne – et plus particulièrement Venise.

Le nord de l'île, montagneux, est séparé du sud, de moindre élévation, par une plaine fertile où l'herbe pousse si bien que l'on y trouve le seul terrain de golf de l'île. Le développement touristique a plutôt touché le nord-est de l'île et la région située au nord de la ville de Corfou. Mais on trouve de très belles plages tout au long de la côte.

L'île est suffisamment grande pour que l'on puisse échapper à la foule, en particulier dans les villages de montagne (*pour la parcourir en voiture, voir p. 216-217*).

Palaio Frourio (Vieille Citadelle)
Esplanade, Corfou
266/104-8310
266/104-8120
€

La ville de Corfou

Corfou est un carrefour d'influences européennes : si l'on trouve des tavernes dans la vieille ville et si l'on célèbre Pâques avec plus d'exubérance que dans le reste de la Grèce, on y perçoit fortement, en particulier dans son architecture, l'empreinte de la Grande-Bretagne, de la France et de l'Italie. Les Corfiotes se jugent plus distingués que les résidents des autres capitales insulaires.

Ce cosmopolitisme apparaît à l'évidence dans le centre-ville, autour de l'**Esplanade**, mélange de grand-place et de parc, dont le centre est occupé par un terrain de cricket très britannique – au temps des Vénitiens, c'était un champ de tir. Tout au bout, sur un promontoire qui avance dans la mer Ionienne, se dresse le **Palaio Frourio** (**Vieille Citadelle**), construit en 1559 par les Vénitiens sur un site qui était fortifié dès le VIIe siècle. À l'ouest du parc, dominées par la forteresse, s'étendent les maisons et les ruelles du quartier médiéval du **Campiello**, nichées sur la colline au-dessus du port. À l'extrémité nord du terrain de cricket se dresse le **palais Saint-Michel-et-Saint-Georges**, construit entre 1819 et 1824 pour servir de résidence au haut-commissaire britannique. Rénové dans les années 1950, il abrite un centre administratif, une bibliothèque, l'office de tourisme, ainsi que, dans une aile, le **musée d'Art asiatique** (*tél. : 266/103-0443 fermé lun., www.matk.gr/en, €*), qui abrite une collection exceptionnelle d'environ 10 000 objets rassemblés par Grigorios Manos (1850-1929), un diplomate grec originaire

Vue sur le monastère des Vlachernes et sur l'îlot Pontikonissi

À SAVOIR
La lecture idéale pour comprendre les îles ? *Ma famille et autres animaux*, récit d'enfance de l'écrivain britannique Gerald Durrell sur l'île de Corfou.

de Corfou qui avait beaucoup voyagé en Orient.

À l'extrémité ouest se trouve le corps de bâtiment du **Liston**, avec son enfilade de cafés et de magasins. Il fut construit en 1807 à la demande de Napoléon, qui voulait que ses arcades rappellent la rue de Rivoli, à Paris. Ces cafés sont fréquentés par tous ceux qui veulent voir et être vus. Si la tasse de café vaut plus cher que partout ailleurs à Corfou, c'est quand même là qu'il faut aller. Sur le côté sud s'étend un parc, avec une magnifique fontaine et, à proximité, le **Monument de l'Union** (**Enosis**), qui commémore la fin du protectorat britannique, en 1864, et la réunification des îles Ioniennes avec le reste de la Grèce.

Autour de la ville

Il y a bien des sites et des musées à visiter dans la ville et ses environs. Le plus intéressant est sans aucun doute le **Musée archéologique** (*Vralia Armeni 1, tél. : 266/103-0680, fermé lun., €*), qui a rouvert ses portes en 2019 après plusieurs années de travaux. Son fronton orné de redoutables gorgones du VIe siècle avant notre ère provient d'un temple d'Artémis.

Le très intéressant **musée du Papier-monnaie** (*Ionian Bank, plateia Iroon Kypriakou, tél. : 266/104-1552, fermé dim.*) explique de façon remarquable la manière dont sont fabriqués les billets de banque ainsi que l'évolution de la monnaie de Corfou en fonction des changements politiques. On y observera en particulier des billets de banque italiens et allemands émis pendant la Seconde Guerre mondiale.

Le **Musée d'art byzantin**, dans l'église de la Panagia Antivouniotissa (*tél. : 266/103-8313, fermé lun., antivouniotissamuseum.gr, €*), possède une belle collection d'icônes, dont certaines datent du XVe siècle. On remarquera en particulier les œuvres de l'« école crétoise », du temps où les artistes originaires de Crète passaient par Corfou avant d'aller étudier chez les maîtres vénitiens.

On ne manquera pas de visiter l'**église Agios Spyridon**, consacrée au saint patron de l'île. Le corps momifié du saint repose dans une châsse d'argent. Quatre fois par an – le dimanche des Rameaux, le samedi de Pâques, le 11 août et le premier dimanche de novembre –, celle-ci est solennellement transportée en procession dans les rues de la ville pour rappeler les quatre occasions où saint Spyridon est venu au secours des habitants, pendant des batailles et des épidémies de peste. Alors, la ferveur religieuse s'allie à la fête, et c'est un spectacle à ne pas manquer.

Ne manquez pas non plus la presqu'île de **Kanoni**, sur la côte est, au sud de la ville, qui offre l'un des plus beaux et des plus célèbres panoramas de Corfou avec sa vue sur le monastère des Vlachernes et sur l'îlot Pontikonissi.

Kalami

Cartes p. 209 et p. 211

Mont Pantokrator

Carte p. 211

Au nord de Corfou

Le paysage de la partie septentrionale de Corfou est très varié. Néanmoins, lorsque l'on emprunte la route côtière vers le nord, rien n'indique les richesses historiques et géographiques de cette région.

On trouve de très belles plages et de nombreuses installations de sports nautiques à **Gouvia**, à **Dassia**, à **Ipsos** et à **Pirgi**, qui attirent une clientèle familiale mais ont perdu leur originalité. Il faut aller jusqu'au pied du mont Pantokrator pour trouver des villages authentiquement grecs tels Nissaki et Kalami.

Kalami, en particulier, a réussi à conserver son cachet, malgré le nombre de touristes qui y viennent passer la journée. En arrière de la plage, on verra la *White House* (sans président) où vécut le romancier Lawrence Durrell (1912-1990) lorsqu'il écrivit son livre sur Corfou, *L'île de Prospero*, et où son ami, l'écrivain américain Henry Miller (1891-1980), lui rendit visite. Dans *Le Colosse de Maroussi*, l'un des meilleurs ouvrages jamais écrits sur la Grèce, Henry Miller raconte d'ailleurs son séjour à Corfou.

Le cadre de Nissaki et de Kalami est merveilleusement rehaussé, à l'arrière-plan, par le **mont Pantokrator** (Pandokratoras), le point culminant de l'île, qui s'élève si abruptement que son sommet, à 906 m, n'est qu'à 3 km de la côte. Les proportions de ce massif illustrent parfaitement son nom, qui signifie « Tout-Puissant ». Il est visible de presque partout et domine tout le nord de l'île. On peut monter en voiture jusqu'au sommet, quoique la route soit assez défoncée sur la fin ; aussi vaut-il mieux, si on le peut, y grimper à pied depuis le village de Perithia. De multiples sentiers, dont le Corfu Trail (*voir encadré*), sillonnent les flancs de la montagne, et la flore

À DÉCOUVRIR Randonner sur le Corfu Trail

Les belles randonnées ne manquent pas à Corfou, mais le Corfou Trail est le seul sentier qui traverse l'île dans sa totalité. Inauguré en 2001, il parcourt l'île du nord au sud sur une longueur d'environ 220 km : d'Agios Spyridon (au nord de Nea Perithea) jusqu'à Asprokavos. Il traverse des paysages d'une beauté à couper le souffle, entre marais, montagnes et oliveraies.

Le Corfu Trail est l'idée d'une résidente anglaise de l'île, Hilary Whitton Paipeti, qui souhaitait aider les villages de montagne enclavés, affaiblis par l'exode rural. Hilary Paipeti a encouragé les habitants à ouvrir leurs maisons et à louer des nuitées aux randonneurs. Le trail permet ainsi de découvrir des villages pittoresques et authentiques et de profiter de l'hospitalité des habitants.

Les meilleurs mois pour parcourir le chemin sont mai et juin, quand la nature se couvre de vert et que fleurissent les orchidées, ou encore septembre et octobre, quand la chaleur estivale est passée. Vous pouvez vous fier au guide rédigé par Hilary Paipeti (*Companion guide to the Corfu Trail, en anglais*), ou passer par le biais d'une agence de voyages de la ville de Corfou, qui réservera les hébergements et assurera le transfert quotidien des bagages, ce qui vous permettra de ne porter qu'un sac à dos léger. Pour plus d'informations, contactez Aperghi Travel (*tél. : 266/104-8713, www.aperghitravel.gr*).

est spectaculaire, en particulier au printemps. Du sommet où se dressent un petit monastère et un relais de télévision, on jouit d'une vue imprenable sur l'île et, au-delà de la mer, sur l'Albanie.

Dans l'intérieur de la partie nord de l'île, on trouve nombre de pittoresques villages de montagne, et le circuit en voiture proposé (*voir p. 216-217*) permet d'en visiter plusieurs. Même si, de temps en temps, un car emprunte les routes qui les relient, ces villages et hameaux vivent dans un monde que n'affectent guère les milliers de touristes qui se pressent sur les plages proches.

Ces plages septentrionales dégagent un charme particulier et, même dans l'une des stations les plus fréquentées, **Cassiopée** (**Kassiopi**), avec son petit port niché dans un cadre pittoresque, on trouve un mélange attachant d'animation moderne et d'amabilité ancestrale. Ces lieux sont fréquentés tant par les pêcheurs que par les adeptes des sports nautiques. On raconte que l'empereur romain Néron aurait visité le temple de Jupiter qui se dressait ici mais a disparu.

La côte ouest

Le site de **Sidari**, la principale agglomération sur la côte occidentale, fut l'un des premiers de l'île à avoir été occupé, dès l'époque néolithique, vers 7000 av. J.-C. Aujourd'hui, outre ses plages, on admirera ses curieuses formations rocheuses : la pluie et le vent ont érodé et façonné le calcaire jusqu'à engendrer des formes biscornues et surréalistes, en particulier dans un chenal creusé entre deux rochers qui porte le nom si romantique de *canal d'Amour* : selon la légende, les couples qui le traversent à la nage ne seront jamais désunis.

Paleokastritsa est la deuxième station balnéaire de la côte ouest. Au XIXe siècle, Sir Frederick Adams, haut-commissaire britannique, s'y plaisait tellement qu'il fit construire une route afin de pouvoir s'y rendre plus facilement depuis Corfou. On comprend bien pourquoi : des promontoires verdoyants surplombent une mer d'un bleu profond, et la route sinueuse permet d'atteindre une série de criques et de plages de sable d'où l'on peut, en bateau, aller visiter des grottes. Avec, à proximité, **Moni Theotokou**, monastère du XVIIe siècle, et les ruines d'une forteresse byzantine du XIIIe siècle, on a du mal à imaginer cadre plus idyllique pour des vacances.

(*Suite p. 218*)

Bateaux au mouillage dans une crique de rêve, près de Paleokastritsa

Cassiopée (Kassiopi)
Cartes p. 209 et p. 211

Sidari
Cartes p. 209 et p. 211

Paleokastritsa
Cartes p. 209 et p. 211

UNE PROMENADE : LES DEUX VISAGES DE CORFOU

Le mariage entre la Grèce traditionnelle et le tourisme moderne se retrouve, à un degré plus ou moins intense, sur chaque île grecque. Les touristes qui ne s'éloignent jamais des plages et des bars n'ont aucune idée de la manière dont vit le Grec moyen. Une promenade en voiture dans le nord de Corfou permet de voir ces deux aspects : stations balnéaires encombrées et paisibles villages de montagne, tout en admirant les plus beaux paysages de l'île

Rochers calcaires érodés par les vagues à Sidari

Sortir de la ville de **Corfou** ❶ *(voir p. 210-211)* par la route côtière n° 24 vers le nord, en suivant les panneaux qui indiquent Kondokali et Gouvia (à Corfou, sur les panneaux routiers, les indications sont données en caractères à la fois grecs et latins).

À Gouvia, prendre à gauche vers Paleokastritsa : par une merveilleuse vallée boisée, la route mène au pied du mont Pandokratoras (Pantokrator). Traverser **Sgombou** et, environ 2 km plus loin, prendre à droite vers Sidari.

La route monte alors vers le **col de Troumbetas** ❷, l'un des plus beaux sites de l'île, avec une vue spectaculaire : en contrebas, sur la gauche, la fertile plaine de Ropa occupe le centre de l'île. Au col, prendre à droite vers Roda et Sidari. La route sinueuse traverse les villages bâtis sur le flanc ouest du mont Pantokrator, où la vie se poursuit telle qu'elle fut pendant des siècles : Chorepiskopi, Valanio, Kiprianades, Xanthates, Platonas et Sfakera. Pour se faire une petite idée de la vie rurale à Corfou, il suffit de prendre le temps de flâner dans l'un de ces villages.

Après Sfakera, redescendre vers la mer et la route côtière. Là, prendre à gauche vers Karousades et **Sidari** ❸ *(voir p. 215)*, la plus importante station balnéaire de cette partie de la côte. Le front de mer est toujours très animé et on pourra y prendre un déjeuner rapide ou admirer les curieuses formations rocheuses. Continuer ensuite sur la route

À NE PAS MANQUER

Col de Troumbetas • Sidari • Avliotes • Kavadades

côtière. Un arrêt à **Avliotes** 4, à l'extrémité nord-ouest de l'île, permettra d'admirer le point de vue. On aperçoit trois îlots (Erikoussa, Othoni et Mathraki), peu peuplés, où peuvent se réfugier ceux qui veulent fuir la foule et le bruit. On y va en bateau depuis Sidari et d'autres villes côtières.

Ensuite, 2 km après Arilas, prendre à gauche la direction de Sidari, pour boucler la boucle et revenir au col de Troumbetas. À **Kavadades** 5, on ne manquera pas d'aller à pied jusqu'au point de vue : le spectacle des montagnes couvertes de forêts est superbe.

À Kavadades, prendre à droite vers Armenades, puis à droite encore vers le col de Troumbetas en passant par Dafni et Agros. De là, il suffit de suivre les panneaux indicateurs pour se retrouver dans la ville de Corfou.

Palais de l'Achilleion
Carte p. 211
266/105-6245
€
achillion-corfu.gr

Benitses
Cartes p. 209 et p. 211

Le sud de Corfou

Au sud de la ville de Corfou, quoique le relief soit beaucoup moins tourmenté que dans la partie septentrionale de l'île, les paysages sont nettement plus variés.

Ceux qui s'intéressent à l'architecture ne manqueront pas de visiter le **palais de l'Achilleion**. L'écrivain britannique Lawrence Durrell, qui passa une partie de son enfance à Corfou avec sa famille, et en particulier avec son frère, le naturaliste Gerald Durrell, l'a qualifié de « monstrueux ». Il est certain que, si le bâtiment est très original, ce mélange de styles ne plaît pas à tout le monde.

L'Achilleion fut construit en 1890-1891 pour Élisabeth d'Autriche (1837-1898), femme de l'empereur François-Joseph (1830-1916). Après le suicide à Mayerling de son second fils, l'archiduc Rodolphe, l'impératrice s'y retira pour fuir à la fois l'ambiance pesante de la cour des Habsbourg et l'infidélité de son mari.

Elle demanda à un architecte italien de lui construire un bâtiment qui exprimerait son admiration pour Achille, héros de la guerre de Troie – d'où le nom de ce palais. Dans les salles et les jardins, de multiples statues et peintures évoquent ce personnage mythique.

Les jardins sont absolument magnifiques : le climat permet d'y obtenir un remarquable chatoiement de couleurs, avec des terrasses qui mènent à de superbes points de vue sur la côte.

Le palais a conservé une partie de son mobilier d'origine, quoique, après l'assassinat de l'impératrice Élisabeth, en 1898, il soit resté inoccupé pendant 9 ans avant d'être racheté par l'empereur Guillaume II (1859-1941). Aujourd'hui, le palais et ses jardins attirent beaucoup de touristes, d'autant plus qu'y a été installé un casino, ouvert l'été.

La station touristique de **Benitses**, à quelques kilomètres plus au sud, tranche radicalement avec l'atmosphère élitiste de l'Achilleion. Le visiteur y trouve son content d'animation : l'été, il ne reste plus grand-chose du village de pêcheurs que Benitses fut jadis. Pourtant, au printemps et à l'automne, on peut encore s'en faire une petite idée. Si on en a le temps, on pourra visiter les quelques ruines romaines qui s'y trouvent, en particulier des vestiges de thermes.

Une fois passé Benitses, les stations balnéaires deviennent plus rares, et l'on peut ainsi mieux

Des statues de marbre donnent une gracieuse touche aux jardins de l'Achilleion.

profiter du spectacle qu'offre la route côtière avec, à gauche, les flots azuréens de la mer Ionienne et, à droite, les collines verdoyantes parsemées de villas. Mais l'affluence recommence à l'approche des agglomérations de Moraitika et de Messonghi, qui n'en forment quasi plus qu'une seule.

Un peu plus au sud, cette fois sur la côte occidentale, on arrive à l'un des sites les plus intéressants de cette région : la **lagune de Korissia** (**Limni Korissia**). Longue de 5 km, cette étendue d'eau est séparée de la mer Ionienne par un cordon littoral sablonneux. Les plages et les dunes de Limni Korissia sont loin d'être désertes mais, par rapport au nombre de personnes qui s'aventurent jusque-là, elles sont si vastes que l'on trouvera toujours un endroit où s'installer en toute tranquillité – il suffit de marcher.

Cette paix relative attire la faune, qui apprécie en particulier l'eau douce (rare à Corfou) de la lagune : on y voit des ibis et des aigrettes ainsi que des échassiers tels que des bécasseaux et des avocettes. Des orchidées rares y fleurissent au printemps. Dans les dunes vivent des serpents et des lézards et, dans les fossés, les ruisseaux et les flaques, des grenouilles et des tortues.

Au nord de la lagune se dresse le **château de Gardiki**, construit au XIIIe siècle par Michel-Ange Comnène II, le despote byzantin d'Épire ; c'est aussi lui qui fit construire l'Angelokastro, une forteresse aujourd'hui en ruine proche de Paleokastritsa, sur la côte nord-ouest. Une partie des remparts et des tours de Gardiki est encore debout. C'est près de là que furent découverts les plus anciens restes humains de l'île, âgés de 40 000 ans. ■

Château de Gardiki

Carte p. 211

L'« effet ouzo »

La majorité des Grecs vous diront que le meilleur ouzo provient de l'île de Lesbos, même si d'autres régions revendiquent le titre. L'ouzo est l'une des denrées les plus célèbres de Grèce, aux côtés de l'huile d'olive. C'est un apéritif proche du pastis ou de l'absinthe.

Autrefois préparé en fermentant la peau des raisins, puis distillé avec des graines d'anis et de fenouil, il est aujourd'hui fabriqué à partir d'alcool neutre mélangé à divers aromates, dont l'anis étoilé (mais on peut également trouver de la muscade, de la cardamome, de la cannelle…).

Il est servi très frais ou mélangé à de l'eau mais, d'après certains Grecs, jamais « *on the rocks* », car la glace modifie sa chimie et sa saveur. Il existe de nombreuses recettes de cocktails à base d'ouzo, toutes détestées par les puristes.

Si vous voulez faire une expérience scientifique, ajoutez de l'eau dans un verre d'ouzo ; les deux liquides vont se combiner pour former une émulsion laiteuse : c'est « l'effet ouzo », comme l'ont baptisé les scientifiques de l'université Johns-Hopkins, aux États-Unis.

L'*ouzo me meze*, constitué d'un verre d'ouzo et de petits amuse-bouches (destinés à contrer les effets de l'alcool), est au centre de la sociabilité grecque. Et si vous êtes loin des lieux touristiques, nombre de ces mezze vous seront directement offerts en accompagnement de votre verre d'ouzo.

PAXI & ANTIPAXI

L'île de Paxi (également appelée Paxos ou Paxoï) contraste fortement avec sa grande et industrieuse voisine du Nord, Corfou, située à 11 km à peine. Elle ne mesure que 8 km de long sur 3 km de large et ne compte que trois agglomérations importantes. Aussi peut-on la visiter en une journée en empruntant les multiples chemins qui serpentent entre les oliveraies. Quant à Antipaxi (ou Andipaxi), toute proche au sud, elle est encore plus petite.

Les Vénitiens sont les premiers à avoir cultivé les oliviers à Paxi.

Paxi

Carte p. 209

Paxi

Ceux qui prennent la peine de venir à Paxi y trouveront une vie plus calme et plus traditionnelle qu'à Corfou. Le symbole de l'île est le trident, qui évoque une légende concernant son origine : Poséidon, le dieu de la Mer, qui cherchait un lieu sûr pour cacher sa jeune maîtresse Amphitrite, créa l'île en frappant les flots d'un coup de trident.

Après les dieux, on pense que les premiers colons, venus du continent, s'installèrent à Paxi environ au VIe siècle avant notre ère. Aujourd'hui, l'île ne compte guère que 3000 habitants, qui résident dans les trois bourgs côtiers et dans quelques hameaux dispersés dans la campagne. Les logements y sont rares et réservés, en été, par des agences de tourisme britanniques et allemandes : ces deux nationalités se sont installées en force sur l'île. Mais les Paxiotes s'y sont attachés et se félicitent de la prospérité que leur rapporte un tourisme limité.

Si la vie à Paxi est simple, elle n'est pas bon marché : la plupart des produits alimentaires doivent être importés de Corfou, et les nombreux yachts qui viennent y mouiller ont créé une demande de denrées rares. De ce fait, dans chacun des trois ports, tous ravissants, on trouve de la nourriture d'excellente qualité.

La principale agglomération est **Gaios**, ravissant village niché autour d'un petit port et d'une place centrale à la vénitienne. Son charme est rehaussé par les deux petits îlots de la baie : Agios Nikolaos, couvert de pins, avec les ruines d'une forteresse vénitienne, et Panagia, avec une église du même nom. Pour les visiter, on peut louer un bateau dans le port. Il n'y a qu'un hôtel à Gaios, mais on trouve de nombreux appartements et villas à louer, aussi n'est-il pas difficile de se loger – sauf en haute saison.

Au nord de Gaios, la seule route digne de ce nom traverse quelques paisibles villages, où il fait bon flâner si on en a le temps, avant de redescendre vers l'autre agglomération, **Longos** (ou Logos), tout aussi charmante avec son petit port qu'on croirait fait exprès pour figurer sur une carte postale. On y trouve aussi une petite plage, de belles possibilités de randonnées (des brochures sont en vente dans les magasins) ainsi que certains des meilleurs restaurants de l'île. On peut aussi, le long de la côte, atteindre à pied des criques paisibles ou encore, depuis le port, grimper jusqu'au village de Dendiatika, aux maisons blanchies à la chaux.

Tout au nord de l'île, le ravissant port de **Lakka** est entouré de collines couvertes d'arbres ; on y trouve plusieurs magasins et quelques bons restaurants, deux plages à proximité immédiate et bien d'autres en suivant la côte, où l'on peut se baigner, bronzer ou pratiquer des sports nautiques.

L'huile d'olive

Les Grecs ont la plus forte consommation d'huile d'olive au monde : environ 23 l par personne et par an. Cela fait beaucoup d'olives – mais la Grèce en produit énormément : avec une production d'environ 250 000 t par an, elle en est le troisième producteur mondial après l'Espagne et l'Italie.

À Corfou, la culture de l'olivier se pratique depuis au moins 5 000 ans ; on compte presque 4 millions d'arbres, qui occupent 30 % du sol. Les Corfiotes ont une manière très particulière de récolter les olives : au lieu de secouer les branches, comme cela se fait ailleurs, ils attendent que les fruits mûrs tombent d'eux-mêmes.

Avec Kalamata, dans le Péloponnèse, Paxi a la réputation de produire la meilleure huile d'olive de Grèce.

Antipaxi

Antipaxi
Carte p. 209

L'île compte peu d'habitants et l'on n'y trouve aucun magasin, simplement quelques tavernes à proximité des plages. L'été, des foules de touristes viennent de Corfou et de Paxi, quoique les plages ne soient pas particulièrement agréables. On peut facilement échapper à la cohue en allant se promener parmi les nombreuses oliveraies. ■

LEUCADE

Leucade (Lefkada) n'est une île que par accident : elle était autrefois reliée au continent, mais, au VIe siècle av. J.-C., les Corinthiens creusèrent un chenal de 20 m de large pour faciliter le passage des navires le long de la côte. Il existe toujours, et on le franchit par un pont mobile qu'on lève toutes les heures pour laisser passer les navires.

Leucade (Lefkada)
Carte p. 209

Leucade constitue une bonne base pour explorer le continent en voiture ou visiter d'autres îles. Des ferries la relient régulièrement à Ithaque et à Céphalonie, d'où l'on peut continuer sur Zante. Ils partent de plusieurs ports, mais le principal point d'entrée sur l'île est la capitale, **Lefkada**, située sur le point de la côte le plus proche du continent, et reliée par un tunnel sous-marin à la région d'Aetoilia-Acarnia depuis 2002.

Une image du paisible village d'Agios Nikitas

Le cadre est agréable, avec une lagune à proximité et des collines en arrière de la ville. Celle-ci a été presque complètement rasée en 1953 par un tremblement de terre, et une reconstruction hâtive l'a plutôt défigurée. Mais le front de mer est joli.

La grand-rue, **odos Dörpfeld**, porte le nom de l'archéologue allemand Wilhelm Dörpfeld (1853-1940). Ce sont ses fouilles qui ont permis de mieux connaître l'histoire de Leucade. Le site était habité dès 8000 av. J.-C., et quelques ruines mycéniennes ont été découvertes. Dörpfeld avait travaillé à Mycènes avec Schliemann), où ce dernier était persuadé qu'Agamemnon avait vécu et était enterré ; Dörpfeld, lui, était sûr qu'Ulysse était originaire non pas d'Ithaque, mais de Leucade – mais il ne réussit jamais à le prouver.

Certains des objets découverts par Dörpfeld sont exposés au **Musée archéologique** de Lefkada. Plus intéressante est la collection d'objets divers rassemblés au **Musée ethnographique**, avec des modèles réduits exhumés sur certains des sites fouillés par Dörpfeld, ainsi que des photos de la ville avant le tremblement de terre.

Dörpfeld est enterré à l'extérieur d'une église, sur un paisible promontoire; de l'autre côté de la baie se trouve la station touristique de **Nidri**. C'est de là que partent les ferries pour Meganissi, Ithaque et Céphalonie, mais mieux vaut éviter cette ville si l'on n'aime pas les plages encombrées et la bruyante vie nocturne. Il suffit d'une journée pour visiter **Meganissi**, une petite île tranquille qui dispose néanmoins de quelques chambres à louer et d'un hôtel agréable.

Plus petite que Nidri, **Vasiliki** est très commerciale. Les conditions y sont excellentes pour faire de la planche à voile, aussi est-elle très fréquentée par les jeunes.

Les plus belles plages se trouvent sur la côte ouest. **Porto Katsiki** est tout à fait remarquable, avec des eaux d'un bleu incroyable et un sable doux. C'est aussi là que, en été, se rue la plus grande foule. Au nord de Katsiki, en revenant vers Lefkada, on découvrira l'un des lieux les plus beaux et les mieux conservés de l'île : **Agios Nikitas**. Sa plage n'a rien d'exceptionnel mais on y voit quelques belles vieilles maisons et, plus qu'une station touristique, c'est d'abord un authentique village. ■

Musée archéologique

Centre culturel, Aggelou Sikelianou, Lefkada

264/502-1635

Fermé lun.

€

Musée ethnographique

Stefanitsi 2, Lefkada

264/502-2778

Fermé nov.-mars

€

À DÉCOUVRIR Apprendre à naviguer

Compte tenu de la quantité d'eau qui entoure la Grèce et ses îles, il n'est pas étonnant que la voile soit l'un des passe-temps préférés de ses habitants; et le pays est certainement l'endroit idéal pour découvrir ou perfectionner ses talents de marin.

Les stages de voile permettent aux néophytes d'obtenir différents brevets, allant du « start yachting » (initiation à la navigation et aux principales règles de sécurité) jusqu'au « day skipper », brevet qui certifie de la capacité de manœuvrer un bateau de jour, dans des eaux non soumises aux marées. Les personnes déjà expérimentées pourront prétendre au brevet de « coastal skipper », qui autorise la navigation de nuit.

Les marins en herbe, après s'être essayés aux tâches des différents membres d'équipage, pourront aussi se voir remettre un certificat de « competent crew » (équipier compétent), utile pour chercher du travail sur des navires.

Certaines écoles de voile proposent de loger à bord du voilier pour se familiariser avec la vie en mer et découvrir l'un des temps forts de la navigation : accoster tous les soirs dans un port différent et débarquer pour le dîner.

Il est également possible de choisir un programme de navigation à la journée. Les bateaux partent alors aux alentours de 9h30, s'arrêtent pour une pause-déjeuner dans un autre port ou à bord, et sont de retour au port pour le dîner.

Voici des opérateurs grecs proposant des vacances pour apprendre la voile : Athens Sailing Academy (*www.athenssailingacademy.com*) et Odyssey Sailing Greece (*Antonopoulou 158 D, Volos, 38221, tél. : 242/103-6676, 242/809-4128, www.odysseysailing.gr*).

ITHAQUE

Quand on prend *L'Odyssée* pour guide, on reconnaît Ithaque (Ithaki) à la description qu'Homère en donne : étroite et rocheuse, avec une côte très découpée. Dans le port, un panneau évoque l'Ithaque symbolique – la patrie où chacun aspire à retourner : « Tout voyageur est citoyen d'Ithaque. » Et, effectivement, cette île est vraiment unique en son genre. Son nom seul déjà fait rêver.

Les dômes bleus d'une église tranchent sur les collines arides d'Ithaque.

Ithaque (Ithaki)
Carte p. 209

De loin, avec ses collines dénudées, parfois enveloppées de brume, Ithaque paraît plutôt inhospitalière. Les ferries desservent différents ports : ceux qui relient Leucade à Céphalonie font escale à Frikes, au nord, alors que ceux qui viennent de Céphalonie ou d'Astakos, sur le continent, mouillent soit dans la baie de Piso Etos, à l'ombre du mont Etos, soit dans la profonde baie de la capitale, Ithaque.

L'arrivée au port d'**Ithaque** est inoubliable : en pénétrant dans la baie flanquée de montagnes qui fait penser à un fjord, le ferry passe au large des ruines de deux forteresses françaises construites en 1805 pour en garder l'entrée, au large de la petite île de **Lazaretto**, couverte d'arbres. Les Vénitiens en firent un poste de quarantaine en 1668 ; à partir de 1864, elle servit de prison et, aujourd'hui, on n'y trouve plus

À SAVOIR

Réservez une journée pour visiter des sites archéologiques en louant une Vespa sur l'île paisible d'Ithaque. Passez la journée à conduire en profitant de la vue et du splendide soleil grec.

qu'une modeste chapelle. Tout au fond de la baie en forme de fer à cheval, on aperçoit la minuscule capitale.

Bien que celle-ci soit desservie par des ferries quotidiens, chaque arrivée constitue un événement: il y a toujours des gens pour accueillir des parents ou des amis, ou pour proposer des logements à louer. En effet, l'île abrite quelques hôtels et des pensions de famille, ainsi que de nombreux restaurants, en particulier autour du port.

Si l'histoire d'Ithaque abonde en légendes, on n'a pas découvert grand-chose pour confirmer que le rusé Ulysse y possédait un palais, quoique les habitants l'affirment – et ils ont peut-être bien raison. Il est certain que l'île exploite bien les récits d'Homère, et plusieurs sites sont associés à des événements racontés dans L'Odyssée. On trouve des cartes qui les indiquent et, qu'ils se réfèrent ou non à la légende, les lieux à visiter ne manquent pas.

À 3 km de la ville se trouve la **grotte des Nymphes**, où Ulysse aurait caché un trésor. Quant à la **source d'Aréthuse**, elle n'est qu'à une douzaine de kilomètres.

Dans la ville d'Ithaque (ou Vathi), on trouve quelques vestiges mycéniens dans le petit **Musée archéologique**. À côté, la **bibliothèque** abrite une collection d'éditions d'Homère, en particulier un ouvrage japonais datant de 1600. Le charmant **Musée folklorique** est consacré, lui, à la vie locale. L'**église des Taxiarques** se targue de posséder une icône de la Crucifixion peinte, dit-on, par le Greco dans sa jeunesse.

À l'extrémité sud de l'île, la seule agglomération de quelque importance est **Perahori**, bâtie à environ 300 m au-dessus de la mer dans une plaine fertile où s'étalent la plupart des vignobles de l'île. De là, un chemin cahoteux mène, sur le flanc du mont Nerovouno (552 m), au **monastère des Taxiarques**, du XVIIe siècle, bâti dans un joli site. Détruite par le tremblement de terre de 1953, son église a été récemment reconstruite.

La seconde ville en importance de l'île, **Stavros**, se trouve dans les collines de la partie nord de l'île. C'est un bourg plein de vie, avec une statue d'Ulysse et, à la sortie de la ville, un petit **Musée archéologique** où sont exposés des objets découverts dans les environs, et en particulier un masque incomplet en terre cuite sur lequel on déchiffre le mot Odyssée. Il fut découvert sur la colline de Pelikata, où se trouvent les ruines d'un bâtiment: si Ulysse a bien eu un palais, c'est très probablement là qu'il se trouvait. En redescendant depuis Stavros, on arrive à **Frikes**, port d'escale pour les ferries et petite station balnéaire idéale pour la planche à voile. ■

Musée archéologique

Kallinikou, Ithaki
267/403-2200
Fermé lun.

Musée folklorique

Ithaki
267/403-3398
Fermé lun.
€

Stavros

Carte p. 209

Musée archéologique

Stavros
267/402-3955
Fermé lun.

HOMÈRE & *L'ODYSSÉE*

On ne sait pas grand-chose d'Homère, poète de la Grèce antique, sinon qu'il était peut-être aveugle. On ignore même où il est né : Ithaque n'est que l'un des lieux qui le revendiquent pour fils ; l'autre est l'île de Chios, dont les légendes évoquent un poète aveugle et mendiant. Nul n'a non plus de certitude sur l'époque à laquelle il vécut – probablement autour du VIIe siècle av. J.-C.

Certains se demandent même si Homère est l'auteur des deux ouvrages qui lui sont attribués, *L'Iliade* et *L'Odyssée*. Comme pour Shakespeare, on a du mal à imaginer qu'un seul cerveau ait pu produire une œuvre littéraire aussi importante et originale. Les spécialistes ont un temps pensé que deux auteurs avaient collaboré à la rédaction de ces deux ouvrages fondamentaux de la culture occidentale, mais des analyses linguistiques ont démontré qu'ils furent créés par un seul et même auteur.

Dans ces poèmes s'entremêlent l'histoire et le mythe, associés avec art par un conteur hors pair. À l'époque d'Homère, le poète était, littéralement, un raconteur d'histoires : les grandes épopées n'étaient pas écrites mais simplement racontées. Le poète devait donc aussi être un acteur – et posséder une mémoire phénoménale. Les textes des poètes antiques, dont *L'Iliade* et *L'Odyssée*, ont été ultérieurement fixés sous forme écrite.

Le récit de *L'Iliade* se situe à la fin de la guerre de Troie qui, si elle a bien eu lieu, s'est déroulée trois siècles avant la naissance présumée d'Homère. On n'a pas de preuve absolue de l'existence de Troie : il est cependant possible qu'elle corresponde au site de l'actuelle Truva, en Turquie, où l'archéologue allemand Heinrich Schliemann fit ses premières fouilles en 1870. Lui, en tout cas, était convaincu d'avoir trouvé Troie, mais les fouilles se poursuivent.

Quant à *L'Odyssée*, c'est un curieux mélange de légende, d'histoire et d'épopée – aux spécialistes de deviner ce qui est vérité et ce qui ne l'est pas. Elle raconte l'histoire d'Ulysse, roi d'Ithaque, qui, après avoir participé à la guerre de Troie, entreprit de rentrer chez lui avec son équipage. Mais son voyage fut jalonné de péripéties à faire pâlir un scénariste de Hollywood.

Au début, Ulysse et ses compagnons rencontrent le cyclope Polyphème, géant à un

À DÉCOUVRIR Visiter la tombe d'Homère

À l'instar de Mykonos, Ios est connue depuis des années comme le centre de la vie nocturne des Cyclades. C'est donc presque un paradoxe que l'île soit considérée comme la dernière demeure d'Homère, le père de la littérature occidentale.

Pour accéder au site de sa tombe, vous pouvez louer une moto ou un véhicule tout-terrain au port ou à Chora. **Jacobs Rent a Car & Motorbike** (*Port d'Ios, tél. : 228 / 609-1047, www.jacobs-ios.gr*) est un loueur de confiance. Empruntez l'unique route qui part de Chora vers les hauteurs de Ios et, arrivé au premier embranchement, après 4,5 km, prenez la route qui tourne à gauche, vers le nord. Arrivé au bout de la route, vous tomberez sur une petite ruine, sorte de monticule de pierres, censée abriter les restes d'Homère. Il n'existe aucune preuve que les os du poète reposent sous le gravier blanchi par le soleil, cependant, aucun autre endroit en Grèce n'en revendique la possession. Le tombeau illustre l'une des qualités les plus touchantes du peuple grec : la foi dans le passé.

seul œil, qui les emprisonne. Pour s'enfuir, Ulysse enivre le cyclope et lui crève l'œil – malheureusement, Polyphème est un fils de Poséidon, dieu de la Mer, que cet acte rend évidemment furieux. Aussi faudra-t-il 10 ans à Ulysse pour revenir de la côte turque aux îles Ioniennes.

Mais, lorsque le héros finit par arriver chez lui après une série d'aventures – rencontre avec des sirènes, des nymphes et des mangeurs de lotus, tourbillons et naufrages –, il lui faut encore (notamment grâce à son vieux chien) prouver son identité à sa fidèle épouse, Pénélope, se faire reconnaître de son jeune fils Télémaque et reprendre le pouvoir à ceux qui s'en étaient emparés en son absence. La bataille « homérique » se termine par une réconciliation dans la meilleure tradition des contes.

Relief à la gloire d'Homère

CÉPHALONIE

Quoique Corfou soit la plus connue des îles Ioniennes, leur centre administratif, Céphalonie (Kefalonia), en est la plus grande (781 km²). On y trouve une grande variété de paysages et de sites : plages si belles qu'elles illustrent souvent les campagnes de publicité, superbes montagnes, châteaux et monastères pittoresques... C'est dans ce cadre enchanteur que se déroule le roman de Louis de Bernières, *La Mandoline du capitaine Corelli* (1994), adapté au cinéma en 2001, et c'est de là aussi que sont originaires les Valeureux et Solal, les extraordinaires et immortels héros de l'écrivain Albert Cohen.

Bateaux de pêche au mouillage après la journée de travail

Céphalonie (Kefalonia)
Carte p. 209
Informations
Front de mer, près du bureau du port, 281 00 Argostoli
267/102-2248
kefaloniaisland.org

Musée historique et folklorique
Ilia Zervou 12, Argostoli
267/102-8221
Fermé dim.
€

L'île et sa capitale, Argostoli, ont beaucoup souffert du tremblement de terre de 1953. La seule ville à avoir bien résisté, **Fiskardo**, se trouve tout au nord de l'île. Avec ses belles demeures colorées datant du XVIIIe siècle et groupées autour du port, elle permet d'imaginer combien toute cette île était belle autrefois. C'est devenu une station touristique à la mode, où la vie est chère, mais son ambiance chaleureuse et ses bons restaurants en font un lieu de séjour inoubliable.

Pour savoir comment on vivait avant le tremblement de terre et quels furent ses ravages, on visitera le **Musée historique et folklorique** d'Argostoli, qui abrite une belle collection de meubles, de costumes, de documents historiques et de peintures.

Argostoli est une ville agréable, avec un port animé où les pêcheurs vendent leurs prises sur le pont de leur bateau. Depuis le front de mer, avec ses multiples tavernes, on a une belle vue sur les collines boisées de l'autre côté de la baie. Pour traverser celle-ci, on empruntera le pont Drapanos qui, malgré sa fragilité apparente, a résisté au tremblement de terre. Il fut construit en 1813 pour faciliter l'accès à la deuxième ville de l'île : **Sami**.

La route qui, sur la côte ouest, mène à Sami passe devant la **grotte Drogarati**, où un escalier conduit à une salle si grande et à l'acoustique si parfaite que des concerts y sont donnés l'été. C'est certainement l'une des plus belles grottes grecques ouvertes aux touristes.

Au nord de Sami, la **grotte de Melissani**, très différente, abrite un lac souterrain d'eau salée, merveilleusement illuminé par des ouvertures dues à l'effondrement de la voûte et par lesquelles pénètre la lumière naturelle. Son nom signifie « grotte pourpre », mais la couleur y est le plus souvent d'un bleu profond. On peut, par bateau, voir de plus près ce lieu enchanteur, qui fut autrefois un sanctuaire consacré au dieu Pan.

Un autre sanctuaire, dédié à Zeus Aénios, couronnait autrefois le **mont Enos** (1 628 m), qui est le point culminant de l'île et d'où la vue est superbe. On peut l'atteindre en voiture, mais beaucoup de visiteurs laissent leur véhicule à mi-pente et terminent le trajet à pied. Toute cette zone, qui est maintenant un parc naturel national, est couverte d'une variété locale de pin, Abies cephalonensis, et l'on y trouve aussi des chevaux sauvages.

Au nord-ouest du sommet se trouve **Kastro**, l'ancienne capitale de Céphalonie. En principe, Kastro signifie « château » mais, ici, c'est le nom du village qui s'est développé autour de la **forteresse** (essentiellement vénitienne) **d'Agios Georgios**, du XVIe siècle. Du haut de ses remparts, très belle vue sur les environs. Quoiqu'envahi par la végétation, l'intérieur mérite une visite.

La plage de **Mirtos**, sur la côte ouest, est l'une des plus belles de la mer Ionienne, sinon même de toute la Méditerranée. Mais l'île compte bien d'autres belles plages. Si le tourisme est surtout concentré autour de Lassi et de quelques autres stations balnéaires de la côte méridionale, les esthètes attirés par la beauté pure gagneront beaucoup à explorer le reste de l'île. ■

Grotte Drogarati

Carte p. 209
267/402-3302
Fermé l'hiver
€

Grotte de Melissani

Carte p. 209
267/402-2997
Fermé l'hiver
€

Forteresse d'Agios Georgios

Kastro
267/102-7546
Fermé lun. en été, lun.-ven. en hiver
€
efakef@culture.gr

À DÉCOUVRIR Contribuer à la protection des tortues marines de Céphalonie

Katelios Group (*Katelios, 28086 Kefalonia, tél. : 267/108-1161 ou -1009, info@katelios group.org, www.kateliosgroup.org*) est une association locale qui lutte pour la protection de la faune marine et terrestre de Céphalonie, et notamment celle de la tortue marine caouanne (*Caretta caretta*), qui niche sur les plages de sable de l'île, dont la survie est particulièrement menacée.

Katerina Xenopoulou, la fondatrice et présidente de l'association, recherche des volontaires pendant la saison estivale, de mai – juste avant que les tortues débarquent pour pondre leurs œufs dans le sable – à octobre, lorsque les œufs éclosent et que les jeunes tortues tentent de gagner la mer.

Les volontaires doivent payer une redevance (200 €) pour l'hébergement et les frais et s'engager dans le projet pendant un minimum d'un mois, durant lequel ils travaillent 6 à 7 heures par jour, 6 jours par semaine. Ils effectuent des patrouilles de nuit et de jour pour surveiller les nids, aident à garder les plages propres et à sensibiliser les touristes à la conduite à tenir pour ne pas déranger cette espèce menacée.

Certaines des plages choisies par les tortues sont fréquentées, mais d'autres peuvent être éloignées et difficiles d'accès ; certains bénévoles préfèrent y séjourner presque en permanence, souvent avec pour seule compagnie celle des tortues marines.

ZANTE

Au sud de Céphalonie, à laquelle elle est reliée par ferry, l'île de Zante (Zakinthos) est très fréquentée. Outre ses superbes plages et une capitale intéressante, elle a pour particularité d'être le principal site de la Méditerranée où vient nicher la tortue *Caretta caretta*, également appelée caouanne.

Avec ses falaises abruptes et ses eaux d'un bleu profond, la plage du Bateau échoué est célèbre.

Zante (Zakinthos)

Carte p. 209

Informations

269/504-2550 (police touristique), 269/502-5428 (office régional du tourisme)

zakynthos.gov.gr

Les célèbres tortues marines qui hantent les eaux de Zante peuvent atteindre un mètre de long, ont une grosse tête et des mâchoires puissantes, aptes à broyer homards et crabes. Elles viennent la nuit pondre dans la **baie de Lagana** depuis des millénaires, mais, à partir des années 1960, les touristes leur ont de plus en plus disputé le sable des plages. Pendant la journée, les œufs étaient dérangés et brisés. La nuit, les lumières et le bruit des bars et des discothèques perturbaient ces reptiles qui, en outre, avaient le malheur de pondre sur d'excellents terrains constructibles.

Heureusement, grâce à l'action des écologistes, les autorités ont pris certaines mesures pour protéger les tortues: plusieurs secteurs de la plage de 14 km de long sont désormais interdits d'accès. Les habitants eux-mêmes se sont rendu compte que les tortues constituaient une attraction touristique, même si on les voit rarement ; la plupart des touristes se contentent d'acheter un tee-shirt à leur emblème. Si la plage de Lagana est vraiment magnifique, en revanche la ville, bruyante et encombrée, n'a vraiment pas grand-chose à proposer.

La capitale de l'île, **Zakynthos**, a été quasi rasée par le tremblement de terre de 1953 mais, en la reconstruisant, on s'est efforcé de recréer le style d'origine. Le front de mer est très joli, et les nombreuses barques de pêche voisinent avec les gros ferries. En arrière du port, dans les rues commerciales, des arcades protègent les passants de l'ardeur du soleil en été et de la pluie en hiver. On y sent l'influence des Vénitiens, qui gouvernèrent l'île de 1484 à 1797 et qui avaient surnommé la cité *Fiore di Levante* (Fleur du Levant). De fait, Zakinthos, avant sa destruction, était plus belle encore que la ville de Corfou.

L'hymne national

Le poète Dionysios Solomos est né à Zante et, dans le musée qui lui est consacré, on voit un morceau de bois provenant d'un arbre du parc de Strani sous lequel, en mai 1823, le poète composa son *Hymne à la liberté*, dont une partie, mise en musique par N. Mantzaros, est devenue en 1864 l'hymne national grec.

Le comte Solomos fut le premier poète à écrire en grec moderne : il était convaincu que la poésie devait être accessible à tous, et non pas réservée à une élite. De nos jours, dans le monde entier, tous les Grecs connaissent au moins l'une de ses œuvres.

L'un des rares bâtiments à avoir résisté au tremblement de terre (les habitants y voient une intervention divine) est la **cathédrale**, construite en 1925 et dédiée à Agios Dionysios (saint Denis, 1547-1622), patron de l'île et des pêcheurs. Curieusement, l'église et la chapelle du monastère Panagias tis Anafonitrias (XVIe siècle), dont saint Denis fut l'abbé dans les dernières années de sa vie, sont également restées debout. Le monastère, qui se trouve à l'extrémité nord-ouest de l'île, est fréquemment inclus dans les visites organisées sur l'île de Zante.

Les reliques du saint sont enfermées dans une châsse d'argent qui se trouve dans la cathédrale, et ses vêtements sacerdotaux sont conservés dans la **chapelle Agios Nikolaos sto Molo**, sur la plateia Solomou, au bout du port. Cette chapelle de pêcheurs fut détruite par le tremblement de terre mais reconstruite avec amour, pierre à pierre, et l'intérieur a été refait à neuf.

La place porte le nom de l'autre célébrité de l'île, le poète Dionysios Solomos (1798-1857) qui, comme bien d'autres garçons nés ici, reçut pour prénom celui du saint local (*voir encadré*). Le **musée Solomos** lui est consacré à côté de son mausolée. On y trouve un certain nombre de ses effets personnels ; des expositions évoquent d'autres notabilités locales et des photos montrent la ville telle qu'elle était avant le tremblement de terre. Le **Musée d'Art byzantin** est plus intéressant que bien d'autres : aux XVIIe et XVIIIe siècles, Zante fut en effet l'un des centres de l'école ionienne de peinture. La façon réaliste dont les peintres de cette école représentaient les saints paraît révolutionnaire aujourd'hui encore. ■

Musée Solomos

Plateia Agiou Markou, Zakynthos
269/504-8982
€

zakynthos-museumsolomos.gr

Musée d'Art byzantin

Plateia Solomou 3, Zakynthos
269/504-2714
Fermé sam.-dim.
€

Autres îles à visiter

Moyen de transport typique à Meganissi

Dans les parages des grandes îles de la mer Ionienne, on trouve un certain nombre de petites îles peu fréquentées par les touristes. Certaines proposent des logements, d'autres ne sont accessibles que dans la journée. Ceux qui en ont le temps devraient les visiter.

Autour de Corfou

Au large de la côte nord-ouest de Corfou se trouvent cinq petites îles : les îles Diapontia. Trois seulement sont habitées ; ceux qui veulent échapper quelques jours à la foule y trouveront un logement rudimentaire, mais on peut aussi, depuis Sidari ou Agios Stefanos, par exemple, en faire une visite organisée en groupe.

Ereikoussa est la plus fréquentée ; on y trouve un bon hôtel et quelques très belles plages. Au départ de Corfou, de nombreux bateaux y font escale et y laissent des touristes passer quelques heures sur la plage, agrémentées d'un délicieux barbecue.

Othoni offre quelques très beaux paysages où il fait bon se promener à pied. Quelques chambres simples sont à louer, et plusieurs tavernes sympathiques vous attendent.

Mathraki, qui ne compte que quelques dizaines d'habitants et peu de chambres à louer, est la plus intéressante des trois, avec des plages magnifiques et de bonnes possibilités de randonnée. La plage, longue de 3 km, est parfois encombrée de visiteurs venus de Corfou, mais, lorsqu'on se promène dans l'intérieur boisé de l'île, on ne rencontre personne, pas même des autochtones.

Carte p. 209

À SAVOIR

Les îles Ioniennes (Céphalonie, Zante, Leucade) sont baignées par des eaux peu profondes dont la belle couleur émeraude est due au sable blanc des fonds marins.

Autour de Leucade

S'il y a plusieurs îles au large des côtes de Leucade, toutes ne se visitent pas. La plus célèbre est **Skorpios**, qui appartient à la famille Onassis, et c'est là qu'est enterré Aristote Onassis (1906-1975). Des gardes armés y patrouillent en permanence, et son accès est formellement interdit. Cela vaut aussi pour Madhouri, qui est également privée.

On peut en revanche visiter la plus grande de ces îles, **Meganissi**, reliée à Nidri par un ferry qui accoste dans le très joli petit port de **Vathi** – les rares touristes à y demeurer quelques jours viennent de Leucade. Ce n'est plus qu'un gros bourg, remarquablement peu développé. À quelques minutes de marche par une route sinueuse et ombragée, **Katomeri**, l'agglomération principale, propose le seul hôtel de l'île, loin de la foule et du bruit. On peut sans difficulté visiter toute l'île à pied. Les criques désertes sont à découvrir absolument.

Carte p. 209

INFORMATIONS PRATIQUES

Prêtre orthodoxe

INFORMATIONS PRATIQUES

PRÉPARER SON VOYAGE

Quand partir

Le climat grec est agréable toute l'année. Mieux vaut toutefois éviter le mois d'août : plages et hôtels sont bondés et le thermomètre dépassant allègrement 38 °C. La chaleur est souvent accablante à Athènes. Les hivers peuvent être pluvieux, avec des températures parfois inférieures à 10 °C, mais ils offrent également de magnifiques ciels bleus et de douces journées (20 °C). Le printemps et l'automne sont les saisons les plus favorables : il fait chaud sans excès et il pleut rarement. Le printemps, avec son explosion de fleurs sauvages, offre des paysages étonnamment verdoyants. Dans les régions de montagne, il faut attendre la fin mai pour que la fonte des neiges rende à nouveau les sentiers praticables.

La semaine pascale est un moment privilégié : le pays célèbre avec ferveur Pâques, la fête la plus importante du calendrier orthodoxe (différent du nôtre : vérifiez les dates).

Qu'emporter

L'été, n'emportez que des vêtements légers : tee-shirts et shorts pour la journée, et une tenue décente pour visiter les monastères et lieux de culte : robe couvrant les genoux et les épaules pour les femmes, pantalons longs pour les hommes. Les nuits d'été sont assez chaudes pour dîner dehors bras nus. Au printemps et à l'automne, un sweat ou un lainage permettra de prolonger la soirée.

L'été, le vêtement de pluie n'est pas vraiment impératif, sauf dans les îles Ioniennes et dans les montagnes du Nord, où les pluies sont plus fréquentes. Ailleurs, les rares et soudaines averses sont vite oubliées. Prévoyez un manteau ou un lainage chaud si vous séjournez en hiver.

Les moustiques font partie de l'environnement, quels que soient le lieu et le moment. Inutile de bourrer vos bagages de crèmes et autres produits répulsifs : vous les achèterez sur place.

Hormis dans les zones les plus reculées, peu touristiques, vous trouverez tous les médicaments dont vous pourriez avoir besoin. Le personnel des pharmacies parle souvent bien l'anglais. Il est toutefois plus prudent d'emporter vos médicaments si vous suivez un traitement. Emportez votre crème solaire préférée : la fraîcheur des brises marines – les meltems – est trompeuse et le soleil assez méchant.

Les amateurs de photographie n'oublieront pas les chargeurs de leurs divers appareils. Mais les magasins sont bien approvisionnés en petit matériel photographique.

Assurance

Les ressortissants de l'Union européenne bénéficient de la gratuité des soins d'urgence dans les centres de soins publics. Les Français se procureront avant de partir le formulaire E 111 auprès de leur caisse d'assurance-maladie.

Le réseau de santé public, assez étendu, ne jouit pas toujours de la meilleure réputation. Les soins dans le secteur privé sont très onéreux. Mieux vaut donc avoir une assurance couvrant les dépenses médicales. Assurez-vous aussi que vous êtes couvert pour un éventuel rapatriement, comme pour la perte et le vol de vos bagages, papiers et moyens de paiement.

Livres sur la Grèce

La Grèce ancienne et moderne a inspiré de nombreux essais et romans. Pour une perspective historique sur les sites archéologiques, on trouvera, dans la collection « Points Histoire », au Seuil, une série d'ouvrages écrits par les meilleurs spécialistes. Pour une relecture critique de l'histoire : *Les Grecs, les Historiens, la Démocratie. Le grand écart*, de Pierre Vidal-Naquet, La Découverte.

Sur l'histoire, le théâtre, la philosophie et la mythologie, sans négliger bien sûr Hérodote (*Histoires*), Homère (*L'Iliade, L'Odyssée*), Aristophane ni Platon, on consultera avec profit *Grèce*, de Patrick Frilet et Pascale Desclos (Lodi, 2004) ; *Le Goût de la Grèce*, textes choisis et présentés par Jean-Claude Perrier (Mercure de France, 2018) et *Histoire du monde grec antique* de François Lefèvre (Livre de Poche, 2007). Citons enfin le *Dictionnaire amoureux de la Grèce* (Plon) et autres œuvres du voyageur-écrivain Jacques Lacarrière.

On pourra aussi piocher chez Lawrence Durrell (*L'Île de Prospero*, Buchet-Chastel, et *Vénus ou la Mer*, Le Livre de Poche) ou Henry Miller (*Le Colosse de Maroussi*, Stock). Pourquoi ne pas profiter d'un séjour en Grèce pour lire N. Kazantzakis, auteur du célèbre *Alexis Zorba* (Presses-Pocket), mais aussi la poésie, les romans et les nouvelles de Georges Séféris (prix Nobel de littérature 1963), dont *Six Nuits sur l'Acropole* (Le Livre de Poche) ou *Poèmes. Trois Poèmes secrets* (Gallimard). Autres auteurs à (re)découvrir : Eugenia Fakinou, *La Septième Dépouille* (Climats).

Maria Iordanidou, *Loxandra* (Actes Sud-Ifa).
M. Karagatsis, *Le Colonel Liapkine* (Hatier/Grèce).
Alexandre Papadiamentis, *La Fille de Bohême* (Actes Sud-IFA).
Emmanuel Roïdis, *La Papesse Jeanne* (Actes Sud).
Kostas Taktsis, *Le Troisième Anneau* (Gallimard).
Stratis Tsirkas, *Cités à la dérive*, (Éditions du Seuil, coll. « Points Roman »).
Thanassis Valtinos, *La Marche des neuf* (Actes Sud).
Elizabeth Jane Howard, *Une saison à Hydra* (La Table ronde)

Comment aller en Grèce

En avion

La Grèce est très bien desservie. La compagnie nationale Olympic Airways assure un vol quotidien vers Athènes au départ de Paris (en 3 heures 30), Bruxelles et Genève. Elle dessert aussi Montréal et Toronto.

Olympic Airways
3, rue Auber – 75009 Paris
Tél. : 01 44 94 58 58
www.olympicair.com
Air France, comme Swiss International ou Aegean Airlines, ont également des vols réguliers à destination d'Athènes. Sur Internet : www.airfrance.fr
Pour les vols charters, consultez une agence de voyages ou recherchez les meilleures offres sur des comparateurs comme :
www.bourse-des-vols.com
www.kayak.fr
www.opodo.fr
www.skyscanner.fr

En bateau

Des ferries assurent la liaison entre l'Italie et la Grèce depuis Venise, Trieste, Ancône et, plus au sud, Bari et Brindisi. Arrivée à Corfou, Igoumenitsa, Céphalonie ou Patras. On peut aussi prendre le ferry depuis l'un des ports de Croatie, dont le plus beau est Dubrovnik.
Chaque compagnie a son représentant exclusif, voici leurs adresses en France :

Navifrance
20, rue de la Michodière
75002 Paris
Tél. : 01 42 66 65 40

Viamare
4, rue de Clichy – 75009 Paris
Tél. : 09 70 35 34 72

Euro Mer
5, quai de Sauvages
34000 Montpellier
Tél. : 04 67 65 95 14

En train

Le train n'est pas le moyen le plus rapide de se rendre en Grèce : Athènes est à 3 025 km de Paris. Depuis la France, l'itinéraire passe par Bologne et Brindisi, où il faut ensuite prendre le ferry, avant de reprendre un train, soit un voyage de trois jours environ.

Formalités d'entrée

Les ressortissants de l'Union européenne peuvent se rendre en Grèce avec une carte d'identité ou un passeport, même périmé (depuis moins de cinq ans). Suisses et Canadiens présenteront un passeport valide ; aucun visa n'est nécessaire pour un séjour de moins de trois mois.
Si vous entrez avec l'équivalent de plus de 1 000 € en devises étrangères, vous devrez en faire la déclaration. Elle vous sera utile au retour pour justifier que vous ne repartez pas avec davantage d'argent qu'à votre arrivée, ce qui est interdit.

Drogues et médicaments

Quiconque est pris avec des drogues illicites dans ses bagages encourt une peine sévère. Si vous apportez des médicaments à base de codéine, et si vous ne pouvez montrer une prescription médicale, vous risquez la confiscation ; en effet, ce dérivé de la morphine, universellement utilisé comme antalgique, est prohibé en Grèce.

Animaux

Votre animal de compagnie doit avoir été vacciné contre la rage, certificat à l'appui, dans une période de dix jours à douze mois – de six jours à six mois pour un chat.

Devise

L'euro est la monnaie en usage en Grèce.

COMMENT SE DÉPLACER À ATHÈNES

De l'aéroport

Transports en commun

Quatre lignes de bus relient l'aéroport international à Athènes (athensairportbus.com/en) et fonctionnent 24 h/24, 7 jours sur 7, avec un départ toutes les 30 à 60 minutes.
Le trajet dure entre 70 et 90 minutes. Le ticket peut être acheté dans le bus ; le tarif est identique pour toutes les lignes.
La ligne 3 du métro (6 h 30-23 h 30) est cependant plus rapide : compter 40 minutes pour Monastiraki.

Taxis

Ne prenez pas de taxis à la sauvette mais cherchez le terminal officiel et rejoignez la file d'attente. Vérifiez que le taximètre est allumé. Il y a généralement un supplément pour les bagages. Le coût du trajet de l'aéroport au centre d'Athènes est de 35 à 50 €, pour environ 45 minutes de trajet (beaucoup plus en cas de trafic intense).

Si vous avez l'impression (pas toujours injustifiée) d'avoir été surfacturé, consultez le personnel de l'hôtel où vous descendez : il connaît le prix normal.

Dans Athènes

En métro

Athènes compte 3 lignes de métro (stasy.gr) ; la principale, la ligne 1, relie Kifissia, au nord, au Pirée, au sud. Il y a notamment des arrêts à Omonia et Monastiraki. Une ligne du sud-est au nord-ouest (ligne 2) relie Omonia à Syntagma. Son extension est prévue jusqu'à Glyfada, sur la côte. La ligne 3 part d'Egaleo (banlieue ouest), passe par Monastiraki et Syntagma, et poursuit jusqu'à l'aéroport.

Le ticket, qui s'achète dans la station, doit être composté avant d'accéder au quai. Le prix du billet reste relativement bon marché ; il varie selon la zone du trajet.

En bus

Athènes possède un réseau de bus interurbain très étendu et bon marché. Aussi les bus sont-ils bondés, surchauffés l'été, et les fréquences de passage ne sont pas toujours respectées. Si vous voulez utiliser ce moyen de transport, il vous sera nécessaire de bien maîtriser la géographie athénienne. Savoir décoder l'alphabet grec sera utile pour connaître la destination, affichée à l'avant du bus. Au centre-ville, marcher reste souvent la meilleure option. Les tickets de bus s'achètent dans les kiosques situés près des principaux arrêts et dans certains magasins. Ils doivent être compostés avant de monter dans le bus.

En taxi

Le taxi est un moyen pratique et plutôt bon marché de circuler dans Athènes... si toutefois vous avez une bonne notion de la tarification normale de telle ou telle course. Sachez que les taxis athéniens sont collectifs : le chauffeur est en droit de prendre d'autres passagers pour remplir son véhicule. Chacun paie selon la distance parcourue. Cela compense la pénurie de taxis dans la capitale et tire vers le haut les revenus de la profession. Ne vous étonnez donc pas de voir des Athéniens plantés au bord de la rue crier à la cantonade leur destination : les taxis ne se dirigeant pas dans cette direction ne prennent pas la peine de s'arrêter.

COMMENT SE DÉPLACER EN GRÈCE

En avion

La Grèce a un bon réseau aérien intérieur, quoiqu'un peu trop centralisé : il est souvent plus commode de passer par Athènes, quel que soit le point de départ ou d'arrivée.
Les trajets intérieurs coûtent environ 80 €. Réservez en été.

En bateau

La desserte par ferry est à la hauteur de ce que l'on peut attendre d'une grande nation maritime : excellente. Le nombre de compagnies concurrentes devient même un inconvénient : les horaires ont tendance à être constamment modifiés. L'Office national hellénique de tourisme fournit toutefois sur demande les horaires mis à jour. Les conditions météo entraînent parfois une annulation ou un retard : si vous avez un vol à prendre, prévoyez un jour de marge. Consultez ferriesingreece.com, la liste des compagnies est fournie et variée.

L'hydroglisseur vous mènera plus rapidement à destination que le ferry, mais à un prix plus élevé. Si vous êtes sujet au mal de mer, cette dépense supplémentaire mérite considération. Les billets s'achètent auprès des agents de voyages – chacun représentant une compagnie –, parfois tout simplement à une table installée sur le quai d'embarquement.

De nombreux bateaux, plus modestes, effectuent les liaisons entre îles ou, en été, proposent des excursions. Cela peut s'avérer une alternative pratique au ferry, les horaires étant négociables tout comme le prix du voyage avec le propriétaire de l'embarcation.

En car

C'est le mode de transport le plus populaire en Grèce. Sauf exception, toutes les villes ont une gare routière active, et le car est souvent la façon la plus simple d'atteindre certaines îles : des lignes régulières relient par exemple les îles Ioniennes à Athènes, le prix du ferry étant inclus dans le billet.

Le car permet aussi de se déplacer dans les zones rurales les plus isolées. Sur les plus petites îles, un car assure la navette entre la ville principale et le port. Si des arrêts fixes jalonnent l'itinéraire, la plupart des conducteurs déposent ou embarquent leurs passagers à l'endroit qui leur convient : n'hésitez pas à en profiter.

Pour les lignes interurbaines, où circulent des cars à air conditionné, les billets doivent être achetés à l'avance à la gare routière. La principale gare routière d'Athènes est située au 100, rue Kifissou. Sur les lignes secondaires, les billets s'achètent généralement dans la boutique la plus proche de l'arrêt principal, ou dans le bus même. Les horaires sont affichés en devanture de magasin, sur un poteau ou sur un mur, et ne sont pas forcément à jour : mieux vaut vérifier. Tous les horaires, pour l'ensemble du territoire, sont disponibles sur le site Internet de la KTEL : www.e-ktel.com/en

En voiture

Si la voiture permet de prendre les chemins de traverse, ce n'est pas le moyen le plus sûr de voyager en Grèce, où le code de la route semble largement ignoré. La plus grande attention s'impose. Cela dit, si vous conduisez prudemment, parcourir la Grèce en voiture peut être une expérience intéressante qui vous permet de parcourir les grandes îles telles que Rhodes, la Crète et Corfou, qui ne sont pas facilement accessibles en voyage organisé.

Location de voiture

Rien de plus simple que de louer une voiture en Grèce, mais la location est chère. Toutes les grandes compagnies ont des bureaux dans les aéroports et les grandes villes, sur le continent et dans les îles les plus importantes. Leur flotte est généralement mieux entretenue que celle des petites sociétés. En dehors des périodes les plus touristiques, vous aurez néanmoins plus de chance de négocier un tarif avantageux avec celles-ci qu'avec les loueurs internationaux.

Un permis de conduire national suffit pour les ressortissants de l'Union européenne, et de facto, pour les autres, même si, légalement, il leur faut se munir d'un permis international. Le contrat inclut une assurance au tiers, mais il est plus prudent de prendre une garantie supplémentaire pour les dommages à la personne, car le taux d'accident est l'un des plus élevés en Europe. Le conducteur doit être âgé de plus de 21 ans, voire 25 ans pour les voitures les plus puissantes.

Routes et signalisation

Grâce aux subventions de l'Union européenne, l'état des routes s'améliore constamment. Les autoroutes sont néanmoins rarissimes et, même à péage, elles peuvent se transformer abruptement en deux voies.

La signalisation est franchement mauvaise : il est vital de se procurer une bonne carte. Et mieux vaut maîtriser l'alphabet grec, car si les panneaux indicateurs des voies principales sont écrits en caractères à la fois grecs et latins (avec une transcription parfois aléatoire), ce n'est pas toujours le cas sur le réseau secondaire.

Code de la route

Beaucoup d'autochtones négligent la règle de conduite à droite pour occuper le centre de la route, en particulier dans les virages. Sachez aussi que lorsqu'un automobiliste vous fait des appels de phare, c'est pour vous avertir qu'il n'a pas l'intention de vous céder le passage.

La vitesse est limitée à 50 km/h dans les zones habitées, à 90 km/h en dehors de celles-ci et à 110 km/h sur les voies rapides.

La loi grecque ne plaisante pas avec l'alcool au volant. Un verre de vin ou de bière suffit à créer l'infraction, et un peu plus entraîne une peine d'emprisonnement pour délit.

Carburant

L'essence, le diesel et le GPL sont disponibles presque partout. Vérifiez toujours le niveau du réservoir avant de vous aventurer dans les zones les plus reculées : les stations-service peuvent être très éloignées les unes des autres. Ce sont souvent des entreprises familiales, donc susceptibles de fermer le dimanche, ou alors, vous serez servi par un enfant ne parlant que sa langue maternelle. Les petites stations n'acceptent généralement pas les cartes bancaires

Stationnement

Le stationnement n'est guère payant que dans les grandes villes : un panneau indique alors, en grec et en anglais, où acheter votre « permis de stationnement », le plus souvent une boutique proche.

Pannes et accidents

En cas d'accident nécessitant une assistance, appelez le 10 400 ou le 210/606-8800, ou le cas échéant, le numéro que vous aura indiqué le loueur.

Si vous êtes l'auteur ou la victime d'un accident, ne signez aucun document qui soit rédigé seulement en grec.

En deux-roues

On peut facilement louer un scooter ou une moto dans les endroits les plus touristiques. C'est un mode de transport pratique et économique. Vérifiez toujours l'état de l'engin, et procurez-vous un casque, même si le port n'en est pas obligatoire.

En stop

Les Grecs sont habitués à prendre des auto-stoppeurs. C'est donc le parfait moyen de déplacement pour qui veut faire plus ample connaissance avec les habitants du pays et pratiquer un peu leur langue. Cela ne vaut cependant que pour des itinéraires assez courts. L'auto-stop peut s'avérer difficile pour de longs parcours.

CONSEILS PRATIQUES

Communications

Poste

Vous trouverez toujours un bureau de poste, même dans la plus petite île, mais celui-ci, faisant également office de banque, ne sera généralement ouvert que dans des plages horaires très limitées. Les bureaux plus importants (*tachydromeia*) ouvrent du lundi au vendredi de 7 h 30 à 14 h, et pour certains un après-midi dans la semaine et/ou le samedi matin jusqu'à midi. Dans les plus grands bureaux, chaque guichet assure un type de service : vérifiez que vous êtes dans la bonne file. Pour acheter des timbres, cherchez l'indication grammatosima. Les colis doivent être fermés devant l'employé.

De nombreux bureaux assurent les opérations de change (ce qu'indique la mention « Exchange ») : le taux est souvent plus avantageux que celui pratiqué dans les agences de voyages ou les petits bureaux de change (voir rubrique Argent).

Les délais d'acheminement du courrier sont assez longs : il faut compter une semaine pour les pays européens, d'une à deux semaines pour l'Amérique du Nord, et souvent plus pour les simples cartes postales.

Téléphone

Les frais d'itinérance *(roaming)* ne sont pas facturés par votre opérateur lors de vos voyages dans les pays de l'Union européenne : les appels, SMS et MMS ainsi que votre connexion Internet sont inclus dans votre forfait. Cela ne s'applique pas dans les espaces maritimes (attention lors de vos navettes en ferry !) ou lorsque vous passez votre communication depuis votre pays d'origine.

Vous pouvez aussi acheter une carte téléphonique prépayée (*kartokinito*) ou un téléphone portable grec prépayé dans les *periptera* (marchands de journaux), les supermarchés, les bureaux de poste ou dans les magasins des opérateurs téléphoniques. Vous verrez des téléphones publics dans les rues, dans les gares ferroviaires et routières, dans les bureaux d'accueil des hôtels et dans les bureaux de l'OTE (la compagnie nationale de téléphone). Ces derniers se trouvent dans les villes et villages, et sont généralement ouverts du matin au soir, du lundi au samedi.

Électricité

L'électricité est fournie à 220 V/ 50 Hz AC. Les prises sont à deux trous et parfois à trois broches avec mise à la terre. Des adaptateurs sont disponibles dans les supermarchés.

Alcool

En Grèce, comme dans la plupart des autres pays européens, la vente d'alcool aux mineurs n'est pas autorisée, bien qu'il existe une certaine tolérance.

Argent

L'euro a remplacé la drachme depuis le 1er janvier 2002. Il y a des distributeurs de billets dans les villes et les principaux sites touristiques. Si vous voyagez dans des endroits reculés, pensez à retirer de l'argent avant de partir.

Si les cartes bancaires sont largement acceptées dans les zones les plus fréquentées, la monnaie en plastique n'est pas toujours entrée dans les mœurs. Il est normal de régler en espèces même de fortes sommes. Vous verrez souvent la mention « pas de chèque » en devanture des hôtels, fussent-ils de catégorie intermédiaire à Athènes.

Jours fériés

1er janvier Nouvel An
6 janvier Épiphanie
25 mars Fête de l'Indépendance
Février/mars Lundi des Cendres (41 jours avant Pâques)
Mars/avril Vendredi saint, dimanche des Rameaux, dimanche et lundi de Pâques
1er Mai Fête du travail
Juin Lundi de Pentecôte (50 jours après Pâques)
15 août Assomption
28 octobre Jour du Non : commémoration du rejet de l'ultimatum italien en 1940
25 et 26 décembre Noël

Pendant les jours fériés, vous trouverez presque tout fermé, y compris les sites archéologiques, les musées, les banques, les bureaux de poste, certains magasins et restaurants. Cependant, dans les zones touristiques et les grandes villes, vous n'aurez aucun problème pour trouver des restaurants ou des magasins ouverts.

Horaires

Les banques ouvrent généralement de 8 h ou 8 h 30 à 14 h, du lundi au vendredi, et les bureaux de poste, de 7 h 30 à 14 h. Des agences et bureaux ouvrent également le samedi matin, dans les localités de quelque importance.

Les magasins ouvrent pour la plupart de 8 h à 13 h, et de 17 h à 20 h. Les supermarchés et les commerces travaillant avec les touristes ferment beaucoup plus tard. Dans tous les cas, la pause de l'après-midi est sacrée. Hormis dans les zones touristiques, les magasins sont fermés le dimanche.

Il est difficile de préciser les horaires d'ouverture des musées et sites archéologiques, car ceux-ci varient selon la saison – et parfois l'humeur du personnel. La plupart, en tout cas, accueillent le public toute l'année, mais ferment le lundi et les jours fériés, ce qui n'est pas le cas des grands sites comme l'Acropole, qui se visitent tous les jours.

Pourboire

En Grèce, les pourboires sont peu formels. Dans les restaurants grecs, le service est inclus dans l'addition et il n'est pas nécessaire d'ajouter un supplément. Cependant, il est d'usage de laisser quelques pièces sur la table, généralement de 5 à 10 % du total.

Dans les hôtels, les porteurs et le personnel apprécieront toujours un pourboire, mais si vous n'avez pas de monnaie sur vous, personne ne vous en tiendra rigueur.

Enfin, si vous prenez un taxi, vous pouvez arrondir le tarif de la course à l'euro supérieur.

Voyageurs en situation de handicap

La Grèce n'est pas la destination la plus favorable pour les handicapés. Les équipements sont globalement archaïques à l'aune des besoins des personnes à mobilité réduite. Les Grecs se montrent la plupart du temps très secourables, mais il est nécessaire de vérifier à l'avance. Les choses s'améliorent certes un peu : les nouvelles stations du métro athénien sont dotées d'accès pour les fauteuils roulants. En revanche, la visite des musées et des sites archéologiques implique presque toujours de grimper des escaliers, un défi souvent insurmontable, même avec de l'aide.

URGENCES

Criminalité et police

La Grèce est l'un des pays les plus sûrs du monde, et vous n'y courez guère de risques, excepté celui de voir votre argent s'envoler. Le vol à la tire semble en effet en recrudescence, aussi faut-il prendre quelques précautions élémentaires. Athènes est aussi sûre que le reste du pays : il est dans la culture locale de sortir tardivement et les rues y sont animées jusqu'au petit matin.

Les femmes seules sont exposées à la drague insistante des jeunes Grecs, les *kamaki*. La plupart cesseront de vous importuner si vous vous montrez ferme. Sinon, demandez l'aide d'un passant ou d'un commerçant. Les Grecs n'aiment généralement pas ce genre d'attitude. Si, vraiment, vous avez besoin d'aide, appelez depuis n'importe quel poste public la **police touristique** (le **1571**). Hors de la capitale, renseignez-vous sur le numéro local dès votre arrivée. Les appels d'urgence sont gratuits depuis n'importe quelle cabine téléphonique.

Numéros d'urgence

Le **112** est le numéro unique pour les urgences (gratuit dans toute l'Union européenne).
Secours médicaux : **166**.
Vous pouvez aussi composer le **1571** (police touristique) pour obtenir Police-secours (*Ekato*).
Police hellénique : **100**.
Pompiers (*fotyá*) : **199**.
Assistance routière : **10400** (centre d'appels de l'ELPA, principale société de dépannage, *voir p. 237*). Des bornes d'appel sont installées à intervalles réguliers sur les voies rapides.

Objets perdus

Si vous avez perdu un objet, il est possible qu'il vous attende là où vous l'avez perdu, car la plupart des Grecs sont scrupuleusement honnêtes. Si vous ne savez pas où vous l'avez perdu, signalez sa perte à la direction de votre hôtel ou appelez la police touristique. Vous devez obligatoirement déposer une plainte officielle en cas de demande d'indemnisation.

Santé

Aucun vaccin n'est exigé, mais il est conseillé de se mettre à jour des rappels pour les vaccinations contre le tétanos et la polio.

L'eau du robinet est normalement saine, mais l'été, il peut être prudent de boire de l'eau en bouteille, peu onéreuse.

Les pharmacies (*farmakio*) sont signalées par une croix rouge. Vous y recevrez d'excellents conseils, souvent en anglais, pour tout ce qui est bobo et petits maux. Les médecins de campagne, présents dans tous les gros bourgs, sont tout aussi bien formés que les pharmaciens et tout à fait compétents pour les maladies les plus courantes.

Chaque ville a au moins son dispensaire, signalé en grec et en anglais, et l'on peut y consulter de 8 h à midi. Si vous avez besoin de soins importants ou devez être hospitalisé, tournez-vous de préférence vers un hôpital privé. La qualité des soins y est bien supérieure à celle du secteur public, mais il est essentiel d'avoir une assurance couvrant les frais médicaux – et dentaires – que vous devrez avancer. Le personnel de l'hôtel ou la police touristique vous indiquera dans tous les cas l'adresse du praticien ou du centre de soins le plus proche.plus proche.

Risques

Les coups de soleil sont le principal risque pour votre santé. Utilisez un écran solaire avec un indice de protection élevé. Protégez particulièrement la peau des enfants. Un chapeau est impératif. Buvez beaucoup (sans alcool) pour éviter la déshydratation et mangez un peu salé.

Oursins et méduses sont une autre menace pour les baigneurs. Des sandales vous protégeront contre les oursins, communs dans les zones rocheuses. Si vous vous plantez un piquant dans la peau, faites-le immédiatement enlever par un pharmacien ou un habitant du cru ; consultez de même le pharmacien en cas de rencontre avec une méduse : toutes ne sont pas venimeuses, mais elles sont toujours urticantes.

Les moustiques peuvent être une vraie nuisance dans de nombreux endroits, mais ils ne transmettent pas le paludisme.

Il existe également certaines espèces de scorpions, mais ils se rencontrent rarement, de même que les serpents. Faites cependant attention lorsque vous marchez et ne retournez pas les pierres.

Ne vous approchez pas des chiens errants et, si vous vous faites mordre, consultez immédiatement un médecin.

HÔTELS & RESTAURANTS

En Grèce, vous trouverez facilement à vous loger à des prix abordables, si vous évitez les plus grands hôtels. Les normes varient énormément d'un établissement à l'autre, et les critères de classification nationaux (voir plus loin) ne sont pas forcément à suivre au pied de la lettre. Ne négligez pas forcément les hôtels des catégories les plus modestes : s'ils ne possèdent ni télévision par satellite ni minibar, beaucoup s'avèrent impeccablement tenus et très bien situés. Si vous voyagez l'été dans les régions les plus fréquentées, il est indispensable de réserver. En dehors de la haute saison (juillet-août) ou dans les zones moins touristiques, se loger est rarement un problème.

Le climat permet de manger en plein air une bonne partie de l'année et c'est sans aucun doute l'un des grands plaisirs d'un voyage en Grèce. Déguster une grillade de viande ou un poisson fraîchement pêché, attablé au bord de l'eau, est une façon bien agréable de passer une soirée... Les Grecs sont des hôtes très cordiaux, et la plupart des restaurants et des tavernes offrent une atmosphère sympathique. Pour ce qui est des restaurants des hôtels, les apparences sont souvent trompeuses. La nourriture sera sans doute bien meilleure dans une petite taverne familiale – où la femme est aux fourneaux tandis que le mari officie en salle – que dans un endroit de meilleure allure, destiné avant tout aux touristes, où la gastronomie n'est vraiment pas la première préoccupation.

Hôtels

En Grèce, le système de classification des hôtels et des hébergements touristiques commence de la catégorie A à la catégorie E, à peu près équivalent aux catégories 5 étoiles à 1 étoile. Il existe également une catégorie Deluxe. La catégorie impose le prix ; les hôtels sont régulièrement inspectés et classés chaque année. Le classement est considéré comme une affaire sérieuse, chaque hôtel doit apposer une notification officielle dans chaque chambre indiquant la catégorie, le tarif journalier de la chambre à différentes périodes de l'année et pour un nombre différent d'occupants, et si le prix est inclus ou moins le petit déjeuner. Si vous ne voyez aucune liste de prix à consulter, l'hôtel enfreint la loi, mais au début de l'année, il est courant de trouver la liste de prix de l'année précédente en attendant la nouvelle.

Arrivée

Si vous n'avez pas réservé, il est d'usage de demander à voir la chambre avant de la retenir. Si vous restez, vous devrez laisser votre passeport à la réception afin d'être enregistré ; il vous sera normalement rendu sous 24 heures.

Le petit déjeuner n'est pas toujours inclus dans le prix de la chambre. Dans les hôtels de catégorie supérieure, il s'agit généralement d'un buffet varié avec jus de fruits, fruits frais, yaourts et miel, céréales, œufs, fromages, viandes froides et différentes sortes de pain. Dans les endroits plus simples, on vous proposera plus probablement quelques toasts et une boisson chaude. Vous trouverez sans doute plus de choix dans les cafés du voisinage.

Départ

Beaucoup d'hôtels acceptent la plupart des cartes bancaires. En revanche, dans les établissements de petite taille et les pensions, on n'accepte parfois qu'un seul type de carte, voire seulement des travellers chèques ou plus vraisemblablement de l'argent liquide.

Restaurants

Il n'y a pas de système de classification pour les restaurants. Des endroits en apparence très simples peuvent se révéler délicieux, d'autres, plus élégants, épouvantables. Mieux vaut a priori éviter les établissements devant lesquels quelqu'un est posté pour vous inciter à entrer ; cette « ruse » est destinée à attirer les étrangers qui ne reviendront probablement jamais, pas les autochtones.

Dans les régions touristiques, beaucoup de restaurants ne prennent pas de réservation et, dans certains cas, vous ne trouverez même pas leur numéro de téléphone dans ce guide. La place n'est généralement pas un problème : on sortira facilement une autre table pour vous installer. Si ce n'est vraiment pas possible, on vous dira combien de temps attendre avant qu'une table ne se libère.

Il existe différents types d'établissements. Les restaurants (*estiatorio*) sont élégants, les tavernes, plus décontractées. Dans une taverne, la table sera recouverte d'une nappe en papier que le serveur pourra éventuellement utiliser pour faire l'addition à la fin du repas... Certaines (*psarotavernas*) servent des spécialités de poisson, d'autres (*psistaries*), des mets grillés ou rôtis à la broche.

Horaires

Comme dans tout le bassin méditerranéen, on a tendance à prendre ses repas à des heures tardives. Le déjeuner n'est généralement pas servi avant 14 heures, et le dîner, 21 ou 22 heures. Cependant, la plupart des restaurants fréquentés par les touristes ouvrent plus tôt.

Parking

Il est rarissime qu'un restaurant possède un parking privé. À Athènes et dans les autres grandes villes, mieux vaut prendre un taxi ou marcher. Dans les petites cités et dans les îles, vous trouverez généralement des parkings non loin du centre.

Cartes bancaires

Tous les restaurants n'acceptent pas les cartes. Les Grecs préfèrent régler en espèces ; l'addition n'est généralement pas très élevée, et payer en liquide ne devrait pas être un problème. Abréviations utilisées : AE (American Express), DC (Diners Club), MC (Mastercard) et V (Visa).

Personnes à mobilité réduite

Souvent installés dans des bâtiments anciens, les restaurants sont rarement équipés pour accueillir les clients en fauteuil roulant. Cependant, le personnel se fera toujours un plaisir de vous aider.

Périodes d'ouverture

Un certain nombre de restaurants, notamment à Athènes, ferment en août et parfois plus longtemps pendant l'été, échappant ainsi à la fournaise estivale tandis que beaucoup de leurs clients habituels en font de même et quittent alors la capitale. Certains restaurateurs possèdent des établissements dans les îles, et ils profitent de cette période touristique pour s'en occuper, avant de revenir passer l'hiver à Athènes. Ce qui explique que, dans les îles, de nombreux restaurants soient fermés hors saison. Il est donc difficile de donner ici des informations précises, puisque les périodes d'ouverture sont décidées chaque année par les restaurateurs.

ATHÈNES

C'est dans la capitale que vous trouverez le plus grand choix de restaurants du pays, tant en matière de cuisine internationale que de gastronomie locale. Le quartier de Plaka compte de nombreux établissements ; certains servent une cuisine grecque traditionnelle et savoureuse, d'autres s'avèrent malheureusement être des « pièges à touristes ». Non loin, le quartier à la mode de Psirri (au nord de la place Monastiraki) abrite un grand nombre de restaurants typiques.

Hôtels

RECOMMANDÉ

GRANDE BRETAGNE
€€€€€
PLATEIA SYNTAGMATOS
TÉL. : 210/333-0000
grandebretagne.gr

Construit en 1864, le grand hôtel d'Athènes est situé place Syntagma. Avec sa piscine, sa décoration en marbre, ses équipements modernes et son restaurant panoramique, il a su garder son charme authentique. Parmi les hôtes de marque : les invités du roi Othon, premier roi de Grèce, à l'époque où le Parlement voisin était encore le palais royal, et Sir Winston Churchill, qui y séjourna en 1944. Les chambres en façade du dernier étage sont les plus demandées, car elles donnent sur l'Acropole. Il dispose également d'un centre de remise en forme avec une luxueuse piscine en mosaïque et d'un espace hammam.

341 Syntagma

HILTON
€€€€€
VASILISSIS SOFIAS, 46
TÉL. : 210/728-100

L'hôtel, dont une récente restauration lui a redonné son lustre d'antan, compte plusieurs restaurants réputés et des salons, lieux de rendez-vous agréables pour un café. Pratique pour le quartier de Syntagma, le musée Benaki et le Musée national, mais éloigné de Plaka.

453 Evangelismos

KING GEORGE PALACE
€€€€€
PLATEIA SYNTAGMA
TÉL. : 210/322-2210
kinggeorgepalace.com

Somptueusement rénové, il rivalise désormais avec l'hôtel Grande Bretagne. Il dispose d'un fabuleux spa, de chambres confortables classiques, du restaurant **Tudor Hall** dont la vue sur l'Acropole est à la hauteur de la superbe cuisine (le chef a été formé par Alain Ducasse).

102 Syntagma

ST. GEORGE LYCABETTUS
€€€€€
KLEOMENOUS, 2
TÉL. : 210/741-6000
sglycabettus.gr

Un établissement luxueux, confortable et bien situé dans l'élégant quartier de Kolonaki. Son excellent restaurant panoramique offre une vue merveilleuse sur la ville.

167 Syntagma

ANDROMEDA ATHENS
€€€€
TIMOLEONDOS VASSOU, 15
TÉL. : 210/640-0072
andromeda-suites.gr

Un établissement luxueux, confortable et bien situé dans l'élégant quartier de Kolonaki.

42 Evangelismos

Non fumeurs · Air conditionné · Pisc. int. · Pisc. ext. · Fitness · Cartes bancaires acceptées

ATHENAEUM INTERCONTINENTAL

€€€€

LEOFOROS SYNGROU ANDREA, 89-93

TÉL. : 210/920-6006

athenaeum.intercontinental.com

Très bel hôtel de la chaîne Intercontinental décoré d'œuvres d'artistes grecs contemporains. Boutiques, bars et restaurants. Non loin du centre à pied.

520 P

DIVANI CARAVEL

€€€€

LEOFOROS VASILEOS ALEXANDROU, 2

TÉL. : 210/720-7000

divanicaravelhotel.com

Un établissement très élégant et moderne, comprenant plusieurs restaurants et souvent choisi par les hommes d'affaires pour ses équipements. Non loin du centre à pied.

470 Evangelismos P

DIVANI PALACE ACROPOLIS

€€€€

PARTHENONAS, 19-23

TÉL. : 210/928-0100

divanis.com

Un des hôtels modernes les plus raffinés de la ville, du vaste hall de réception en marbre aux superbes chambres. Bien situé par rapport au centre et à l'Acropole ; bons restaurants à proximité.

253 P

OCHRE AND BROWN

€€€€

LEOKORIOU, 7

TÉL. : 210/331-2940

oandbhotel.com

Situé dans le quartier tendance de Psirri, cet hôtel chic propose des services tels qu'un parking gratuit (une bénédiction dans le centre d'Athènes), des lecteurs DVD, un accueil avec coupe de champagne... Autant d'attentions personnalisées que seul un petit hôtel de 11 chambres peut offrir.

11 Thissio P

PALLAS ATHENA

€€€

PALLAS ATHENA, 65

TÉL. : 210/325-0900

grecotelpallasathena.com

Nouvel hôtel élégant et amusant avec un excellent restaurant, **Meat Me**, et le premier bar à champagne d'Athènes. Certaines chambres ont été décorées par des artistes locaux : demandez celle de Spider Man.

76 Omonia

CROWNE PLAZA

€€€

MICHALAKOPOULOU, 50

TÉL. : 210/727-8000

cpathens.com

Légèrement excentré, dans le quartier d'Ilisia, cet hôtel confortable offre des équipements à profusion, dont une piscine sur le rooftop et quelques restaurants.

188 P

DORIAN INN

€€€

PIREAS, 15-19

TÉL. : 210/523-9782

dorianinnhotel.com

Un établissement plein d'élégance, à deux pas de la place Omonia. Central et pratique pour visiter le Musée archéologique national. Le jardin sur le toit jouit d'une vue magnifique sur l'Acropole.

146 Omonia P

ELECTRA PALACE

€€€

NIKODIMOU, 18-20

TÉL. : 210/337-0000

electrahotels.gr

PRIX

HÔTELS

Prix indicatifs pour une chambre double sans petit déjeuner.

€€€€€	plus de 180 €
€€€€	120-180 €
€€€	80-120 €
€€	50-80 €
€	moins de 50 €

RESTAURANTS

Prix indicatifs pour un repas sans boisson.

€€€€€	plus de 48 €
€€€€	de 38 à 48 €
€€€	de 22 à 38 €
€€	de 15 à 22 €
€	moins de 15 €

Un excellent choix à Plaka. L'hôtel, très confortable, offre une piscine panoramique avec vue sur l'Acropole, des chambres avec téléviseur, téléphone et minibar. On peut rejoindre à pied la place Syntagma et les principaux sites touristiques.

106 Syntagma P

HERODION

€€€

ROVERTOU GALLI, 4

TÉL. : 210/923-6832

herodion.gr

Cet hôtel élégant se trouve au sud de l'Acropole, à proximité de plusieurs excellents restaurants mais pas tout près de Plaka. Toutes les chambres sont équipées de téléviseur et téléphone. Splendide vue sur le Parthénon depuis la terrasse panoramique.

90

ROYAL OLYMPIC

€€€

ATHANASIOU DIAKOU 28-34

TÉL. : 210/928-8400

royalolympic.com

Fort bien situé à deux pas de l'Acropole, cet hôtel qui

surplombe l'Olympéion et l'arche d'Hadrien peut sembler quelconque, mais il présente toute une gamme d'équipements et des chambres spacieuses.

304 Syntagma

TITANIA

€€€

PANEPISTIMIOU, 52

TÉL.: 210/332-6000

titania.gr

Un immense hôtel, proche de la place Omonia, avec des chambres bien équipées et un bar panoramique avec vue sur l'Acropole. Non loin à pied de Plaka et du Musée archéologique national.

396 Omonia

ACHILLEAS

€€

LEKKA, 21

TÉL.: 210/323-3197

achilleashotel.gr

Hôtel récemment rénové et abordable, tout proche de la place Syntagma. Toutes les chambres sont spacieuses, impeccables, dotées d'une salle de bains, du téléphone et d'un balcon. Ne vous fiez pas à son apparence banale. Agréable salle de restaurant au rez-de-chaussée.

37 Syntagma

ACROPOLIS VIEW

€€

10, RUE GKALLI/WEBSTER

TÉL.: 210/921-7303

acropolisviewhotel.gr

Situé dans une rue calme, non loin de la colline de Philopappos, au sud de l'Acropole, cet hôtel offre une belle vue sur le site. Chambres récemment rénovées ; un peu petites mais agréables.

32

ACROPOLE PIRAEUS

€€

GOURNARI, 7, PIREAS

acropole.atticahotels.net/en

Ce grand hôtel à prix modéré à côté d'Omonoia a récemment été rénové. Chambres propres avec téléphone. Bar, restaurant et salle de lecture.

167 Omonia

EXARCHION

€€

THEMISTOKLEOUS, 55

TÉL.: 210/380-0731

exarchion.com

E-mail : info@exarchion.com

Bon marché, à proximité du Musée archéologique national, dans le quartier estudiantin animé d'Exarchia. Beaucoup de chambres avec balcon. Agréable bar/salle à manger panoramique.

49 Omonia

LA MIRAGE

€€

KOTOPOULI, 3

TÉL.: 210/523-4755

Sur la place Omonia mais à l'abri du bruit, cet hôtel de catégorie C compte un restaurant, un bar et des salons, des chambres toutes équipées de téléphone et minibar. Pour être au cœur de l'action à un tarif raisonnable.

208 Omonia

NEFELI

€€

YPERIDOU, 16

TÉL.: 210/322-8044

hotel-nefeli.com

Idéalement situé à deux pas de Plaka et du centre-ville, ce petit hôtel familial bon marché et confortable offre des chambres (parfois petites) d'une propreté impeccable et un service amical. Fréquenté par de nombreux habitués.

18 Syntagma

PHILIPPOS

€€

MITSEON, 3

TÉL.: 210/922-3611

philipposhotel.gr

E-mail : philippos@herodion.gr

Bon établissement de catégorie intermédiaire, dans le quartier de Makrianni, au sud de l'Acropole, à proximité de plusieurs très bons restaurants. Téléphone et téléviseur dans toutes les chambres

48

PLAKA

€€

KAPNIKAREAS, 7

TÉL.: 210/322-2706

plakahotel.gr

E-mail : plaka@athenshotelgroup.com

Tout proche de la place Mitropoleos, un hôtel élégant, moderne et bien tenu, dans une gamme de prix un peu supérieure à ce qui se pratique à Plaka. Certaines chambres jouissent d'une vue sur l'Acropole, à l'instar du jardin panoramique.

67 Monastiraki

ACROPOLIS HOUSE

€

KODROU, 6-8

TÉL.: 210/322-2344

acropolishouse.gr

E-mail : hotel@acropolishouse.gr

Installé au cœur de Plaka, dans une belle maison du XIXe siècle joliment restaurée, cet hôtel familial plaira à ceux qui privilégient le charme et le caractère à certaines facilités (baignoires) du confort moderne.

19 Syntagma

ADONIS

€

KODROU, 3

TÉL.: 210/324-9737

hotel-adonis.gr

E-mail : info@hotel-adonis.gr

Hôtel de catégorie moyenne dans une rue piétonne, à l'extrémité de Plaka, non loin de la place Syntagma. Personnel serviable ; salle pour petit déjeuner et bar avec vue sur l'Acropole.

20 Syntagma

CECIL HOTEL
€
ATHINAS, 39
TÉL. : 210/321-7079
cecilhotel.gr
E-mail : info@cecil.gr
Cet hôtel dirigé par deux frères offre un intérieur de style rétro. La terrasse dispose d'une vue extraordinaire.
40 Monastiraki

MARBLE HOUSE PENSION
€
ZINNI, 35A
TÉL. : 210/922-8294
marblehouse.gr
E-mail : info@marblehouse.gr
Non loin au sud de l'Acropole, un petit hôtel sympathique et bon marché tenu par une équipe très serviable. La moitié des chambres sont des suites, certaines dotées d'un balcon ombragé de vigne vierge.
16 Cartes de crédit non acceptées

MUSEUM HOTEL
€
BOUBOULINAS, 16
TÉL. : 210/360-5611
museum-hotel.gr
E-mail : info@museum-hotel.gr
Hôtel tranquille, propre et abordable donnant sur les jardins du Musée archéologique national. Téléphone dans toutes les chambres.
58 Omonia

ORION
€
EMMANUEL BENAKI, 105
TÉL. : 210/330 23878
orion-dryades.com
Au cœur du quartier animé d'Exarchia, un hôtel très bon marché, tout à fait acceptable si vous n'êtes pas effrayé par la distance qui le sépare de la station de métro la plus proche (Omonia).
23 Omonia Cartes de crédit non acceptées

Restaurants

SPONDI
€€€€€
PIRRONOS, 5, PLATEIA VARNAVA, PANGRATI
TÉL. : 210/756-4021
www.spondi.gr
Restaurant gastronomique français proposant une cuisine raffinée et moderne. Deux étoiles au guide Michelin. Excellent choix de vins.
Aghios Ioannis Dîner uniquement

BOTRINI'S
€€€€
SYNGROU, 115
TÉL. : 210/685-7323
www.botrinis.com
Dans une ancienne école rénovée, ce restaurant propose une cuisine du terroir revisitée dans un style moderne. Tous les plats ou presque sont composés avec des produits locaux.
Dîner uniquement

GB ROOF GARDEN RESTAURANT
€€€
GRANDE BRETAGNE HOTEL
PLATEIA SYNTAGMATOS
TÉL. : 210/333-0000
À l'intérieur de l'hôtel Grande Bretagne (*voir p. 241*), ce restaurant sert une excellente cuisine méditerranéenne et des plats grillés.
Syntagma

BABY GRAND RESTAURANT
€€
PALLAS ATHENA, 65
TÉL. : 210/325-0900
www.grecotelpallasathena.com
Des plats de tavernes traditionnelles ainsi que des propositions de style oriental, avec une atmosphère du XXIe siècle, dans ce restaurant simple, amusant et peu coûteux de l'hôtel Pallas Athena.
Omonoia

KIKU
€€€
DIMOKRITOU, 12
TÉL. : 210/364-7033
kikurestaurants.com
L'un des meilleurs japonais de la capitale, mais aussi des plus chers, réputé pour ses sushis et ses sashimis préparés par des chefs nippons. Situé dans le quartier de Kolonaki, il est surtout fréquenté par une clientèle de diplomates et d'hommes d'affaires.
Syntagma Fermé dim.

OIKEIO
€€
PLOUTARHOU, 15
TÉL. : 210/725-9216
Un joli petit restaurant sur deux niveaux, très accueillant. Plats maison cuisinés avec beaucoup d'attention et de raffinement, à un prix plus que raisonnable.
St Evangelismos Fermé dim.

XENIOS ZEUS
€
MNISIKLEOUS, 37, PLAKA
TÉL. : 210/324-9514
xenioszeus.com.gr
Restaurant très prisé pour son offre gastronomique traditionnelle bon marché et sa belle vue sur la ville. Propriétaires sympathiques.
Monastiraki

BAKALIARAKIA O DAMIGOS
€
KYDATHINAION, 41
TÉL. : 210/322-5084
www.mpakaliarakia.gr
La plus ancienne taverne d'Athènes, ouverte en 1865, propose des plats grecs traditionnels. La morue à l'ail est la spécialité et donne son nom au lieu. Il est situé près de l'Acropole.
Monastiraki Cartes de crédit non acceptées

ORIZONTES (HORIZONS)

€€€

COLLINA LYKAVITTOS, KOLONAKI

TÉL. : 210/722-7065

orizonteslycabettus.gr

Restaurant raffiné situé à Likavittos, le point culminant de la ville. Vous pouvez vous y rendre avec le funiculaire qui part du coin de Ploutarchou et Aristippou (de 9h à minuit).

Syntagma

OINOMAGEIRIO MPARMPAGIANNIS

€

EMMANUEL BENAKI, 94

TÉL. : 21 3033 1078

Il y a souvent une file d'attente devant ce restaurant, mais le service est rapide et offre un nombre limité de plats grecs copieux. Orchestres certains soirs.

Omonoia Cartes de crédit non acceptées

HERMION

€€

PANDROSSOU, 7-15, PLAKA

TÉL. : 210/324-6725

hermion.gr

Un restaurant à la réputation bien établie, près du marché aux puces, pour goûter aux grands classiques de la gastronomie locale. Service soigné.

Monastiraki

KLIMATARIA

€

PLATIA THEATROU, 2

TÉL. : 210/321-6629

klimataria.gr

Taverne traditionnelle dans les rues de Plaka proposant des plats simples (côtelettes, moussaka, feuilles de vigne farcies) mais bien préparés et à prix abordable ; musique live certains soirs.

Monastiraki Dîner uniquement Cartes de crédit non acceptées

SCHOLARHIO

€

TRIPODON, 14

TÉL. : 210/324 7605

scholarhio.gr

Cette ouzerie a longtemps été parmi les plus populaires de la ville et sert des mezze copieux, notamment du *saganaki* (fromage frit), du *taramosalata*, du poisson frit et des saucisses cuites à l'ouzo. Il y a aussi une agréable terrasse.

Monastiraki

THE OLD TAVERN OF PSARRAS

€€

16 ERECHTEOS & EROTOKRITOU

TÉL. : 210/321-8734

psaras-taverna.gr

Ouverte depuis la fin du XIXe siècle, cette taverne à l'ambiance traditionnelle sert les classiques de la cuisine grecque populaire. Accompagnement musical et service agréable.

CLUB NEON

€

SATOVRIANDOU, 7

TÉL. : 210/522-4585

Neon fait partie d'une chaîne de restaurants. Peu coûteux et propre, le restaurant propose de nombreuses places et un menu international qui comprend des pâtes, des steaks, du poulet et quelques plats grecs simples.

Omonia Cartes de crédit non acceptées

TO KAFENEIO

€€

EPICHARMOU, 1, PLAKA

TÉL. : 210/324-6917

Un restaurant élégant mais décontracté à Kolonaki ; il sert des spécialités grecques telles que la tourte aux épinards, les aubergines à la feta cuites au four, le poulet à la sauce citron et bien d'autres plats. Clientèle internationale.

Syntagma

RECOMMANDÉ

BAIRAKTARIS-SIGALAS

€

PLATEIA MONASTIRAKI, 5

TÉL. : 210/322-0201

www.bairaktaris.gr

Inégalable pour goûter un dîner athénien authentique. Sigalas est sur la place Monastiraki, bruissante d'animation. L'ambiance est tout aussi affairée à l'intérieur, aux murs couverts de photos anciennes. Les serveurs, dont certains semblent être là depuis l'ouverture, à la fin du XIXe siècle, s'affairent au milieu des rires et des discussions animées des clients, qui apprécient l'atmosphère détendue. Au menu, de grands classiques de la cuisine grecque à prix doux. Arrivez tôt les soirs de week-end.

Monastiraki Cartes de crédit non acceptées

SCALA VINOTECA

€€-€€€

SINA, 50

TÉL. : 210/361-0041

www.scalavinoteca.com

Un lieu intéressant avec une bonne carte de vins et une cuisine méditerranéenne d'inspiration traditionnelle revisitée avec créativité.

Panepistimio Fermé mer.

PSAROSKALA

€€

AKTI THEMESTOKLEOUS, 214

TÉL. : 210/453-8227

Excellents déjeuners et dîners de poisson frais dans cette taverne appréciée des clients pour l'authenticité de ses plats.

Pireas Ouvert lun.-dim., de 10h à minuit

I SAITA

€

KYDATHINAION, 21

TÉL. : 210/322-6671

Une taverne en sous-sol sans prétention pour une carte classique qui offre parfois de délicieuses surprises, tel le porc dans une sauce crémeuse au céleri.

Syntagma Dîner uniquement Cartes de crédit non acceptées

SEYCHELLES

€-€€

KERAMIKOU, 49

TÉL.: 211/183-4789

Le week-end, il est indispensable de réserver dans ce restaurant très apprécié pour ses mezze. Les portions sont généreuses mais très raffinées, et la cuisine ouverte ajoute une touche hipster.

Thissio

O PLATANOS

€

DIOGENOUS, 4

TÉL.: 210/322-0666

Un grand classique de la capitale qui a fait quelques concessions au tourisme. Idéalement situé dans Plaka, il offre des tables à l'abri d'un grand platane (auquel il doit son nom).

Monastiraki Fermé dim. Cartes de crédit non acceptées

LE PIRÉE

IDEAL

€

NOTARA, 142

TÉL.: 210/429-4050

ideal-hotel.gr

Contrairement à beaucoup d'hôtels du Pirée, chers ou miteux, cet établissement offre des chambres très propres à des prix raisonnables. Réservez ici si vous devez passer une nuit au Pirée.

31 Pireas (puis longue marche) / bus pour l'aéroport

LILIA

€

ZEAS, 131

TÉL.: 210/417-9108

liliahotel.gr

E-mail: info@liliahotel.gr

Une situation agréable, à l'écart de l'agitation du front de mer. Les chambres sont propres et confortables. Le port de Marina Zea, depuis lequel hydroglisseurs et catamarans desservent de nombreuses destinations, n'est pas très loin.

17 Pireas (puis taxi conseillé) / bus pour l'aéroport

DOURAMBEIS OYSTER

€€€

ANDRIANEIOU, 37

TÉL.: 210/671-0100

Ouvert en 1932, ce restaurant tout simple est l'un des plus réputés du Pirée. Vous y dégusterez des plats de poisson frais élaborés à partir de recettes des îles de la mer Égée, dont la délicieuse soupe aux langoustines. Exceptionnel et très cher.

Pireas

VAROULKO

€€€

AKTI KOUMOUNDOUROU, 54, MICOLIMANO

TÉL.: 210/522-8400

varoulko.gr

Cuisine grecque et internationale originale, plats inattendus telles les feuilles de vigne farcies au poisson. La lotte est la spécialité du chef. Réserver pour éviter d'attendre. Une étoile au Michelin.

Pireas Fermé déj., dim. et août

STALATI

€€

STRATIGOU PLASTIRA, 3, SYGROU AVENUA, 303 & DIMOSTHENOUS

TÉL.: 210/940-8620

www.stalati.gr

Restaurant de poissons réputé du Pirée, avec un menu qui va du traditionnel (maquereau, moules, homard) à l'insolite (soupe de crevettes à la tomate, poisson scorpion).

Pireas

PRIX

HÔTELS

Prix indicatifs pour une chambre double sans petit déjeuner.

€€€€€	plus de 180 €
€€€€	120-180 €
€€€	80-120 €
€€	50-80 €
€	moins de 50 €

RESTAURANTS

Prix indicatifs pour un repas sans boisson.

€€€€€	plus de 48 €
€€€€	de 38 à 48 €
€€€	de 22 à 38 €
€€	de 15 à 22 €
€	moins de 15 €

PARAGA

€€

AKTI KOUMOUNDOUROU, 34, MICROLIMANO

TÉL.: 210/410-1065

Restaurant chaleureux, avec une vue imprenable sur le port du Pirée, très apprécié pour ses recettes terre et mer et la gentillesse et la courtoisie du personnel.

Pireas Ouvert lun.-dim., de 12h à 13h

PSAROSKALA

€€

AKTI THEMESTOKLEOUS, 214

TÉL.: 210/4538227

Excellents déjeuners et dîners de poisson frais dans cette taverne appréciée des clients pour son ambiance et l'authenticité de ses plats.

Pireas Ouvert lun.-dim., de 12h à minuit

VASILAINAS

€€

VRASIDA, 13 (HILTON AREA)

TÉL.: 210/721-0501

vassilenas.gr

Vous trouverez des endroits bon marché au Pirée si vous renoncez au poisson frais,

toujours cher en Grèce. Cette taverne, qui a ouvert dans les années 1930, est connue pour son menu de 16 plats, véritable festival de saveurs grecques.
Pireas Fermé déj. et dim.

LES ENVIRONS D'ATHÈNES

AKRA SOUNION

GRECOTEL CAPE SOUNION

€€€
AKRA SOUNION
TÉL. : 2292-069700
capesounio.com
Superbe resort cinq étoiles avec plage privée bordant un parc national. Vue sur le temple de Poséidon, nourriture raffinée, spa et piscine extérieure ; certaines villas disposent d'une piscine privée.
124

ELIAS FISH RESTAURANT

€€
AKRA SOUNION
TÉL. : 6936-811616
Une autre solution que les restaurants situés autour du temple de Poséidon, cette taverne sur la plage est plus abordable. Un menu classique ; le poisson servi est très frais.
Cartes de crédit non acceptées

MARATHON

MARATHON BEACH RESORT

€€€
POSEIDONOS AVE., 12, NEA MAKRI, MARATONA
TÉL. : 22940-95022
marathonbeachresort.com/en
Hôtel avec des chambres très spacieuses et à la propreté impeccable. Le personnel est courtois et attentionné.
74

VOULIAGMENI

FOUR SEASON ASTIR PALACE HOTEL ATHENS

€€€
APOLLONOS, 40
TÉL. : 210/890-1041
astir.gr
E-mail : reservations.athens@fourseason.com
Installé sur le littoral, avec un beau panorama sur la mer Égée, l'établissement 5 étoiles possède 8 bars et restaurants, un spa, une salle de sport et une plage privée. Entouré de pins, il se compose de 2 bâtiments différents.
571

ARMONIA RESIDENCES

€€
ARMONIAS, 1
TÉL. : 210/809-0540
armoniaresidences.com
Cet hôtel de classe A avec une vue exceptionnelle sur le golfe Saronique est souvent choisi par les hommes d'affaires pour ses équipements (plusieurs salles de conférences). Dans toutes les chambres : téléviseur, téléphone, air conditionné et ambiance musicale.
165

L'EUBÉE

APOLLON SUITES

€€€
KARYSTOS
TÉL. : 222/402-2045
apollonsuiteshotel.com
Un hôtel de petite taille, moderne et élégant avec ses suites disséminées sur un vaste terrain surplombant la mer. Équipements pour les sports nautiques. Un endroit calme et vraiment agréable.
36

KAVO D'ORO

€€
PARAODOS SACHTOURI, KARYSTOS
TÉL. : 222/402-2326
Cette taverne sur la place principale jouit de longue date d'une excellente réputation. Plats typiques de l'Eubée, souvent cuisinés à l'huile d'olive (*ladera*), et notamment des ragoûts de viandes et de légumes arrosés de vins locaux.
Fermé en hiver Cartes de crédit non acceptées

MARAVELIS

€
PARALIAKI AGIOU NIKOLAOU, EDIPSOS
TÉL. : 222/606-0240
Un excellent restaurant en bord de mer, réputé pour la qualité de ses plats et pour son service attentionné et amical.
Cartes de crédit non acceptées

PIATO

€
DRAKOPOYLOY, 42 & ETHNIKIS ANTISTASIS, KHALKIS
TÉL. : 222/108-6691
Un restaurant moderne qui bénéficie d'un excellent emplacement et d'une belle vue depuis sa terrasse. La carte est un peu plus variée que dans les autres tavernes.

LES ÎLES DE L'ÉGÉE

LES ÎLES DU SARONIQUE

EGINA (ÉGINE)

EGINITIKO ARCHONTIKO

€
AG. NIKOLAOU & THOMAIDOU, 1, EGINA
aeginitikoarchontiko.gr
TÉL. : 229/702-4968
Installée dans une bâtisse traditionnelle datant de 1820, cette pension vaut plus pour son atmosphère que pour la qualité des chambres, au demeurant tout à fait acceptables, étant donné la situation très centrale du lieu, qui compte aussi deux

cours et un agréable jardin aménagé sur le toit.

12

TO STEKI

€€

PAN IRIOTI, 49

TÉL. : 229/702-3910

steki-aegina.gr

Cette taverne située près du marché aux poissons est l'un des meilleurs endroits pour manger. À la carte, des plats simples tels que des sardines frites, des calmars et des poulpes.

Cartes de crédit non acceptées

IDRA (HYDRA)

BRATSERA

€€€

TOMBAZI, IDRA

TÉL. : 229/805-3971

bratserahotel.com

E-mail : info@bratserahotel.com

Très bel hôtel installé dans une ancienne fabrique d'éponges, non loin du port. Le bâtiment, datant de 1860, a été transformé avec goût. Jardin, piscine, restaurant.

14

XERI ELIA DOUSKOS

€€

PLATEIA HYDRAS, IDRA

TÉL. : 229/805-2886

Dissimulée dans une rue étroite, cette taverne traditionnelle propose une carte toute simple. La cuisine est délicieuse, le service, amical. Les tables sont installées dans un agréable jardin. Un lieu auquel Leonard Cohen a dédié quelques vers en 1976.

Cartes de crédit non acceptées

KONDYLENIA'S

€€

ROUTE CÔTIÈRE

1 KM À L'OUEST D'IDRA

TÉL. : 229/805-3520

hydra-kodylenia.gr

Cette taverne offre une vue splendide sur de merveilleux couchers de soleil. La carte est tout aussi impressionnante, et les gourmets de l'île s'y retrouvent pour déguster par exemple des calmars, des crevettes ou du poisson grillé.

Fermé en hiver Cartes de crédit non acceptées

POROS

CARAVELLA

€

PARALIA

TÉL. : 229/802-3666

caravella-tavern.business.site

Sur le front de mer, sympathique taverne très fréquentée. La carte est des plus classiques mais tout est préparé avec soin : moussaka, souvlakis, poissons, poulpes, *stifado*...

MARIDAKI AEGINA

€

DIMOKRATIAS

TÉL. : 229/702-5869

Situé sur le front de mer, ce café-restaurant animé satisfera tous les appétits et toutes les bourses : salades, omelettes, poulpe grillé ou moussaka à prix modérés, et poisson frais, bien plus cher.

Cartes de crédit non acceptées

SPETSES (SPETSAI)

NISSIA

€€€

DAPIA, SPETSES

TÉL. : 210/3462879

nissia.gr

Seul hôtel de luxe dans l'île, le Nisia offre 21 chambres et 10 suites réparties dans une ancienne usine datant du XIXe siècle. Superbement réaménagé, le lieu abrite aujourd'hui de très beaux jardins, une magnifique piscine, une aire de jeu pour les enfants et un excellent restaurant.

31

POSEIDONION GRAND HOTEL

€€€

FRONT DE MER, SPETSES

TÉL. : 229/807-4553

poseidonion.com

Hôtel désuet et plein de charme, avec une superbe vue sur le port et le continent.

55 Fermé en hiver

EXEDRA

€€

PALEO LIMANI, SPETSES

TÉL. : 229/807-3497

Ce restaurant du vieux port affiche des prix élevés mais propose une cuisine originale de grande qualité, avec des spécialités de fruits de mer, tel l'argo, un ragoût de crevettes et de homard à la feta.

PATRALIS PSAROTAVERNA

€€

KONOUPITSA

TÉL. : 229/807-5380

Selon certains, la meilleure cuisine de l'île. Vous ne resterez pas indifférent à la belle vue mer ou à la fraîcheur du poisson. Personnel sympathique.

LES SPORADES

ALONISSOS

TO KAMAKI

€€

IKION DOLOPON, PATITIRI

TÉL. : 242/406-5245

À quelques rues du port, cette ouzerie est le meilleur endroit pour manger à Patitiri. La carte, très complète, propose des plats de fruits de mer, dont des moules au four et des calmars farcis. Vous pouvez choisir de commencer ici la soirée en grignotant quelques hors-d'œuvre accompagnés d'un ouzo, ou mieux, de faire un repas complet.

Fermé sept.-juin
Cartes de crédit non acceptées

ASTROFENGIA
€
ANTICA ALONISSOS
TÉL. : 242/406-5182
Une vue magnifique et une atmosphère animée : voilà ce que vous réserve le meilleur restaurant de la vieille ville. Au menu, des plats simples (tomates farcies et poisson grillé) ou des préparations plus sophistiquées (cœurs d'artichaut à la crème et à l'aneth).
Fermé déj.

SKIATHOS

ATRIUM
€€€€
AGIA PARASKEVI, PLATANIAS
TÉL. : 242/704-9345
atriumhotel.gr
E-mail : info@atriumhotel.gr
Un établissement élégant, admirablement situé sur une colline boisée. Les vastes chambres avec balcon donnent sur la mer Égée, tout comme la piscine olympique. Restaurant, bar et sports nautiques.
75

ASPROLITHOS
€€
MAVROYIALI, SKIATHOS
TÉL. : +30 697/843-4912
Une taverne traditionnelle de bon standing pour goûter d'excellents grands classiques (dont une moussaka des plus légères). Les spécialités telles les crevettes aux artichauts sont plus chères.
Fermé déj. Cartes de crédit non acceptées

KAMPOURELI OUZERIE
€€
PALIO LIMANI, SKIATHOS
TÉL. : 242/702-1112
Un lieu animé où grignoter des mezze (amuse-gueule, équivalent grec des tapas espagnoles, composés de calmars, d'olives, etc.) en sirotant un ouzo. Il est aussi possible de prendre un repas plus copieux.
Cartes de crédit non acceptées

WINDMILL
€€
SKIATHOS
TÉL. : 242/702-4550
skiathoswindmill.gr
Au sommet de la colline orientale de la ville, cet établissement élégant offre une cuisine à la hauteur de son cadre, des préparations originales, tels le poulet épicé au bourbon.
Cartes de crédit non acceptées

SKIROS

NEFELI
€€
SKIROS
TÉL. : 222/209-1964
skyros-nefeli.gr
Situé à la limite de la ville, cet établissement à l'architecture traditionnelle propose certes des chambres d'hôtel, mais aussi des appartements à louer, dont certains avec vue sur la mer. Réservation obligatoire.
14

ASIMENOS
€€
SKIROS
TÉL. : 222/209-3007
Petit restaurant convivial avec peu de couverts, recommandé pour les amateurs de poisson frais.

SKOPELOS

FINIKAS
€
SKOPELOS
TÉL. : 242/402-2008
Excellente cuisine, servie avec sourire et courtoisie. Dans ce restaurant, vous trouverez des plats faits maison (dont certains végétariens) préparés au jour le jour avec des produits locaux. Bons vins.
Fermé pour le déjeuner

MOLOS
€
VIEUX-PORT, SKOPELOS
TÉL. : 242/402-2551
molos-skopelos.com
info@molos-skopelos.com
Comme d'autres restaurants du front de mer, celui-ci propose une bonne nourriture grecque à prix modérés. Il a aussi à sa carte du poisson frais, des viandes grillées et de délicieux plats mijotés.
Fermé en hiver Cartes de crédit non acceptées

AGNANTI
€
GLOSSA, SKOPELOS
TÉL. : 242/403-3606
agnanti.com.gr
agnanti@gmail.com
Une petite taverne familiale sans prétention, comme on en trouve si souvent dans les îles. Les sympathiques hôtes créent une atmosphère très agréable et vous régalent de plats bien préparés et bon marché : calmars, grillades, moussaka...
Cartes de crédit non acceptées

LES ÎLES DU NORD-EST DE L'ÉGÉE

HIOS (CHIOS)

GRECIAN CASTLE HOTEL
€€
HIOS
TÉL. : 227/104-4740
graciancastle.gr
E-mail : info@greciancastle.gr
Situé sur le front de mer dans une usine rénovée, l'hôtel dispose d'un restaurant et d'un bar. L'établissement, entouré de jardins, est décoré et meublé avec goût.
55

TA PETRINA
€€
VOLISSOS
TÉL. : 227/402-1128
tapetrina.gr
Situé dans un village rural perché sur les collines, non loin des plages de la côte nord-est, cet hôtel rénové par un couple anglo-grec est très confortable ; sur la terrasse, vous pouvez faire des barbecues et profiter d'une vue magnifique.
5 Cartes de crédit non acceptées

O PLATANOS TAVERNA
€
CHRISTOS RACHES
Taverne authentique à l'ombre d'un immense platane proposant des spécialités locales savoureuses. Essayez le vin de Prammian.
Cartes de crédit non acceptées

TAVERNA HOTZAS
€
STEFANOU TSOURI, 74, HIOS
TÉL. : 227/104-2787
Véritable institution, la plus ancienne taverne de la ville est un must. Elle n'est pas facile à trouver, mais tout le monde pourra vous l'indiquer. Les tables sont installées dans un charmant jardin, royaume des poules et des chats des propriétaires. Un choix de plats simples et rustiques – poissons grillés, aubergines frites... –, arrosés de retsina de la maison
Fermé dim. et déj.
Cartes de crédit non acceptées

THEODOSIOU OUZERIE
€
LEFTONIA | KONTARI, HIOS
TÉL. : 227/102-4250
Une ouzerie parfaite pour un dîner décontracté sur le front de mer. Grand choix de hors-d'œuvre, mais aussi de crèmes glacées et de pâtisseries.
Fermé déj. Cartes de crédit non acceptées

LESVOS (LESBOS)

OLIVE PRESS
€€
PLAGE DE MOLIVOS, MITILINI
TÉL. : 225/307-1205
olivepresshotel.gr
Mytilène (Mitilini) est une étape incontournable dans la visite de Lesbos, et il serait vraiment dommage de manquer cette adresse lors de votre passage. L'hôtel est installé au milieu de beaux jardins face à la mer, dans un ancien pressoir à olives. Demandez une chambre avec vue sur la mer.
53

VAFIOS
€€
VAFIOS, PRÈS DE MITILINI
TÉL. : 225/307-1752
taverna.vafios.com
Perchée dans les collines, dans un village à 5 km au sud-est de Mitilini, cette taverne est particulièrement fréquentée en soirée. Les fidèles viennent pour les petits prix, le vin de la maison, et bien sûr les plats, servis en portions généreuses.
Fermé en hiver Cartes de crédit non acceptées

CAPTAIN'S TABLE
€
MOLIVOS
TÉL. : 225/307-1005
Sur le port de Mytilène, un vaste choix de mets, des grillades aux plats végétariens en passant par des spécialités italiennes ou autres... Les amateurs de poisson choisiront « L'assiette du capitaine », un copieux assortiment de poissons grillés.
Fermé en hiver

ERMIS
€
KORNAROU, 2, MITILINI
TÉL. : 225/102-6232
Cette ouzerie pleine d'atmosphère, qui ressemble à une boutique d'antiquités, réunit de nombreux habitués. Vous pourrez y faire un repas complet ou juste prendre un verre. Les mezze, dont le fromage frit et les calmars, sont très réussis.
Cartes de crédit non acceptées

MISIRLOU
€€
POSEIDONOS, MOLIVOS
TÉL. : 225/307-2388
Une taverne au calme, sur le petit port de Molivos. Profitez de la terrasse pour observer les bateaux tout en dégustant un apéritif, un verre de vin blanc ou un délicieux hamburger.

LIMNOS (LEMNOS)

HOTEL SOTIRIS
€€
MYRINA
TÉL. : 225/104-3257
www.hotelsotiris.gr
Hôtel composé de plusieurs appartements sur trois étages. À seulement 5 minutes à pied d'une belle plage de sable.
P

PRIX

HÔTELS
Prix indicatifs pour une chambre double sans petit déjeuner.

€€€€€	plus de 180 €
€€€€	120-180 €
€€€	80-120 €
€€	50-80 €
€	moins de 50 €

RESTAURANTS
Prix indicatifs pour un repas sans boisson.

€€€€€	plus de 48 €
€€€€	de 38 à 48 €
€€€	de 22 à 38 €
€€	de 15 à 22 €
€	moins de 15 €

O PLATANOS
€
KYDHA, MIRINA
TÉL.: 225/402-2070
Admirablement situé sur une petite place, non loin de la rue principale, ce restaurant doit son nom aux deux énormes platanes qui l'abritent. La nourriture, simple et délicieuse, a l'accent du terroir: ragoûts de viande, agneau au four...
Cartes de crédit non acceptées

SAMOS

FITO AQUA BLEU RESORT
€€
PITHAGORIA
TÉL.: 227/306-2900
fabresort.gr
E-mail: info@fabresort.gr
Simple et tranquille. Des bungalows aux murs blancs et aux meubles en pin se nichent au cœur de jardins sillonnés par des sentiers ombragés.
87 Fermé en hiver

ORIZONTAS
€€
PLATANOS
TÉL.: 227/302-9457
Au centre de l'île (une voiture est nécessaire), ce restaurant installé dans un cadre magnifique propose des plats pas typiquement grecs, mais raffinés et très bien présentés. Le personnel est accueillant et les prix sont très raisonnables.

KOKORAS
€
KOKKARI
TÉL.: 227/309-2113
Un emplacement fantastique au bord de l'eau, à 10 km à l'ouest de Samos. Grande variété de mezze.

THASSOS

MAKRYAMMOS BUNGALOWS
€€€
MAKRYAMMOS
TÉL.: 259/302-2101
makryammos-hotel.gr
E-mail: info@makryammos-hotel.gr
Situé sur l'un des meilleurs emplacements de l'île, ce complexe hôtelier comprend une série de suites et de maisonnettes disséminées dans un vaste jardin luxuriant. Restaurant, tennis et plage de sable blanc privée.
206 P

SIMI
€-€€
VIEUX-PORT, THASSOS
TÉL.: 259/302-2517
Asseyez-vous aux tables de l'autre côté de la rue pour regarder les bateaux dans le port. Populaire auprès des locaux, il propose des plats savoureux et un excellent rapport qualité/prix. Essayez les fruits de mer, le *kleftico* ou les boulettes de viande. Il est conseillé de réserver en haute saison.
Cartes de crédit non acceptées

LES CYCLADES

MIKONOS (MYKONOS)

MYKONOS GRAND HOTEL
€€€€
AGIOS YIANNIS
TÉL.: 228/902-5555
mykonosgrand.gr
E-mail: info@mykonosgrand.gr
Magnifique hôtel, situé sur la plage d'Agios Ioannis, où vous pourrez profiter de superbes couchers de soleil et d'une belle vue sur l'île de Délos. Les suites avec spa sont spécialement conçues pour les jeunes mariés.
111 P

HOTEL BELVEDERE
€€€
AGIOU IOANNOU
TÉL.: 228/902-5122
belvederehotel.com
E-mail: contact@belvederehotel.com
Hôtel chic idéalement situé dans le quartier préféré des voyageurs visitant Mykonos. Les chambres sont petites mais accueillantes. Un restaurant japonais, le Nobu, a ouvert ses portes à l'intérieur. Petit déjeuner américain.
48

RECOMMANDÉ

LA MAISON DE KATRIN
€€€
NIKIOU, 1, MYKONOS
TÉL.: 228/902-2169
catrins-mykonos.com
Dans les îles, vous trouverez peu de restaurants combinant une atmosphère unique et une cuisine de grande qualité; aussi, ne manquez pas de vous arrêter ici si vous en avez l'occasion. À la carte aux influences françaises, des plats dignes d'un véritable restaurant parisien, comme le coq au vin. Pensez à réserver pour être sûr d'obtenir une table dans la petite salle, et attendez-vous à payer plus cher que la moyenne.
Fermé déj.

LA TAVERNE
€€€
HOTEL CAVO TAGOO, MIKONOS TÉL.: 228/902-0100
cavotagoo.com/mykonos
Très bon restaurant avec vue sur la baie, situé à l'intérieur de l'hôtel Cavo Tangoo (réservation recommandée), qui propose une délicieuse cuisine fusion: essayez les côtes d'agneau à la menthe et à la sauce au yaourt.

SEA SATIN MARKET RESTAURANT MYKONOS
€€
MIKONOS
TÉL. : 228/902-4676
capriceofmykonos.com
L'endroit le plus en vogue pour prendre un repas sous les moulins à vent et avec vue sur la mer. Le poisson et les légumes sont frais, les côtes grillées sont délicieuses.
Fermé déj.

KIKI
€
PLAGE D'AGIOS SOSTIS
La taverne la plus éloignée de la plage. Il n'y a ni électricité ni téléphone, donc Kiki ferme au coucher du soleil. Côtes levées au charbon de bois, poissons frais et salades servis dans une cour ombragée.
Fermé en hiver Cartes de crédit non acceptées

NAXOS

ONIRO WINE BAR RESTAURANT
€€€
CHORA NAXOS, CASTRO AGIOU MARTINOU, NAXOS
TÉL. : 228/502-3846
Une terrasse qui donne sur le port et une atmosphère reposante pour un dîner aux chandelles : voilà ce que vous réserve le meilleur restaurant de la ville de Naxos. La carte fait la part belle à une cuisine internationale, sans exclure des spécialités grecques, tel l'agneau à l'ail et au bacon cuit au four à petit feu.
Fermé déj. en hiver Cartes de crédit non acceptées

FAROS
€€
CYCLADES, NAXOS, ALIKO
TÉL. : 228/507-5244
farosvilla.gr
Un exemple de restaurant qui mêle avec succès traditions locales et influences étrangères (en l'occurrence allemandes) avec, par exemple, les boulettes de viande revisitées façon goulash.

MANOLIS GARDEN TAVERNA
€
KASTRO, NAXOS
TÉL. : 228/502-5168
Située dans la vieille ville, non loin du château, cette taverne continue de servir une cuisine authentique et savoureuse – moussaka, aubergines frites, poivrons farcis... –, supérieure à celle des restaurants à touristes qui l'entourent.
Fermé en hiver Cartes de crédit non acceptées

NIKOS TAVERNA
€
PLATEIA PROTODIKEIOY, CHORA NAXOS
TÉL. : 228/502-2765
Dans cette taverne, le propriétaire et pêcheur Nikos Katsayannis vous propose chaque jour un grand choix de poissons frais. Bonne sélection de vins de Naxos et des Cyclades.
Cartes de crédit non acceptées

PAROS

ASTIR OF PAROS
€€€€
PLAGE DE KOLYMBITHRES, PRÈS DE NAOUSSA
TÉL. : 228/405-1976
astirofparos.gr
Le grand hôtel de l'île constitue presque un village à lui tout seul, avec sa plage, son petit parcours de golf et sa galerie d'art (œuvres d'artistes grecs modernes exposées dans le hall). Cher, mais justifié.
57 Fermé en hiver

APOLLON GARDEN
€
PARIKIA
TÉL. : 228/402-1875
Dans ce délicieux petit restaurant sont servis des plats classiques et savoureux tels que la moussaka ou les tomates farcies.

LE SUD
€€-€€€
CHORA NAOUSSA
TÉL. : 228/405-1547
Un coin de France dans un ravissant jardin typiquement grec. Vous apprécierez le cadre romantique, le raffinement de la vraie cuisine française, le service précis et attentionné (parfois même un peu formel). Prix légèrement au-dessus de la moyenne par rapport aux autres établissements.

LEVANTIS
€
PARIKIA
TÉL. : 228/402-3613
levantisrestaurant.com
Un nom comme un clin d'œil aux tendances orientales de la cuisine proposée dans cette sympathique petite taverne, dont les tables sont installées sous la treille. Les plats, souvent préparés à base de yaourt, de noix, d'abricots, ont un indéniable parfum levantin.
Fermé déj. et mar.

TO KYMA
€
FRONT DE MER, DRIOS
TÉL. : 228/404-3306
Tenu par deux Françaises, « La Vague » propose une cuisine extrêmement variée. Au menu, des plats thaïs, chinois, français et même écossais, ainsi que des spécialités grecques (calmars, légumes farcis, homard).

SANTORIN (SANTORINI)

ASTRA APARTMENTS
€€€€€
IMEROVIGLI
TÉL. : 228/602-3641
astrasuites.com
Ressemblant à un village de charme, ce complexe propose chambres, suites et villas avec piscine nichées au sommet de la falaise, avec une vue imprenable pour admirer le coucher du soleil. C'est sans aucun doute l'un des endroits les plus confortables de l'île.
85

VEDEMA HOTEL
€€€€
MEGALOHORI
TÉL. : 228/608-1796
vedema.gr
marriott.com
Construit sur un domaine viticole, l'hôtel propose quelques villas de style cycladique. Une incroyable liste de vins grecs et internationaux est disponible dans le restaurant centenaire. Piscine, grand bain à remous extérieur, spa et salle de sport.
36

KATINA
€
PORT D'IA
TÉL. : 228/607-1280
fishtavernkatina.gr
Situé juste au bord de l'eau, ce restaurant est parfait pour déguster du poisson, à condition que vous soyez prêt à effectuer la descente jusqu'au port... et la montée au retour (il y a heureusement des taxis) !
Cartes de crédit non acceptées

SKARAMANGAS FISH TAVERN
€
PLAGE DE MONOLITHOS
TÉL. : 228/603-1750
Taverne authentique servant des prises du jour, telles que des mérous rouges grillés.
Nessuna

SIFNOS

TO LIOTRIVI
€€
ARTEMON
TÉL. : 228/403-1921
liotrivisifnos.gr
Sifnos est renommée pour ses cuisiniers, et Yiannis Yiorgoulis, qui officie ici aux fourneaux, compte parmi les meilleurs. Goûtez un plat tout simple comme la salade de câpres (*kaparosalata*) et vous comprendrez pourquoi l'endroit connaît un tel succès.

CAPTAIN ANDREAS
€
PLAGE DE SULLA, KAMARAI
TÉL. : 228/403-2356
Envie de poisson grillé ? Le capitaine Andreas les pêche pour la plupart lui-même, en achète une partie à ses collègues et prépare le tout : simple et délicieux !
Cartes de crédit non acceptées

SIROS (SYROS)

HOTEL OMIROS
€€
OMIROU 43, ERMOUPOLI
TÉL. : 228/108-4910
hotel-omiros.gr
Situé dans une rue piétonne et calme, cet hôtel raffiné propose de grandes chambres décorées avec goût de meubles traditionnels. Du jardin panoramique, magnifique vue sur le port.
13 Cartes de crédit non acceptées

TINOS

TO KOUTOUKI TIS ELENIS
€
GAFOU, 5
TÉL. : 228/302-4857
koutouki-elenis.gr
Ici, vous trouverez les mêmes plats que ceux proposés dans n'importe quel autre établissement dont regorge la rue étroite... Mais l'accueil est convivial et les plats, comme le veau mijoté ou le poulet au citron, sont parfaitement préparés.
Cartes de crédit non acceptées

LE DODÉCANÈSE

KALIMNOS

PANORAMA
€
AMMOUDARA
TÉL. : 224/302-3138, +30 697/3420269
panorama-kalymnos.gr
Tout en haut d'une côte assez raide, en retrait de l'animation du front de mer, cet hôtel moderne est géré par une équipe très accueillante. Toutes les chambres ont une belle vue sur la mer, certaines ont une terrasse.
13 Cartes de crédit non acceptées

AEGEAN TAVERN
€
MASSOURI
TÉL. : 224/304-7146
Ce restaurant typique propose du poisson frais grillé ainsi que des spécialités des îles grecques comme le calmar farci.
Cartes de crédit non acceptées

DOMUS
€
KANTOUNI
TÉL. : 224/504-7760
Sur la côte ouest de l'île, ce restaurant qui surplombe la mer Égée s'inscrit dans un cadre merveilleux. Les plats les plus simples, comme la moussaka ou les feuilles de vigne farcies, sont très réussis ; la carte réserve d'autres excellentes surprises tel l'agneau à l'arménienne, cuisiné avec du yaourt. Accueil très agréable.

BARBA MINAS TAVERNA
€
AFIARTIS
TÉL. : +30 697/3226624
Taverne familiale préparant des plats savoureux et copieux élaborés à partir de produits locaux frais. Accueil chaleureux.
Cartes de crédit non acceptées

KOS (COS)

AFENDOULIS HOTEL
€
EVRIPILOU, 1, KOS
TÉL. : 224/202-5321
afendoulishotel.com
E-mail : info@afendoulishotel.com
Un hôtel familial et sympathique, dans une rue calme du centre, non loin de la plage. Chambres simples, impeccables, avec balcon donnant sur le port.
23 Cartes de crédit non acceptées

PLATANOS
€
PLATEIA PLATANOS, KOS
TÉL. : 224/202-8991
platanoskos.gr
Situé à l'un des endroits les plus agréables de la ville, ce restaurant propose des plats originaux, comme le ragoût de poulpe, et des plats venus d'ailleurs, tel le steak à l'indonésienne. En été, musique live presque tous les soirs.

TAVERNA MAVROMATIS
€
PLAGE DE PSALIDI, KOS
TÉL. : 224/202-2433
mavromatisrestaurant.gr
Les frères Mavromatis se sont donné pour mission de régaler tous les gourmets. Le pari est réussi, avec leurs délicieuses spécialités : fromage frit, tendres viandes grillées et poissons frais.
Fermé en hiver

PATMOS

AUSTRALIS
€
SKALA
TÉL. : +30 697/3841841
Dirigé par un couple qui a vécu en Australie, cet hôtel est situé au calme, dans un jardin magnifique. Le petit déjeuner est servi sur une terrasse surplombant le port
18 Fermé en hiver Cartes de crédit non acceptées

PANTHEON
€€
CHORA, PATMOS
TÉL. : 224/703-1226
Ce restaurant typique, avec une belle vue sur la baie de Skala, connaît un succès considérable pour son excellente cuisine. La carte n'est pas très riche, mais les plats sont tous préparés avec soin et avec des ingrédients de qualité.

ASTIVI CAFE 1673
€€
CHORA, PATMOS
TÉL. : +30 693/6171071
Un bâtiment du XVIIe siècle magnifiquement restauré abrite le meilleur restaurant de l'île. Le *taramosalata*, la tourte aux épinards ou le *stifado* de lapin au genièvre sont délicieux.
Fermé déj.

TO PYROFANI
€
PARALIA, SKALA
TÉL. : 224/703-1539
Le poisson, servi simplement grillé, est d'une exquise fraîcheur, car acheté chaque jour aux pêcheurs. Le choix est donc lié aux prises : homard, espadon, thon, rougets...

PRIX

HÔTELS
Prix indicatifs pour une chambre double sans petit déjeuner.

€€€€€	plus de 180 €
€€€€	120-180 €
€€€	80-120 €
€€	50-80 €
€	moins de 50 €

RESTAURANTS
Prix indicatifs pour un repas sans boisson.

€€€€€	plus de 48 €
€€€€	de 38 à 48 €
€€€	de 22 à 38 €
€€	de 15 à 22 €
€	moins de 15 €

RODOS (RHODES)

SHERATON RHODES RESORT
€€€
LEOFOROS IALLYSOU, IXIA, RODOS
TÉL. : 224/107-5000
marriott.com
Cet excellent hôtel 5 étoiles, avec de beaux jardins et une plage privée, est situé à 4 km de la ville médiévale de Rhodes. Les chambres sont spacieuses et confortables. Restaurant, bar, sauna, court de tennis et bain à remous.
402

S. NIKOLIS BOUTIQUE HOTEL
€€
IPPODAMOU, 61, VIEILLE VILLE, RODOS
TÉL. : 224/103-4561
Un hôtel chargé d'histoire, puisque certains pans de mur datent de plus de huit siècles ! Si certaines chambres sont petites, toutes sont bien équipées et disposent d'un téléphone. Les propriétaires proposent aussi des chambres à louer à proximité.
30

ALEXIS 4 SEASONS
€€€
ARISTOTELOUS, 33., RODOS
TÉL. : 224/107-0522
alexis4seasons.com
Considéré comme l'un des meilleurs restaurants de poissons et fruits de mer du Dodécanèse, cet établissement propose de goûter des produits rarement inscrits sur les cartes, comme les oursins.
Fermé dim.

ARHONTIKO
€€€
LINDOS
TÉL. : 224/403-1992
arhontikolindos.com
Le déplacement jusqu'à Lindos pour dîner dans cette vieille maison de capitaine, dont la terrasse surplombe la citadelle et l'Acropole, vaut la peine. La cuisine inventive revisite des recettes traditionnelles à base de produits de la mer. Excellente carte des vins.

TA KOUPIA
€€
MENEKLEOUS, 22, RODOS
TÉL. : 224/103-0192
Faites en sorte d'être affamé lorsque vous viendrez dîner ici. Aux soupes succèdent un vaste choix de hors-d'œuvre plus appétissants les uns que les autres et des plats fort copieux. N'oubliez pas que la carte des desserts est également pleine de tentations !
Fermé déj. et dim.

MAVRIKOS
€€
LINDOS
TÉL. : 224/403-1232
L'un des premiers chefs de ce restaurant a longtemps travaillé en France, et il en reste quelque chose dans la façon dont on prépare ici les hors-d'œuvre et les plats traditionnels, notamment à base d'agneau. Accueil familial chaleureux.

PALIA ISTORIA
€€
MITROPOLEOS, 108, AMMOS, VILLE NEUVE, RODOS
TÉL. : 224/103-2421
Ce restaurant, qui a été récompensé par un prix, est indiscutablement l'un des meilleurs de la ville. Les hors-d'œuvre sont particulièrement réussis, notamment la salade de betteraves aux noix. Les plats, très variés, vont du simple – et succulent – rôti de porc aux spaghettis au homard (plus cher).
P

SIMI

ALIKI
€€€
IALOS, SIMI
TÉL. : 224/607-1665
simi-hotel-aliki.gr
E-mail : info@hotelaliki.gr
Installé dans une bâtisse néoclassique (1895) de deux étages située à un endroit calme du front de mer, il est doté de tout le confort. Les meilleures chambres, à l'étage, en façade, disposent d'un petit balcon donnant sur la mer. Un endroit simple, élégant et chaleureux.
15 Cartes de crédit non acceptées

PANTELIS
€€€
PORT DE SIMI, IALOS
TÉL. : +30 697/7261710
Loup de mer, crevettes, soupes de poisson, légumes et plats traditionnels... Tout ce qui sort de la cuisine de ce restaurant est bien présenté et délicieux. Tables en terrasse donnant sur le port.

RECOMMANDÉ

TAVERNA GEORGIO & MARIA
€
KALI STRATA VILLAGE
TÉL. : 224/607-1984
Un restaurant unique en son genre. L'ambiance est des plus désordonnées, mais, soir après soir, des plats succulents sortent des cuisines. L'efficacité n'est pas le point fort du lieu, aussi n'hésitez pas à passer la tête en cuisine et à demander ce qu'il y a de bon. Choisissez une table et passez vite votre commande. Georgio, le patron, va et vient de ses fourneaux à la rue, attendant parfois les clients ou jouant du bouzouki, selon son humeur... Vous l'aurez compris : le spectacle est aussi dans la salle !
Fermé déj. Cartes de crédit non acceptées

MYTHOS MEZE RESTAURANT
€
IALOS, SIMI
TÉL. : 224/607-1488
Stavros Godio a gagné une réputation internationale pour son excellent répertoire de cuisine méditerranéenne. Le bar à la sauce au gingembre, le porc au thym et au vinaigre balsamique attirent les cuistots pour les cours de cuisine hebdomadaires.
Fermé en semaine de nov. à Pâques

NERAIDA
€
IALOS, SIMI
TÉL. : 224/607-1841
En apparence, rien ne distingue cette taverne des autres établissements du port. Pourtant, ici, du poisson frais aux feuilletés aux épinards, la cuisine est vraiment excellente. Jetez un œil en cuisine pour voir ce qui mijote...
Nessuna

THOLOS
€
PRÈS DE PARADISE BEACH
TÉL. : 224/607-2033
Ce charmant restaurant en plein air convient aux

végétariens et aux amateurs de plats épicés. Essayez le pain aux pois chiches ou aux champignons fait maison et les crevettes aux poivrons verts.

Fermé en hiver Cartes de crédit non acceptées

TILOS

HOTEL IRINI & ILIDI ROCK

€

LIVADIA

TÉL. : 224/104-4293

ilidirock.gr

Un hôtel familial sympathique et bien tenu, dans un environnement calme, au cœur d'un joli jardin. Les chambres en façade ont une belle vue. Généreux petit déjeuner et propriétaires serviables.

23

LA CRÈTE

AGIOS NIKOLAOS

PELAGOS

€€

STRATIGOU KORAKA, 10, AGIOS NIKOLAOS

TÉL. : 284/108-2019

Situé dans un bâtiment de deux étages avec un paisible jardin intérieur, Pelagos propose un choix de poissons et crustacés, dont une salade d'oursins.

Cartes de crédit non acceptées

ELOUNDA

RECOMMANDÉ

ELOUNDA BEACH

€€€€€

ELOUNDA (2 KM AU NORD DU CENTRE-VILLE)

TÉL. : 284/106-3000

eloundabeach.gr

L'hôtel le plus luxueux de Crète est aussi l'un des meilleurs établissements d'Europe. Il pratique d'ailleurs des tarifs dignes du centre de New York ou de Paris. Parmi ses quelque trois cents chambres, certaines sont des maisonnettes dotées d'une piscine privée, qui conviennent à une clientèle extrêmement fortunée, soucieuse de préserver son intimité. Les autres clients pourront profiter de la grande piscine, de la plage privée, du golf miniature et d'une foule d'activités sportives (dont un club de voile et un centre de remise en forme).

301

ELOUNDA MARE

€€€€

ELOUNDA (2 KM AU NORD DU CENTRE-VILLE)

TÉL. : 284/106-8200

eloundamare.gr

E-mail : mare@elounda-sa.com

Installé au cœur d'un parc magnifique surplombant la mer Égée, cet hôtel comprend une série de maisonnettes immaculées et parfaitement équipées. Les parties communes sont décorées de meubles anciens.

108

VRITOMARTES TAVERNA

€

FRONT DE MER G. SFIRAKI

TÉL. : 284/104-1325

vritomartes.gr

Une taverne toute simple pour dîner en contemplant la mer. Le poisson a été pêché le jour même, vraisemblablement par le patron. La carte comporte aussi des plats de viande et de légumes, mais le poisson constitue ici le meilleur choix.

Fermé en hiver

HANIA (LA CANÉE)

VILLA ANDROMEDA

€€€

VENIZELOU, 150

TÉL. : 282/102-8300

villandromeda.gr

E-mail : info@villandromeda.gr

Un petit hôtel confidentiel, installé dans une bâtisse néoclassique (1870). L'escalier en marbre et l'élégant mobilier lui confèrent un grand charme. Les chambres offrent une belle vue sur le port et la ville mais peuvent s'avérer bruyantes.

6

AMPHORA

€€

PARODOS THEOTOKOPOULOU, 20

TÉL. : 282/109-3224

amphora.gr

E-mail : amphora@amphora.gr

Fort bien restaurée, cette bâtisse du XIVe siècle combine avec brio élégance vénitienne, atmosphère ottomane et grand confort moderne. La terrasse panoramique offre une belle vue sur le port de La Canée. Les chambres sont vastes mais parfois bruyantes.

21

TAMAM

€€

ZAMBELIOU, 49

TÉL. : 282/109-6080

L'un des meilleurs endroits de la ville. On y sert des plats qui traversent la Méditerranée, tels que le risotto ou les poivrons cuits à la grecque, mais combinés avec des influences du Moyen-Orient et l'utilisation d'épices, de fruits et de yaourt.

THE WELL OF THE TURK

€

KALINIKOU SARPAKI, 31

TÉL. : 282/105-4547

welloftheturk.gr

Les relations entre Grecs et Turcs ne sont pas précisément au beau fixe, mais cet élégant restaurant oriental connaît un franc succès grâce à sa cuisine inventive. Parmi les spécialités maison, goûtez les boulettes de viande aux aubergines.

Cartes de crédit non acceptées

IRAKLIO (HÉRAKLION)

CLUB CANDIA MARIS
€€€
ANDREAS PAPANDREOU, 72
TÉL. : 281/037-7000
candiamaris.gr
Cet hôtel de luxe a été construit en brique et marbre, dans le respect du style architectural de l'île. Les chambres, ou plutôt les maisonnettes, sont très bien équipées et ont vue sur la mer. L'immense piscine ronde est particulièrement agréable.
Fermé nov.-mars 257

LATO BOUTIQUE HOTEL
€-€€
EPIMENIDOU, 15
TÉL. : 281/022-8103
lato.gr
Simple et moderne, cet hôtel agréable est l'un des meilleurs choix en ville, en raison de sa situation centrale, non loin du Musée archéologique national. Certaines chambres donnent sur le port vénitien.
50

KYRIAKOS
€€
LEOFOROS DIMOKRATIAS 53
TÉL. : 281/202-4649
Ce restaurant, qui compte parmi les meilleurs de la ville, propose une cuisine traditionnelle crétoise. Essayez par exemple le poulpe aux oignons ou aux escargots, spécialités maison. Une tenue élégante s'impose, même si l'endroit est très sympathique. Service attentionné et sens du détail.
Fermé mer. et parfois en été

LIMENAS HERSONISOU

ROYAL MARE
€€€€
LIMENAS HERSONISOU
TÉL. : 289/702-7200
aldemarroyalmare.gr
E-mail : rm@aldemar.gr
L'un des rares centres de thalassothérapie du pays est installé dans cet hôtel de luxe, à mi-chemin entre Héraklion et Malia. Certaines chambres sont d'ailleurs directement reliées au centre de soins. En outre, tout le confort possible, un parc magnifique et une plage privée.
390

RETHIMNO (RÉTHYMNON)

GRECOTEL CRETA PALACE
€€€€
PLAGE DE MISIRIA
TÉL. : 283/105-5181
cretapalace.com
reservationscp@grecotel.com
Fidèle à l'architecture traditionnelle crétoise, ce complexe hôtelier s'inscrit dans un parc à la végétation luxuriante. Le logement s'effectue dans des chambres classiques ou dans l'une des 204 maisonnettes. Trois restaurants, quatre bars, tennis et plongée sous-marine.
355 Fermé en hiver

FORTEZZA
€€
MELISINOU, 16
TÉL. : 283/105-5551
fortezza.gr
E-mail : info@fortezza.gr
Très bien situé dans une rue calme, non loin de la forteresse vénitienne et du front de mer, cet hôtel moderne est construit dans le style traditionnel de l'île.
54 Fermé en hiver

AVLI
€€€
XANTHOUDIDOU, 22 / RADAMANTHYOS
TÉL. : 283/102-6213
avli.gr
Essayez d'obtenir une table dans le jardin de la cour avec ses palmiers et ses œuvres d'art, afin de profiter de ce cadre luxuriant pour vous régaler. La qualité de ce restaurant est excellente, de même que l'une des spécialités de la maison, le chevreau sauvage au miel et au thym. Vaste carte des vins.

CAVO D'ORO
€€
NEARCHOU, 42
TÉL. : 283/105-1670
cavodoro-rethymno.com
Voici l'un des meilleurs restaurants du port vénitien. Il y a toujours beaucoup de monde en saison, et mieux vaut réserver. La vue est aussi magnifique que la cuisine est délicieuse. Grand choix de poissons et de fruits de mer.
Fermé en hiver

CORFOU & LES ÎLES IONIENNES

KERKIRA (CORFOU)

HOLIDAY PALACE CORFU
€€€€
NAUSIKAS, 2, KANONI
TÉL. : 266/103-6540
corfuholidaypalace.gr
E-mail : info@corfuholidaypalace.gr
Un luxueux complexe hôtelier, non loin – en taxi ou en bus – de l'aéroport et de la ville. Sur place, vous trouverez notamment deux restaurants, plusieurs bars, deux piscines et un casino.
256

RECOMMANDÉ

BELLA VENEZIA
€
N. ZAMBELI, 4, CORFOU
TÉL. : 266/104-6500
bellaveneziahotel.com
Installé dans une bâtisse néoclassique du XIXe siècle, restaurée avec goût, cet

hôtel très simple possède beaucoup de charme et de caractère. Situé dans une rue calme, à quelques minutes à pied du centre, il offre des chambres spacieuses et hautes de plafond. L'accueil est particulièrement sympathique.

32

CAVALIERI

€€€

KAPODISTRIOU, 4, CORFOU

TÉL. : 266/103-9041

cavalieri-hotel-corfu-town.com

E-mail : info@cavalieri-hotel.com

Cet hôtel, presque sur le front de mer, est installé dans une belle maison ancienne qui a conservé tout son cachet. Les chambres sont très simples mais tout à fait confortables. Celles qui donnent en façade aux étages supérieurs ont vue sur le fort et la mer.

48

ROSMARINO RESTAURANT

€€€

GUILDFORD, 69, CORFOU

TÉL. : +30 698/6653024

Le meilleur restaurant mais aussi le plus cher de la ville. Dans un emplacement magnifique près de la place de la mairie, vous dégusterez des plats traditionnels tels que la moussaka et des spécialités de l'île comme le *bourdetto* (poisson à la sauce tomate et à l'ail).

AEGLI

€€

KAPODISTRIOU, 23, CORFOU

TÉL. : 266/103-1949

aeglirestaurant.gr

Dans le quartier à la mode, ce restaurant a inscrit à sa carte des spécialités culinaires de l'île, dont le *sofrito*, veau dans une sauce à l'ail. Pas précisément bon marché, mais très bon.

MOURAGIA

€€

ARSENIOU, 15, CORFOU

TÉL. : 266/103-3815

Cette ouzerie est souvent très fréquentée, surtout le dimanche midi. Essayez d'obtenir une table à l'extérieur et profitez de la grande variété de mezze.

CHRISOMALIS

€

THEOTOKI, 6, CORFOU

TÉL. : 266/103-0342

Restaurant vraiment simple, populaire auprès des habitants ; cuisine familiale à prix raisonnable.

Cartes de crédit non acceptées

NIKOLAS TRADITIONAL TAVERNA

€

GIMARI, PRÈS DE KALAMI

TÉL. : 266/309-1243

agnibay.com

Cette taverne traditionnelle se trouve sur la plage de Gimari, un petit village situé 2 km à l'ouest de Kalami. À l'heure du déjeuner, les gens venus se baigner et les familles de sortie s'y pressent ; le soir, l'ambiance est plus calme et permet d'apprécier pleinement l'excellent poisson frais inscrit au menu.

Fermé en hiver Cartes de crédit non acceptées

ITHAKI (ITHAQUE)

KANENAS RESTAURANT AND TAVERNA

€

STAVROS

TÉL. : 267/403-1777

kanenasithaki.com

Taverne authentique et conviviale. Le service est rapide et les plats sont excellents.

Cartes de crédit non acceptées

PRIX

HÔTELS

Prix indicatifs pour une chambre double sans petit déjeuner.

€€€€€	plus de 180 €
€€€€	120-180 €
€€€	80-120 €
€€	50-80 €
€	moins de 50 €

RESTAURANTS

Prix indicatifs pour un repas sans boisson.

€€€€€	plus de 48 €
€€€€	de 38 à 48 €
€€€	de 22 à 38 €
€€	de 15 à 22 €
€	moins de 15 €

TREHADIRI TAVERNA

€

VATHI

TÉL. : 267/403-3444

trehantiri.ithakionline.com

Madame est aux fourneaux et son mari sert en salle. Cette petite taverne n'offre rien de particulier, si ce n'est une carte basique et des plats très bien préparés.

Fermé déj. Cartes de crédit non acceptées

KEFALONIA (CÉPHALONIE)

WHITE ROCKS

€€€€€

PLATYS YIALOS, LASSI, ARGOSTOLI

TÉL. : 267/102-8332

Considéré comme l'un des meilleurs de l'île, cet hôtel situé non loin d'Argostoli, à proximité d'une plage publique, offre à ses clients une plage privée. Possibilité de loger dans une chambre ou dans l'une des 60 maisonnettes.

102 Fermé nov.-avr.

EMELISSE NATURE RESORT
€€€
EMBLISI BAY, FISKARDO
TÉL. : 267/404-1200
emelisseresort.com
Mobilier de style balinais dans ces bungalows dispersés sur une paisible péninsule. Merveilleux petits déjeuners faits maison.

CAPTAIN'S CABIN
€
PORT, FISKARDO
TÉL. : 267/404-1007
Au milieu du port, les gérants de cet ancien restaurant familial proposent une carte qui comble les locaux tout comme les touristes. Le poisson est frais et les plats traditionnels, tels que les tomates au four ou les calmars frits, sont excellents.

OLD PLAKA
€
METELAS, ARGOSTOLI
TÉL. : 267/102-4849
paliaplaka.gr
Une taverne ouverte toute la journée qui reçoit le soir une clientèle élégante, venue savourer pour un prix modéré quelques plats simples et délicieux. Le porc à l'ail est une excellente spécialité de la maison.

PATSOURAS
€
IOANNOU METAXA 32, ARGOSTOLI
TÉL. : 267/110-2960
S'attabler dans le jardin de ce charmant petit restaurant est un vrai plaisir. La carte offre différentes spécialités de l'île selon la saison, mais elle propose généralement toujours la fameuse tourte à la viande de Céphalonie.
Cartes de crédit non acceptées

LEFKADA (LEUCADE)

LEFKAS HOTEL
€€
PAPAGOU, 2, LEFKADA
TÉL. : 264/502-3916
hotel-lefkas.gr
Le meilleur hôtel pour loger dans le chef-lieu de l'île : il est bien placé, offre une bonne qualité de service, un accueil agréable et efficace ; les chambres sont spacieuses et confortables.
93

PAXI

REX
€
KAPODISTRIOU, 66
TÉL. : 266/103-9649
rexrestaurant.gr
Idéal si vous avez envie d'une grillade de poisson frais ou de spécialités grecques traditionnelles, comme la moussaka et les feuilles de vigne farcies.
Cartes de crédit non acceptées

TAKA-TAKA
€
GAÏOS
TÉL. : 266/203-2329
Une taverne ouverte de longue date, où se régaler de viande grillée ou de poisson frais. La terrasse ombragée est particulièrement agréable, et les patrons se montrent très accueillants.

VASSILI'S
€
FRONT DE MER, LONGOS
TÉL. : 266/203-1587
vassilisrestaurant.com
Sur le ravissant port de Longos, ce restaurant, que rien ne distingue spécialement des autres, est pourtant le meilleur de l'île. Bonne carte des vins. Réservation conseillée en saison.
Fermé certains jours pour le déj. (téléphoner pour réserver)

ZAKINTHOS (ZANTE)

STRADA MARINA
€€€
LOMVARDOU, 14, CHORA, ZAKINTHOS
TÉL. : 269/504-2761
stradamarina.gr
Idéalement situé sur le front de mer du chef-lieu de l'île, cet hôtel élégant et bien équipé possède une magnifique terrasse panoramique.
112

NOBELOS HOTELS
€€€
ST NIKOLAS, VOLIMES
TÉL. : 269/503-1400
nobelos.gr
E-mail : info@nobelos.gr
L'hôtel propose quatre suites romantiques donnant sur la mer. Petit déjeuner fait maison (le restaurant de l'hôtel est réservé aux clients).
4

RECOMMANDÉ

MANTALENA
€
ALIKANAS
TÉL. : 269/508-3487
Situé dans un petit village, juste au sud de la station balnéaire d'Alikanas, ce restaurant est sans nul doute le meilleur de l'île. Les propriétaires ont collecté au fil des années des recettes auprès de leurs proches et, aujourd'hui, Tassos, qui parle très bien anglais, accueille aimablement ses hôtes, tandis que sa mère, en cuisine, prépare des plats savoureux. L'eau provient d'un puits appartenant à la famille, et le vin, de son vignoble. Un verre d'ouzo est offert à chaque convive.

SHOPPING

Les boutiques de souvenirs proposent les habituels bibelots, avec une prédilection marquée pour la céramique. Pourquoi se contenter, toutefois, d'une production en série alors qu'il est relativement aisé de dénicher des objets artisanaux ? De la petite maroquinerie aux vestes et manteaux, le cuir sera toujours une valeur sûre. On pourra lui préférer les traditionnelles couvertures de laine, ou les flokati, ces tapis en peau de mouton issus notamment des montagnes du Nord et de Thrace.

La Grèce est réputée pour ses bijoux en or et en argent, des souvenirs de voyage dont on ne se lasse pas. La même finesse d'exécution se retrouve dans les pièces brodées ou tissées à la main, les chemisiers et jupes de coton, qui sont une autre tradition nationale. De nombreuses villes possèdent leur propre musée des Arts populaires, où les vêtements traditionnels s'exposent aux côtés d'objets usuels et décoratifs.
La plupart de ces musées ont une boutique. À défaut, les conservateurs pourront vous indiquer où dénicher les meilleurs artisans locaux.
Les amateurs de cadeaux typiques feront aussi emplettes de *komboloï*, sorte de chapelets passe-temps vendus dans toutes les boutiques pour touristes. Si les produits gastronomiques locaux voyagent mal pour la plupart, on peut sans hésitation garnir ses valises d'huile d'olive vierge et d'alcools de marque.

Où acheter quoi ?

Chaque région a ses spécialités. On trouve certes d'honnêtes céramiques dans tout le pays, mais c'est à Rhodes, à Sifnos et à Skyros que sont produites les plus belles pièces. Athènes et Rhodes rivalisent pour la qualité de leurs bijoux en or, mais les prix y sont élevés. On pourra acheter partout des articles en cuir de qualité, la plus belle maroquinerie étant à chercher en Crète, et tout particulièrement à La Canée. Les îles Ioniennes, notamment Céphalonie et Zante, s'enorgueillissent d'une belle qualité de broderie.

Antiquités

Acheter, vendre ou exporter des antiquités est un délit en Grèce comme quasi partout. Il n'existe pas de définition très précise de ce qui est antique, sinon dans le but visé par la loi, à savoir protéger le patrimoine culturel du pays. Soyez donc sur vos gardes si l'on vous propose d'acquérir sous le manteau un objet manifestement assez vieux : soit il s'agit d'une pièce authentique, et vous tombez sous le coup de la loi, soit vous ne risquez rien, mais vous vous faites arnaquer ! Il est plus sage de s'en tenir aux fac-similés en vente dans les boutiques des musées.
La loi n'interdit pas d'acquérir des objets moins anciens, tels que livres, peintures ou gravures. Ces « antiquités »-là s'échangent sur le marché aux puces de Monastiraki, au centre d'Athènes, et au Pirée le dimanche matin, ou dans les boutiques d'antiquaires. Elles ne sont toutefois pas si courantes, car les Grecs restent très attachés aux objets de famille.

Marchandage

Le marchandage se pratique souvent dans les quartiers les plus touristiques, tel Plaka, à Athènes. D'ailleurs, les commerçants engagent d'eux-mêmes la négociation en annonçant un prix inférieur à celui qui est indiqué sur l'étiquette – tout en mentionnant que cette réduction est très exceptionnelle ! Le touriste crédule acceptera ce rabais en croyant avoir eu de la chance, quand il aurait pu, le plus souvent, faire encore baisser le prix. Bijouteries et boutiques d'artisanat disposent d'une marge de manœuvre, qui n'est toutefois pas extensible à l'infini.

ATHÈNES

Antiquités, objets d'art et artisanat

Continuez votre chemin au-delà des magasins de souvenirs de Plaka : tout au bout d'Adrianou, plusieurs boutiques proposent des œuvres d'art ou de vieilles gravures, voire de l'art contemporain.
A.D. Gallery, Pallados, 3, tél. : 210/322-8785, adgallery.gr.
Un peu à l'écart, dans le nouveau quartier à la mode de Psirri, cette petite galerie organise des expositions d'art contemporain où se mêlent peinture, photographie et installations multimédias. Ouverte seulement à l'heure du déjeuner et le soir, fermée dimanche et lundi.
Aidini, Nikis, 32, tél. : 210/323-4591. Une surprenante galerie-atelier logée dans un sous-sol, entre la place Syntagma et le quartier de Plaka. L'occupant des lieux crée d'originales sculptures métalliques.
Alekos Antiques, Plateia Avissinias, 3, tél. : 210/321-1580. Dans ce magasin original de Monastiraki, dont le propriétaire a un œil sur presque tout, vous trouverez de tout et n'importe quoi : des meubles, des lampes, de la céramique, et même quelques raretés, comme des vieux gramophones.
Galerie Athènes, Pandrossou, 14, tél. : 210/324-6942 ou 210/894-0217 (athensgallery.gr). Cette élégante galerie détonne

parmi les magasins de souvenirs environnants. Elle expose quelques artistes grecs contemporains, tels des sculpteurs, des peintres, des céramistes et des créateurs de bijoux. L'endroit mérite une visite même si les œuvres les plus chères sont définitivement hors de portée.
The Art Foundation, Plateia Normanou, 5, tél. : 210/323-8757, *theartfoundation.metamatic.gr*. À la fois galerie, salle de théâtre et bar, ce lieu est souvent simplement appelé Taf. C'est l'un des meilleurs endroits pour parler d'art à Athènes. Il a ouvert ses portes dans un immeuble rénové à Monastiraki.
Centre des traditions helléniques, Mitropoleos, 59/Pandrossou, 36, tél. : 210/321-3023. Sous les arcades menant de la rue Pandrossou, principale artère de Plaka, à la rue Mitropoleos, des échoppes dédiées aux traditions et aux arts grecs : peinture, céramique, travail du bois, icônes et cartes peintes. Avec également un excellent café d'où contempler la marée humaine dans Plaka.
The Loom, Adrianou, 94, tél. : 210/323-8540. Dans cette boutique tenue par un commerçant chaleureux (et qui parle français), vous pouvez acheter des tapis de qualité, de toutes formes et de toutes tailles.
Cheapart, Andrea Metaxa, 25, tél. : 210/381-7517, cheapart.gr. Une galerie d'art ouverte en 1995 par George et Dimitris Georgakopoulos dans le quartier d'Exarchia. La galerie représente aujourd'hui plus de 450 artistes.
Institution pour les femmes grecques, Ypatias, 6, tél. : 210/325-0524. La tradition de la broderie est ici célébrée, dans un point de vente qui permet aussi aux habitants des villages les plus isolés de tirer quelques bénéfices financiers de l'attrait touristique exercé par la Grèce. Une adresse pour la bonne cause, donc.
Antiqua, Leoforos Amalias, 2, tél. : 210/323-2220. L'une des plus anciennes boutiques d'antiquités d'Athènes, et peut-être la meilleure.
Isidoros Manolakis Hand Knotted Carpets & Kelims, Kalogrioni, 4, tél. : 215/545-2627. Cet établissement vend de superbes tapis artisanaux provenant des quatre coins du monde.
Martinos, Pandrossou, 5, tél. : 210/321-2414, martinosart.gr. La boutique d'un des meilleurs antiquaires de la ville propose des meubles anciens, des lampes Art nouveau, des kilims, des porcelaines turques et de magnifiques icônes byzantines.
Mihalarias Arts, Kifisias, 260, tél. : 210/623-4320. La galerie expose des peintures et des sculptures d'artistes grecs et étrangers.
Organisation pour le bien-être national, Ypatias, 6, tél. : 210/325-0524. Cette formidable coopérative vend la production artisanale de multiples villages grecs. On y trouve des broderies, des tapis, des céramiques et des icônes, ainsi qu'un large choix d'ustensiles de cuisine : cafetières, planches à pain, casseroles et marmites.
Greek Olive Wood, Mnisikleous, 8, tél. : 210/321-6145. Cette modeste boutique familiale, située dans une petite rue de Plaka, propose de magnifiques objets en bois d'olivier : nombre des planches à pain, plateaux à fromage ou saladiers sont sculptés par le jeune et sympathique propriétaire, qui travaille sur place.
Olive Tree, Adrianou, 67, tél. : 210/322-2922. Échoppe de Plaka proposant un large choix d'articles en bois d'olivier allant des ustensiles de cuisine à des copies de guitares électriques célèbres (très belles même si elles ne fonctionnent pas).
Takis Moraytis, Adrianou, 129, tél. : 210/322-5208. L'atelier d'un artiste de Plaka. Quelques beaux paysages de Grèce. Cher mais de belle facture.
Zoumboulakis Galleries, Kriezotou 6, tél. : 210/363-4454. L'une des galeries d'art athéniennes les plus en vogue, dont l'histoire débute par l'ouverture d'une boutique d'antiquités en 1912. Aujourd'hui, la galerie a des bureaux dans le monde entier et a accueilli et exposé au fil des ans les principaux artistes du XXe siècle

Livres et journaux

Politeia, Asklipiou, 1-3, tél. : 210/360-0235, politeianet.gr. Grande librairie athénienne indépendante très appréciée pour son vaste choix (près de 100 000 titres). Vous y trouverez des livres en grec et dans de nombreuses langues étrangères.
Compendium, Alikarnassou 8, tél. : 210/322-1248, compendium.gr. Guides, cartes, magazines, essais et romans sur la Grèce... et en anglais. Un beau rayon de livres de poche d'occasion. La librairie invite parfois des auteurs locaux ou étrangers pour des lectures ; consultez le panneau d'affichage.
Eleftheroudakis, Panepistimiou, 15, tél. : 210/331-7603. Principale librairie internationale, elle abrite un rayon assez important d'ouvrages en français et autres langues étrangères.

Mode

La rue Ermou, piétonne, abrite toutes les grandes marques mondiales – Benetton, Lacoste ou Marks & Spencer – et leurs équivalents grecs. Les créateurs sont plutôt établis dans le quartier branché de Kolonaki, au pied de la colline du Lycabette.
i-D Conceptstores, Kanari, 12, Kolonaki, tél. : 210/322-1801, idconceptstores.com. Vêtements de qualité pour hommes et femmes.
Stavros Melissinos, Agias Theklas, 2, tél. : 210/321-9247, melissinos-poet.com. Élevé au rang d'institution, Melissinos fabrique des sandales (et écrit de la poésie)

depuis les années 1960. Il a fait des sandales pour John Lennon; il les fera aussi pour vous.

Gastronomie

Pour faire provision d'herbes aromatiques, d'épices, de noix, ainsi que de fromages et d'olives, une adresse s'impose: le **Marché central**, près d'Omonia.

Aristokratikon, 2 magasins: Voulis, 7, tél.: 210/322-0546 et Argyropoulou, 8, tél.: 210/801-6533, aristokratikon.com. Ces boutiques fournissent à la ville des chocolats et autres délices sucrés depuis des décennies.

Bahar, Evripidou, 31, tél.: 210/321-7225, bahar.gr. Près du Marché central, une boutique spécialisée où épices et herbes sont à la fois destinées à parfumer les plats et à soigner les maux.

Brettos, Kydathinaion, 41, tél.: 210/323-2110, brettosplaka.com. Sur les étagères bien fournies de ce magasin de spiritueux, des alcools de marques réputées internationalement aussi bien que les productions nationales, dont l'ouzo, bien sûr.

The Mastiha Shop, Panepistimiou et Kriezotou, tél.: 210/363-2750, mastihashop.com. Cette charmante petite boutique près de Syntagma vend des produits élaborés avec la gomme de mastic produite à Chios, y compris des bonbons, des jus, des cosmétiques, des médicaments et de nombreux autres articles, tous réputés pour posséder des vertus médicinales. Vous trouverez d'autres magasins de cette marque ailleurs dans la ville et dans les îles.

Bijoux

Athènes a une longue tradition d'orfèvrerie, qu'atteste le nombre de bijouteries situées autour des rues Lekka et Praxitelous. Si certaines font étalage de bijoux tape-à-l'œil, quelques boutiques, d'un abord plus modeste, proposent des pièces plus sobres. On trouvera quelques-unes des bijouteries les plus huppées dans la très plaisante rue Voulourestiou, une artère commerçante et piétonne.

Musée de la Bijouterie Ilias Lalaounis, Karyatidon-Kallisperi, 12, tél.: 210/922-1044, lalaounis-jewelrymuseum.gr. Cet élégant musée présente les collections du grand créateur grec. Les bijoux exposés sont des copies: on peut commander les originaux, à prix «haute couture». La bijouterie Lalaounis est située 6, rue Karyatidon, tél.: 210/620-5721.

Marathianakis, Karagiorgis Servias, 4, tél.: 210/362-7118, marathianakis.com. Magnifiques bijoux en or d'inspiration byzantine.

Marianna Petridi Jewellery, Haritos 34, tél.: 210/721-7789, mariannapetridi.com. Le showroom de Marianna expose ses bijoux en pierres semi-précieuses; le lieu propose aussi les bijoux de quelques jeunes créateurs, comme Katerina Anesti.

Kostis, Adrianou, 115, tél.: 210/325-5053, kostisjewellery.com. Magasin spécialisé dans l'argenterie haut de gamme.

Zolotas, Stadiou, 9, tél.: 210/322-1222, zolotasjewelry.com. Les créations d'un des plus grands bijoutiers grecs, pour le plaisir du beau. Également au 10, Panepistimiou Ave., tél.: 210/360-1272.

Boutiques des musées

Les principaux musées d'Athènes vendent des copies de leurs œuvres les plus appréciées. On trouvera dans leurs boutiques des œuvres de dimensions modestes et bon marché aussi bien que des reproductions grandeur nature. Le tout est généralement de très belle qualité. Les principales boutiques sont celles du Musée archéologique national (*voir p. 78-81*), du musée Benaki (*voir p. 70-71*) et du musée d'Art cycladique Goulandris (*voir p. 74-75*).

Musique

Le **marché aux puces de Monastiraki** compte plusieurs magasins de disques, offrant un beau choix de vinyles ou de CD. Les années 1960 et 1970 sont particulièrement bien représentées.

Musée des Instruments de musique populaire, Diogenous, 1-3, tél.: 210/325-4119. La boutique du musée vend des enregistrements de toutes les musiques de Grèce. Le choix est vaste. Également des livres (pour la plupart en langue grecque).

LES ÎLES DE L'ÉGÉE

ÎLES DU SARONIQUE

EGINA (ÉGINE)

Ceramic Art Laboratory by Martha Kottaki, Sp. Rodi, 33, Egina, tél.: 229/702-6484. Une bonne sélection de céramiques artisanales dans cet atelier qui propose également des cours collectifs.

LES SPORADES

Skiathos & Skopelos

Galerie Varsakis, Plateia Trion Ierarchon, Skiathos, tél.: 242/702-2255. Le propriétaire des lieux expose ses peintures surréalistes, parmi mille et un trésors: bijoux, broderies, sculptures et tapis.

Skiros

Andreou G Stamatios Wood Carving, Agoras, tél.: 222/209-2926. Cet atelier de sculpture sur bois vend des meubles fabriqués dans le style traditionnel des Skiros et d'autres objets artisanaux

Museo Faltaits, Palaiopyrgos, Skiros, tél.: 222/209-1232 (musée); 222/209-2158 (Argo), faltaits.gr. Ce petit musée d'art populaire possède son atelier et sa boutique, où vous pourrez acheter la production de ceux qui font vivre aujourd'hui les traditions de l'île. Le musée a une annexe, Argo, dans la rue principale.

ÎLES DU NORD-EST DE L'ÉGÉE

Hios (Chios)

The Mastiha Shop, Aigeou, 36, tél. : 227/108-1600, mastihashop.com. Produits élaborés avec la gomme de mastic produite à Chios, y compris des bonbons, des jus, des cosmétiques, des médicaments et de nombreux autres articles, tous réputés posséder des vertus médicinales.

Lesvos (Lesbos)

Lesvos Solidarity Shop, lesvossolidarityshop.org. Cette coopérative gérée par une association d'aide aux réfugiés propose des produits tels que des sacs confectionnés à partir de gilets de sauvetage, des bougies, des savons, etc.

LES CYCLADES

Andros

Paraporti, Plateia Kairi, Andros, tél. : 228/202-3777, paraporti.gr. Artisanat de l'île : des céramiques ainsi que de la broderie, quelques bijoux et des modèles réduits de bateaux.

Mikonos (Mykonos)

Dio Horia Gallery, Panahra Sq., Mikonos, tél. : +30 694/4723636, diohoria.com. Cette galerie d'art expose de jeunes artistes grecs et internationaux.
Galatis, Polykandrioti, Mikonos, tél. : 228/902-2255. Créatrice de robes de Mikonos dont les modèles ont été portés par Brigitte Bardot et Sophia Loren.
Maurizio, Matogianni, Mikonos, tél. : 228/902-4516. Un styliste de Mikonos dont les créations s'inspirent de la tradition grecque. Les collections comprennent des pièces artisanales en cuir, en soie ou encore en lin.
Ilias Lalaounis, Polykandrioti, 14, Mikonos, tél. : 228/902-2444, iliaslalaounis.eu. Le plus réputé des bijoutiers grecs, qui a son musée à Athènes, a ouvert ici boutique. Le prix de ses créations est à la hauteur de sa gloire.
The Rarity Gallery, Kalogera, 22, Mikonos, tél. : 228/902-5761, raritygallery.com. La plus ancienne galerie de l'île présente les œuvres de nombreux artistes grecs célèbres. La véranda est magnifique.

Naxos

Tirokomika Proionia Naxou, Papavasiliou, Naxos, tél. : 228/502-2230. Que vous vouliez rapporter quelques souvenirs gastronomiques de votre séjour en Grèce ou simplement pique-niquer d'olives et de fromage arrosés de vins grecs, une visite à cette formidable boutique s'impose.

Vallindras Kitron Distillery, Chalkio, tél. : 228/503-1220. Distillerie fondée en 1896. C'est la première à produire le kitron, une liqueur locale de feuilles de cèdre. Dégustations et visite du petit musée de la distillation.

Paros

Sporus, Naousa, tél. : 228/405-5120. Cette épicerie propose des produits bio et des spécialités gastronomiques grecques.

Santorin (Santorini)

Canava Roussos, Episkopi Gonias, tél. : 228/603-1349, canavaroussos.gr. On fait du très bon vin sur l'île de Santorin. Voici l'occasion de goûter la production locale dans son environnement et d'acheter quelques bouteilles à prix raisonnables.

Sifnos

Antonis Kalogirou, Agia Anna, Artemones, tél. : 228/403-3090, sifnosstoneware.com. Tout en respectant le style propre à Sifnos, ce potier sait donner à ses créations une touche originale. Il propose aussi des peintures mettant en scène la vie quotidienne sur l'île, bien plus belles que la plupart des reproductions tirées en série vendues partout ailleurs.

Tinos

Harris Prassas Ostria-Tinos, Evangelistrias, 20, Tinos, tél. : 228/302-3893. Les créations de ce bijoutier mêlent l'ancien et le moderne, l'argent et l'or. Le thème religieux, tout à fait approprié à Tinos, lieu de pèlerinage, assure l'unité de ce qui aurait pu n'être qu'un amoncellement hétéroclite.
Elina Jewellery, Modestou, 5, Tinos, tél. :+30 693/2027333, elinajewellery.com. Charmante petite boutique tenue par une jeune créatrice qui propose ses bijoux en cuir, métal et pierres précieuses.

LE DODÉCANÈSE

Dans l'archipel du Dodécanèse, toutes les boutiques, ou presque, vendent des éponges. Mieux vaut, avant d'acheter quoi que ce soit, prendre conseil auprès d'un expert (voir les adresses ci-dessous), qui vous fera toucher et distinguer les différentes qualités. Comment reconnaître, autrement, une belle éponge ? Ayez toujours en tête ces quelques règles : une éponge de couleur brune, naturelle, est plus résistante qu'une teinte en jaune ; il faut préférer celles à petits trous ; enfin, les morceaux d'éponge durent moins longtemps qu'une pièce entière.

Kalimnos

Fabrique d'éponges Astor, Pothia, tél. : 224/302-9815. Découvrez les étapes du traitement des éponges, avant d'acheter les meilleures de Kalimnos, une île précisément réputée... pour ses éponges.

Patmos

Katoi, Chora, tél. : 224/703-1487. Un beau choix de bijoux, d'icônes et de céramiques typiques de l'île.
Tourlou, Skala, tél. : 224/703-4280, 2rlou.com. Bon choix de bijoux, céramiques et objets en papier mâché, produits par les propriétaires de cette boutique et qui racontent l'histoire de leurs voyages.

Rodos (Rhodes)

Artistic Village Contemporary Art, 23 km Rodou-Lindou, ouvert lun.-dim., 9-21. Galerie d'art et musée de la Céramique avec une boutique de souvenirs.

Simi

Centre égéen de l'éponge, Sur le port, à Ialos. Faites votre choix parmi des milliers de pièces. On vous apprendra auparavant à reconnaître une éponge de qualité, et on vous racontera la vie d'un pêcheur d'éponges au temps où cette activité faisait la prospérité de l'île.

LA CRÈTE

En Crète, les arts du tissage et de la broderie remontent à l'époque minoenne. Les plus belles pièces produites aujourd'hui proviennent des villages du plateau de Lassithi. Les Crétois sont également réputés pour le travail du cuir ; leurs solides bottes, montant jusqu'au genou, sont très prisées.

Héraklion

Eleni Kastrinoyanni, Ikarou, 3, Héraklion, tél. : 281/022-6186. Une boutique élégante célébrant l'artisanat crétois – tissage, broderie, poterie et orfèvrerie – à travers ses productions actuelles.
Elixir of life, Agios Georgiou, 26, Héraklion, tél. : 694/495-0343, www.elixiroflife.gr. Cette boutique regorge de produits crétois de qualité : huiles et aliments bio, crèmes et savons d'origine naturelle.

La Canée

Allée du cuir, Odos Skridlof, Hania (La Canée). Sandales, bottes, sacs à main et à dos, ceintures ou portefeuilles : les boutiques bordant cette ruelle proche du marché vendent le cuir sous toutes ses formes.

Elounda

Icônes Petrakis, Elounda 72053, tél. : 284/104-1669, greek-icons.com. Un couple perpétue ici, avec beaucoup de talent, la tradition gréco-byzantine des icônes. Le propriétaire de l'atelier expose aussi des peintures plus classiques.

CORFOU & LES ÎLES IONIENNES

KERKIRA (CORFOU)

Elli, Theotki, 88, Kerkira, tél. : 266/102-6283. Les nappes – comme tous les autres articles vendus à cette adresse – sont brodées à la main par les femmes de l'île. La qualité va de pair avec des prix élevés. Le propriétaire de la boutique vous expliquera qu'il faut plusieurs mois pour broder certaines pièces. On peut se reporter sur des ouvrages de dimensions plus modestes, tout aussi finement brodés.
Distilleria Mavromatis, à 16 km de Kerkira sur la route de Paleokastritsa, tél. : 266/302-2174, kumquat.gr. Cette distillerie propose une visite complète de ses chais permettant d'assister à l'élaboration en alambic des trois alcools maison : le « cognac », l'ouzo et la spécialité du cru, une liqueur de kumquat.
Mironis, Spyridon 65, tél. : 266/104-9082. L'un des nombreux ateliers de tourneur sur bois de Corfou. De nombreux produits en bois d'olivier utilitaires ou ornementaux.
Zea Delicatessen, Agias Sofias, 35, tél. : 266/140-1292, zeadelicatessen.gr. Vins, spiritueux, huiles, épices, herbes aromatiques, savons, encens... Si vous cherchez une saveur grecque à rapporter de votre voyage, cette boutique est faite pour vous.
Terracotta, Filarmonikis, 2, Kerkira, tél. : 266/104-5260, terracotta-corfu.com. Une belle sélection d'œuvres d'art et d'objets artisanaux signés par des artistes grecs. De remarquables sculptures et des céramiques dont le prix élevé paraît justifié.
Vassilakis, face à l'Acchilleion, tél. : 266/105-2440, kumquatvasilakis.gr. L'un des plus gros stocks de vins et alcools grecs. Vous n'achèterez rien sans y avoir goûté, ce qui ajoute à l'agrément des lieux.

KEFALONIA (CÉPHALONIE)

Alexander's, Vergoti, Argostoli, tél. : 267/402-2443. Une sélection variée d'artisanat. Méritent une mention particulière les bijoux réalisés par le propriétaire de la boutique et les objets en verre, plutôt originaux.
Domaine Gentilini, Minies, tél. : 267/104-1618, gentilini.gr. C'est une petite exploitation viticole, aussi vaut-il mieux téléphoner avant toute visite. S'il est disponible, le vigneron vous guidera dans les vignes avant de vous faire goûter ses vins, de très grande qualité.

ZAKINTHOS (ZANTE)

Art & Wine, Epar. Od. Zakinthou, Volimon, Maries 290 90, tél. : 694/606-9844. Un lieu évocateur où vous découvrirez les secrets de fabrication des icônes tout en dégustant les vins du domaine.

FESTIVITÉS

En Grèce, la fête est souvent impromptue. Dans un bar, une taverne, ou le soir sous la charmille d'une terrasse de café, quelqu'un, subitement inspiré, se lève et chante ou danse. Et ses compagnons lui emboîtent le pas ou donnent de la voix. Ainsi se célèbrent les nombreuses fêtes votives des villages ou s'exprime simplement la joie lors d'un anniversaire ou d'une soirée entre amis. Néanmoins, certaines fêtes sont dûment répertoriées au calendrier.

ATHÈNES

Festival d'Athènes et Épidaure

Un festival annuel de musique, de danse, de théâtre et autres arts se tient dans la capitale chaque été, entre les mois de juin et octobre, au théâtre Hérode Atticus, tél. : 210/928-2900 ou 210/327-2000, greekfestival.gr.

Fêtes

Le 6 janvier, fête de l'Épiphanie, est aussi le **jour de la Bénédiction** des eaux, qui doit apporter la prospérité à la Grèce, pays maritime, pour toute l'année à venir. Cette fête est célébrée non seulement dans le port du Pirée, mais également dans tout le pays.

Le 25 mars, la **fête de l'Indépendance**, conquise en 1821 sur les Turcs, donne lieu à de grands défilés et moult célébrations, à Athènes comme ailleurs.

Danses folkloriques

Dora Stratou, une figure emblématique de la danse et de la musique grecques, a fondé une troupe de danse folklorique qui se produit tous les soirs, du mois de mai jusqu'à la fin septembre, dans le très agréable **théâtre en plein air Dora Stratou**, sur la colline Philoppapou, tél. : 210/324-4395, grdance.org.

Athens Technopolis Jazz Festival
Pireos, 100, Athènes
Tél. : 213/010-9300
Chaque été depuis 2001, ce festival de jazz réunit des artistes du monde entier

LES ÎLES DE L'ÉGÉE

LES ÎLES DU SARONIQUE

Fêtes

Chaque 8 septembre, la **bataille du détroit de Spetses (Spetsai)** est reconstituée dans le port de cette ville. À la même date, ici comme dans tout le pays, est célébrée la **fête de la Naissance de la Vierge**.

Le 25 mars, la **fête de l'Indépendance** suscite une ferveur et un enthousiasme extraordinaires à **Idra (Hydra)**.

LES SPORADES

Fêtes

Le 25 février, **Skopelos** célèbre la **fête d'Agios Riginos**, le saint patron de l'île.

Saint Georges est vénéré à **Skiros**, aussi sa fête, le 23 avril, est-elle marquée par d'intenses festivités populaires.

LES ÎLES DU NORD-EST DE L'ÉGÉE

Festival de théâtre

Un festival d'art dramatique grec antique se tient chaque mois de juillet dans la ville de **Thassos** (thassiondromena.gr).

Fêtes

L'île d'**Icarie (Ikaria)** est célèbre pour son *panayiri*, un festival qui a lieu au cours des trois derniers jours de l'été

Le 26 juillet, dans les deux villages nommés **Agia Paraskevi**, à **Lesvos (Lesbos)** et à **Samos**, on fête religieusement et néanmoins joyeusement le saint éponyme des lieux.

Le 15 août, la **fête de l'Assomption**, chère aux catholiques du monde entier, prend à **Agiassos** (toujours à Lesbos) un relief particulier.

Le 23 avril, le jour de la **Saint-Georges**, une course hippique se déroule traditionnellement sur l'île de **Limnos (Lemnos)**.

LES CYCLADES

Fêtes

De grandes célébrations mettent **Tinos** en émoi le 25 mars, jour de la **fête de l'Indépendance**, ainsi que le 15 août, pour la fête de l'**Assomption**.

Festival de musique

Un intéressant festival musical se tient en août sur l'île de **Thira (Santorin**, santorinimusicfestival.gr).

LE DODÉCANÈSE

Fêtes

Le village de montagne d'**Olimbos**, sur l'île de Karpathos, manifeste une ferveur exceptionnelle pour la fête de l'**Assomption**, le 15 août.

Le 17 juillet, c'est la **fête d'Agia Marina** et le grand jour pour les villages du même nom, dans les îles de **Kassos** et de **Leros**, ainsi que pour l'îlot également dénommé Agia Marina, au large de l'île de Simi.

À **Kos (Cos)**, le 23 avril, la **Saint-Georges** donne traditionnellement lieu à une course de chevaux.

Du 18 au 20 juillet, la **fête du prophète Élias** bat son plein dans et autour de nombreux monastères qui lui sont dédiés. L'éclat des célébrations est exceptionnel sur l'île de **Rhodes**, au monastère de Profitis Ilias, à environ 1 km au sud de Kamiros, sur la côte ouest.
À Tilos, le **27 juillet**, les villageois se pressent au monastère d'Agios Pandelimon (Saint-Panthélémion) pour sa **fête** annuelle, célébrée par des agapes, de la musique et des danses traditionnelles.

Festival des arts et de la musique

Rhodes International Festival
Palais du Grand Maître, Ippoton, Rhodes, www.rhodes-festival.gr.
Ce festival international de musique classique, inauguré en 2007, a lieu tous les ans en septembre dans un site classé au patrimoine mondial de l'Unesco.

Son et lumière

À **Rhodes**, d'avril à octobre, des spectacles son et lumière sont donnés dans le jardin municipal, à côté du palais des Grands Maîtres. La langue du commentaire changeant tous les soirs, mieux vaut se renseigner (tél. : 224/104-4335).

LA CRÈTE

Festivals artistiques

Entre juillet et septembre, à **Iraklio (Héraklion)** se tient un **festival international d'art dramatique**, de danse et de musique.
En août et septembre, le **festival Renaissance** de **Rethimno (Réthymnon)** propose des concerts et des spectacles d'art dramatique (tél. : 283/104-0152, 283/104-0140, rtf.gr).

Fête du vin

Également à **Réthymnon**, en juillet, la population célèbre avec force libations une joyeuse fête du vin (rethymnowinefestival.gr).

CORFOU & LES ÎLES IONIENNES

Cricket

À **Kerkira (Corfou)**, en juillet, se tient la **Semaine internationale du cricket**, d'esprit très britannique, d'autant qu'y participent des équipes venues d'Albion. Les épreuves se déroulent sur l'Esplanade de la ville de Corfou.

Fêtes

Dans toutes les îles du groupe, et en particulier à **Corfou**, le 21 mai est consacré à la **fête de l'Unification des îles Ioniennes**.

Son et lumière

De mai à fin septembre, la forteresse de la ville de **Corfou** sert de cadre à un beau spectacle son et lumière (*tél. : 266/103-7520*).

ACTIVITÉS SPORTIVES

La Grèce offre l'occasion de pratiquer une vaste gamme d'activités, en particulier dans le domaine des sports nautiques. La plupart des stations balnéaires permettent de faire de la planche à voile, du ski nautique, du pédalo, du jet ski et du parachute ascensionnel. La marche et le cyclisme se pratiquent généralement dans le cadre individuel. Le tennis, le football et le basket sont des sports très populaires. Enfin, la Grèce compte quelques terrains de golf.

Alpinisme

Vous obtiendrez auprès des nombreux clubs d'alpinisme des renseignements relatifs aux différentes activités, aux abris et aux refuges qui peuvent être réservés par leur intermédiaire. Pour obtenir une liste mise à jour, contactez la **Fédération hellénique des clubs d'alpinisme**, Miloni, 5, 10673 Athènes, tél. : 210/364-5904, eooa.gr.

Équitation

Assez peu de possibilités de monter en Grèce. Pour obtenir des renseignements sur les clubs hippiques à Athènes ou sur les îles, contactez le **Club d'équitation hellénique**, Maroussi, Athènes, tél. : 210/681-2506, eio.org.gr.

Golf

Les golfeurs pourront essayer les parcours suivants :

Glifada Golf Course, Konstantinou Karamanli, Glifada, Athènes, tél. : 210/894-6820, glyfadagolf.gr. Un parcours de 18 trous, par 72, sur 60 hectares. Le meilleur terrain du pays ; club-house et très bons équipements.

Afantou Golf Course, à Rhodes tél. : 224/105-1451, afandougolfcourse.com. Un parcours de 18 trous, par 72. Surtout réputé pour son cadre.

Club de golf de Corfou, Ermones, tél. : 226/109-4220, corfugolfclub.com. Un 18-trous, par 72, pour les golfeurs de tout niveau. Leçons, restaurant et boutique proposant du matériel à louer.

Crete Golf Club, Chersonisos, tél. : 289 / 702-6000, cretegolfclub.com. Un circuit de 18 trous, par 72, surplombant le magnifique paysage de Crète. Restaurant et club-house.

Marathon

La fameuse course à pied est organisée deux fois par an. Renseignements sur athensauthenticmarathon.gr.

Planche à voile

Les véliplanchistes expérimentés qui recherchent les meilleures installations et des lieux peu fréquentés par les débutants choisiront les îles Ioniennes (en particulier Corfou, Leucade, Zante) ainsi que les îles de Cos, Lesbos, Naxos et Samos.

Ski nautique

Pour toute information sur les possibilités dans les environs d'Athènes, contactez la **Fédération grecque de ski nautique**, avenue Posidonos, Elliniko, Athènes, tél. : 210/994-4334.

Voile

Expérimentés ou débutants, les amateurs de voile trouveront généralement de bonnes conditions en Grèce. Pour des informations d'ordre général, contactez l'**Association hellénique des propriétaires des yachts**, A8A0 Marina Zea, 18536 Le Pirée, tél. : 210/452-6335, epest.gr.

INDEX

Les CAPITALES indiquent des catégories thématiques

A

B

C

CRÉDITS PHOTOGRAPHIQUES

Couverture : icemanphotos / shutterstock.
Dos : Anamaria Mejia / shutterstock/
4ᵉ de couverture : Anastasios71 / shutterstock; Songquan Deng / shutterstock; Neirfy / shutterstock; Alvaro German Vilela / shutterstock; Nejdet Duzen / shutterstock; OYC / shutterstock; Olena Kosynska / shutterstock.
Portfolio : mit4711 / Getty images; scaliger / Getty images; Schroptschop / Getty images; D2020 / Getty images.
Intérieur : 2-3, Photoholic/Shutterstock; 7, PixAchi/Shutterstock; 8, Maxim Toome/Shutterstock; 11, E&E Image Library/Photolibrary; 12, Guy Thouvenin/Robert Harding World Imagery/Photolibrary; 15, Cezary Wojtkowski/Tips Italia/Photolibrary; 17, Lonely Planet/Alamy; 18-19, David Beatty/Robert Harding World Imagery/Photolibrary; 20-21, Silwen Randebrook/Imagebroker/Photolibrary; 23, IML Image Group Ltd/Alamy; 24-25, iStockphoto; 26, Brigida Soriano/Shutterstock; 28, Bettmann/Corbis; 30, Photos.com/Thinkstock; 33, Vladimir Khirman/Shutterstock; 34-35, Cubo Images/Photolibrary; 36, Yiorgos Karahalis/Reuters/Corbis; 39, David G. Houser/Corbis; 41, Photos12/Alamy; 43, Izzet Keribar/Getty Images; 45, Stefan Obermeier/Photolibrary; 46-47, Guy Thouvenin/Age Fotostock/Photolibrary; 48, JTB/Photolibrary; 49, Mike Southern/Eye Ubiquitous; 52, N. Setchfield/Superstock; 56, Grigorios Moraitis/iStockphoto.com; 57, saiko3p/Shutterstock; 58, M. Kouri/World News; 60, Terry Harris/Just Greece Picture Library; 62, Sebastien Brangoulo; 64, irakite/iStockphoto; 66, PCL/Alamy; 69, akg-images; 70, Studio Kontos/Photostock; 73, Alexandros Soutzos Museum; 74, Spectrum/Heritage-Images; 76, Federico Tovoli/VWPics/Alamy; 78, National Archaeological Museum, Athens, Greece/Bridgeman Art Library; 83, Hemis/Alamy; 85, Photo © H. Palmer; 86, Helga Lade Fotoagentur; 88, T. Harris/Just Greece Picture Library; 91, R. Reichenfeld/Dorling Kindersley; 92, Michael Holford; 96, N.I. Bowen-Morris/Travel Ink; 98, Studio Kontos/Photostock; 100-101, Angelo Cavalli/Photolibrary; 102, Neil Emmerson/Robert Harding World Imagery/Photolibrary; 103, Swiss School of Archaeology in Greece; 106-113 (tutte), R. Moore/AA Photo Library; 115, Studio Kontos/Photostock; 118, Lee Frost/Imagestate; 121, Nikita Rogu/Shutterstock; 122, Photo © H. Palmer; 124, Travel Library; 127, Clay Perry; 128, T. Harris/Just Greece Picture Library; 130, A. Sattin/AA Photo Library; 132, A. Sattin/AA Photo Library; 134 (à gauche), Arte & Immagini srl/CORBIS; 134 (à droite), A. Sattin/AA Photo Library; 136, IML Image Group/Alamy; 139, Hugh Palmer, "The Most Beautiful Villages of Greece and the Greek Islands: Mark Ottaway/Thames & Hudson, London and New York; 142, T. Harris/AA Photo Library; 144, T. Harris/Just Greece Picture Library; 146, Adina Tovy Amsel/Eye Ubiquitous; 148, James Davis/Eye Ubiquitous; 151, Studio Kontos/Photostock; 153, Studio Kontos/Photostock; 154, Hugh R./Eye Ubiquitous; 156, Clay Perry; 158, S. Day/AA Photo Library; 162, T. Harris/Just Greece Picture Library; 164, Xydas Yiannis/Shutterstock; 166, James Davis/Eye Ubiquitous; 169, Hugh Palmer, "The Most Beautiful Villages of Greece and the Greek Islands: Mark Ottaway/Thames & Hudson, London and New York; 170, Patricia Fenn; 172, S. Paine/ffotograff; 173, C. Pendle/ffotograff; 176, G. Mooney/CORBIS; 178, R. Grant Archive; 180, Third Eye Images/CORBIS; 183, Robert Harding; 184, Ashmolean Museum, Oxford, UK/Bridgeman Art Library; 185, Studio Kontos/Photostock; 186, Clay Perry; 188, Arkady Zakharov/Shutterstock; 189, The Travel Library; 190, T. Harris/Just Greece Picture Library; 192, K. Paterson/AA Photo Library; 194, Studio Kontos/Photostock; 196, D. Bailey/Spectrum/Heritage-Images; 198, Brian Hoffman/Alamy; 201, K. Paterson/AA Photo Library; 202, Studio Kontos/Photostock; 204, Spectrum/Heritage-Images; 206, World Pictures/Photoshot; 207, Chris Deeney/Itchy Feet Photography; 208, T. Harris/Just Greece Picture Library; 210, James Davis/Eye Ubiquitous; 212, Rostislav Ageev/Shutterstock; 215, H. Merten/Robert Harding Picture Library; 216, H. Merten/Robert Harding Picture Library; 218, Rupert Horrox/Sylvia Cordaiy Photo Library; 220-224 (tutte), Hugh Palmer, "The Most Beautiful Villages of Greece and the Greek Islands: Mark Ottaway/Thames & Hudson, London and New York; 227, British Museum, Londra, UK/Bridgeman Art Library; 228, Rob Rayworth/Alamy; 230, James Davis/Eye Ubiquitous; 232, D. Ireland/AA Photo Library; 233, T. Harris/Just Greece Picture Library.

Athènes et les îles grecques
est une publication de National Geographic Partners LLC

Extrait du guide Grèce

NG France
Directrice éditoriale : Françoise Kerlo
Responsable d'édition : Valérie Langrognet
Chefs de fabrication : Jérôme Brotons, Anne-Kathrin Fischer

Mise à jour 2021 : Archipel studio, Paris
Édition : Thomas Brisebarre
Traduction : Raphaël Radigué
Édition enrichie par : Francesco Rossa, Graziella Albanese, Carlo Batà

Portfolio et couverture : Nord Compo

Dépôt légal : mars 2021
ISBN : 978-2-8229-0268-7
Impression : GPS (Slovénie)

MIXTE
Papier issu de sources responsables
FSC® C118234
FSC www.fsc.org